KB194191

살아계신 하나님을 체험하며 사실 분을 위한 책

기적의 하나님과 동행하는법

강요셉지음

하나님은 기적을 통해 살아계심을 나타내신다.

성령

기적의 하나님과
동행하는 법

성령

들어가는 말

하나님은 영이시면서 살아 역사하십니다. 우리가 구약성경이나 신약성경을 보면 하나님께서 살아계신 것을 나타내십니다. 하나님께서 믿음의 사람들을 통하여 나타내시는 것을 볼 수가 있습니다. 특별하게 하나님의 선지자들에게 살아계신 하나님을 직접체험하게 하시고 일꾼으로 사용하셨습니다. 아브라함에게도 이삭에게도 이스라엘에게도 요셉에게도 직접 동행하시면서 기적을 행하시는 것을 체험하며 살아계신 하나님을 믿도록 하셨습니다. 모세에게도 다윗에게도 직접 동행하시면서 기적을 행하시면서 담대함을 기르시고 사용하셨습니다.

이들에게 하나님께서 말씀하신대로 순종하면 기적이 일어나는 것을 체험하게 하셨습니다. 그것뿐만이 아니고 문제가 생길 때마다 하나님께 하문하여 하나님의 방법으로 문제를 해결하게 하셨습니다. 그러면서 자연스럽게 살아계신 하나님을 인정하고 담대하게 하나님의 뜻에 따라 문제를 해결하면서 순종하게 하셨습니다. 신약성경에 보면 예수님도 하나님과 동행을 하셨고, 베드로를 포함한 열두제자와 오순절 마가의 다락방에서 성령 세례 받은 모든 사람과 동행하면서 기적을 행하셨습니다. 중요한 것은 하나님은 영이시라 보이지 않지만 살아서 역사하시는 하나님이시라는 것입니다. 살아계신 하나님을 믿는 자들을 통하여 기적을 일으키셨다는 것입니다. 살아계신 하나님이시라는 것을 믿는 자를 사용하신다는 것입니다. 성령이 역사하는 교회시대인 지금도 하나님께서는 크리스천들에게 영이시라 보이지 않지만 살아계신다는 것을 끊임없이 나타내십니다. 마음 안을 성전삼고 주인으로 계시면서 동행하고 있다는 것을 믿게 하십니다. 그러면서 주님의 이름으로 기도할 때 기적을 일으키십니다.

이 책을 통하여 믿는자와 동행하시면서 기적을 일으키시는 하나님을 체험적으로 알게 되시기를 바랍니다. 그리하여 살아계신 하나님의 도구로 살아가시기를 바랍니다. 분명하게 알아야 할 것은 자신은 예수를 믿을 때 죽었고, 다시 예수로 태어났다는 것을 명심해야 합니다. 자신을 통하여 아무리 큰 기적을 일으켰어도 역시 하나님께서 자신을 통하여 일하신 것입니다. 이 책을 통해 하나님을 향한 산 믿음으로 거듭 태어나시기를 바랍니다.

주후 2016년 6월 17일
충만한 교회 성전에서
저자 강요셉목사.

세부적인목차

3부 하나님은 오늘도 기적을 일으킨다.

4부 하나님과 동행하며 살아가려면

1부 기적의 하나님과 동행하려면

1장 살아계신 하나님으로 믿고 행해야 한다.

(마 16:13~17) "예수께서 가이사랴 빌립보 지방에 이르러 제자들에게 물어 가라사대 사람들이 인자를 누구라 하느냐? 가로되 더러는 세례 요한, 더러는 엘리야, 어떤 이는 예레미야나 선지자 중의 하나라 하나이다. 가라사대 너희는 나를 누구라 하느냐? 시몬 베드로가 대답하여 가로되 주는 그리스도시오, 살아계신 하나님의 아들이시니이다. 예수께서 대답하여 가라사대 바요나 시몬아 네가 복이 있도다 이를 네게 알게 한 이는 혈육이 아니요 하늘에 계신 내 아버지시니라"

하나님과 동행하면서 기적을 체험하려면 살아계신 하나님으로 믿고 체험해야 합니다. 살아서 자신과 동행하기 때문에 하나님께서 자신을 통하여 기적을 행하시는 것입니다. 기적이 일어난다는 것은 살아계신 하나님께서 자신과 동행하신다는 보증이기 때문입니다. 살아계신 하나님과 동행한다는 믿음이 굉장히 중요합니다.

성경에 있는 모든 교리, 모든 신학, 모든 신앙을 한 마디로 표현하면, "주는 그리스도시요, 살아계신 하나님의 아들"이 한 줄의 고백입니다. 살아계신 하나님이 성령으로 우리 안에 성전삼고 주인으로 임재하여 계시면서 기적을 행하시는 것이기 때문입니다. 좀 더 설명하면 살아계신 하나님이 자신을 통하여 하나님의 일(기적)을 행하시는 것입니다. 자신의 능력으로 기적을 행하는 것이 아니고 하나님께서 주인으로 계시기 때문에 자신을 통하여 기적을 일으키는 것입니다. 담대해야 할 이유 입니다.

이 뜻을 들여다보면, 먼저 '그리스도'는 메시아입니다. 구약 성경의 '메시아'를 헬라어로 번역한 것이 '그리스도'입니다. 그리스도의 뜻은 '기름부음을 받은 자'로, 의미하는 바는 '구원자'입니다. 하나님께서 이스라엘 백성들에게 구원자 즉, 메시아를 보내실 것을 약속하셨습니다. 선지자들도 기름부음을 받은 메시아가 올 것을 수차례 예언했습니다. 그래서 이스라엘 백성들은 하나님의 약속을 믿고 그들을 구원해줄 메시아를 수백 년 동안 기다려왔습니다.

오늘 베드로는 지금 예수님을 향해 "주님이 그리스도입니다"라고 고백하고 있습니다. "예수님 당신이 우리가 수백 년 동안 기다려온 메시아입니다. 우리를 허물과 죄악과 상처와 죽음으로부터 구원하실 그리스도가 바로 예수님 이십니다" "이 땅에 하나님의 나라 천국을 만드실 예수님 이십니다." 베드로의 고백은 여기에서 멈추지 않습니다. 예수님을 그리스도라고 고백한 베드로는 이어서 "살아계신 하나님의 아들"이라고 선언을 합니다. "하나님의 아들"은 하나님의 제 이격인 성자 하나님을 뜻합니다. 즉 하나님의 아들은 곧 하나님입니다. 이것은 매우 중요한 바를 시사하고 있습니다. 그리스도는 곧 하나님이라는 것입니다. 인류를 구원하실 그리스도, 구원자는 하나님 밖에는 없다는 것입니다. 예수님은 믿는 자들을 통하여 세상에 하나님의 나라를 만드시려고 오신 것입니다. 오직 하나님만이 그리스도가 되실 수 있고, 하나님만이 우리를 구원하실 수 있습니다. 하나님께서 우리를 통하여 기적을 행하시는 것입니다. 그 그리스도, 그 구원자, 그 하나님이 바로 예수님이십니다.

베드로의 답변은 예수님께서 우리의 구원자이시며 하나님이시라는 놀라운 고백입니다. 베드로가 스스로 말한 것이 아니고, 하나님께서 베드로의 입술을 통하여 예수님이 누구시라는 것을 세상에 나타내신 것입니다. 그래서 예수님이 베드로를 칭찬하신 것입니다. 베드로에게 있어서 예수님은 세상 사람들이 말하는 세례요한이나 선지자들처럼 신앙의 모범이나 본보기가 아니었습니다. '신앙의 대상' 그 자체였습니다. 믿을 것이 많았던 빌립보 가이사랴에서 믿어야 하는 신앙의 대상은 오직 그리시도시오, 하나님의 아들이신 예수님 뿐이셨습니다. 그래서 예수님을 믿으면 영원한 천국과 구원과 생명이 보장되는 것입니다. 예수님께서 그리스도시고 하나님이시기 때문입니다.

예수님은 오늘 제자들의 믿음을 시험하신 것을 주목해야 합니다. "사람들이 인자를 누구라 하느냐" 제자들이 대답합니다. "더러는 세례 요한, 더러는 엘리야, 어떤 이는 예레미야나 선지자 중의 하나라 하나이다." 여기에 예수님은 반응하시지 않으십니다. 예수님은 돌아다니는 세상 사람의 말에는 관심이 없으십니다. 우리도 살아계신 하나님과 동행하려면 사람의 말을 의식하지 말고 하나님의 음성에만 집중하고 의식해야 합니다. 성령의 감동을 받아 말하고 순종하는 습관이 되어야 합니다. 사람을 의식 한다든지 사람의 말을 듣고 움직이는 자는 주님과 상관이 없는자 입니다.

예수님이 다시 질문합니다. "너희는 나를 누구라 하느냐" 베드로가 대답을 합니다. "주는 그리스도시요, 살아계신 하나님의 아들이시니이다" "예수께서 대답하여 가라사대 바요나 시몬아 네가 복이 있도다. 이를 네게 알게 한 이는 혈육이 아니요, 하늘에 계신 내 아버지시니라" 예수님은 "주는 그리스도시오, 살아계신 하나님의 아들이시니이다."라고 고백한 베드로를 칭찬하시고 복이 있다고 말씀하셨습니다. "주는 그리스도시오 살아계신 하나님의 아들이시라는 이 고백이 왜 주님이 기뻐하시는 신앙고백이고 베드로 개인에게는 축복이 되었을까요? 하나님께서 베드로의 이 신앙 고백을 통하여 예수님은 이제 그리스도시오, 하나님의 아들로서 세상에 나타나게 된 것입니다. 하나님께서 베드로의 입술의 고백을 통하여 예수님을 세상에 나타내신 것입니다. 하나님은 믿음의 사람을 통하여 자신을 나타내십니다. 우리 모두는 자신을 통하여 살아계신 하나님을 나타내는 도구들이 되어야 합니다. 하나님이 자신을 통해서 기적을 나타내는 도구라야 합니다.

그리고 영생은 유일하신 참 하나님과 그의 보내신 자 예수 그리스도를 아는(체험) 것입니다. 사람의 지식으로는 하나님과 예수 그리스도를 알 수 없고, 예수 그리스도의 소원대로 계시를 받은 자만 주님을 알 수 있습니다. "내 아버지께서 모든 것을 내게 주셨으니 아버지 외에는 아들을 아는 자가 없고 아들과 또 아들의 소원대로 계시를 받는 자 외에는 아버지를 아는 자가 없느니라(마 11:27)" "영생은 곧 유일하신 참 하나님과 그의 보내신 자 예수 그리스도를 아는 것이니이다(요 17:3)" 그런데 베드로가 하나님 아버지께서 계시하심으로 예수 그리스도를 정확하게 누구인지 알게 되었으니 얼마나 큰 축복이겠습니까? 하나님께서 베드로의 입술을 사용하신 것입니다. 그래서 "예수께서 대답하여 가라사대 바요나 시몬아 네가 복이 있도다 이를 네게 알게 한 이는 혈육이 아니요 하늘에 계신 내 아버지시니라"

베드로는 하나님 아버지의 계시로 말미암아 예수 그리스도를 "주는 그리스도시오 살아계신 하나님의 아들이시니이다"라고 고백하게 되었습니다. 이때 베드로는 성령으로 세례를 받기 전의 일입니다. 그런데 히브리서 8장의 새 언약의 내용을 보면 이런 내용이 있습니다. "각각 자기 나라 사람과 각각 자기 형제를 가르쳐 이르기를 주를 알라 하지 아니할 것은 저희가 작은 자로부터 큰 자까지 다 나를 앎이니라." 모두 하나님을 안다고 하십니다.

히브리서 8장 8절로 11절에 "저희를 허물하여 일렀으되 주께서 가라사대 볼지어다. 날이 이르리니 내가 이스라엘 집과 유다 집으로 새 언약을 세우리라. 또 주께서 가라사대 내가 저희 열조들의 손을 잡고 애굽 땅에서 인도하여 내던 날에 저희와 세운 언약과 같지 아니하도다. 저희는 내 언약 안에 머물러 있지 아니하므로 내가 저희를 돌아보지 아니하였노라. 또 주께서 가라사대 그 날 후에 내가 이스라엘 집으로 세울 언약이 이것이니 내 법을 저희 생각에 두고 저희 마음에 이것을 기록하리라. 나는 저희에게 하나님이 되고, 저희는 내게 백성이 되리라. 또 각각 자기 나라 사람과 각각 자기 형제를 가르쳐 이르기를 주를 알라 하지 아니할 것은 저희가 작은 자로부터 큰 자까지 다 나를 앎이니라.”

　하나님이 우리에게 새 마음을 주시고, 새 영 곧 성령을 주셔서 우리 마음과 생각에 하나님의 법 곧 주님의 말씀을 주시면 우리가 누가 가르쳐 주지 않아도 자신 안에서 나타나시는 하나님을, 주님을 알게 된다는 내용입니다. 예수님께서 동행 하시면서 큰 일을 행하신다는 것을 알고 믿게 되는 것입니다. 더 나아가 하나님께 기도하여 받은 지혜대로 순종하니 기적이 일어납니다. 자신 앞에 일어난 기적이 하나님께서 자신을 통하여 나타내신 것이라고 말하고 믿게 됩니다. 성령은 예수님을 증거 하시는 영이시기 때문에 우리 안에서 예수 그리스도를 가르치시고 예수님이 하신 모든 말씀을 생각나게 하십니다. “보혜사 곧 아버지께서 내 이름으로 보내실 성령 그가 너희에게 모든 것을 가르치고 내가 너희에게 말한 모든 것을 생각나게 하리라(요 14:26)”

　성령님은 우리 안에서 주님의 영광을 나타내십니다. 주님의 영광을 나타내시고 주님이 하신 말씀을 생각나게 하시며, 그리스도의 사랑을 우리에게 알게 하십니다. 성령의 살아있는 역사를 알게 하십니다. 곧 예수 그리스도를 우리에게 증거 하시고 우리로 그 예수 그리스도를 증거 할 수 있도록 도우시는 분이십니다. "그러하나 진리의 성령이 오시면 그가 너희를 모든 진리 가운데로 인도하시리니, 그가 자의로 말하지 않고 오직 듣는 것을 말하시며 장래 일을 너희에게 알리시리라. 그가 내 영광을 나타내리니, 내 것을 가지고 너희에게 알리겠음이니라. 무릇 아버지께 있는 것은 다 내 것이라. 그러므로 내가 말하기를 그가 내 것을 가지고 너희에게 알리리라 하였노라(요 16:13~15)" 하나님께서 성령을 통하여 우리에게 알게 하신다는 것입니다. 모든 것이 우리 안에 성령으로 되는 것입니다.

또 기름 부음 곧 성령님이 우리에게 주님에 관한 모든 것을 가르치신다고 요한일서는 말씀합니다. "너희는 주께 받은 바 기름 부음이 너희 안에 거하나니 아무도 너희를 가르칠 필요가 없고 오직 그의 기름 부음이 모든 것을 너희에게 가르치며 또 참되고 거짓이 없으니 너희를 가르치신 그대로 주 안에 거하라(요일 2:27)" 성령께서 친히 인도하시면서 가르치신다는 것입니다.

베드로가 "주는 그리스도시오 살아계신 하나님의 아들이시니이다"라고 고백한 이 고백을 두고, 주님이 "바요나 시몬아 네가 복이 있도다. 이를 네게 알게 한 이는 혈육이 아니요, 하늘에 계신 내 아버지시니라"라고 말씀하신 것은 하나님의 계시로 말미암아 알게 되었다고 말씀하시는 것입니다. 그 베드로에게 주님은 놀라운 축복을 주셨습니다. 그러나 그 축복은 베드로 개인을 위한 축복이 아니고 예수님의 사역을 위한 축복 이었습니다. 성령이 임하시기 전의 일로 예수님의 사역을 위한 하나님 아버지의 특별한 계시로 세상이 알게 된 것입니다. 베드로의 입술을 하나님께서 사용하신 것입니다. "또 내가 네게 이르노니 너는 베드로라 내가 이 반석 위에 내 교회를 세우리니 음부의 권세가 이기지 못하리라. 내가 천국 열쇠를 네게 주리니 네가 땅에서 무엇이든지 매면 하늘에서도 매일 것이요 네가 땅에서 무엇이든지 풀면 하늘에서도 풀리리라 하시고(마 16:18-19)"

베드로의 신앙고백 위에 주님이 베드로를 축복하셨고 그 축복은 주님의 몸인 교회에 주어지는 하늘의 권세입니다. "너는 베드로라 내가 이 반석 위에 내 교회를 세우리니 음부의 권세가 이기지 못하리라" 베드로의 신앙고백(예수 그리스도) 위에 세워진 주님의 교회는 음부의 권세가 이기지 못하는 예수 이름의 권세, 하늘의 권세가 주어진 것입니다. 이 교회는 마음 안에 있는 심령교회(성전)를 말하는 것입니다. 그 예수 이름의 권세가 바로 이것입니다. "내가 천국 열쇠를 네게 주리니 네가 땅에서 무엇이든지 매면 하늘에서도 매일 것이요 네가 땅에서 무엇이든지 풀면 하늘에서도 풀리리라" 이 놀라운 주님의 약속은 베드로 개인을 위한 것이 아니고 예수님께서 주님의 사역을 위해 교회를 세우고 교회를 통하여 음부의 세력 곧 사탄의 나라를 깨드리시고 하나님이 통치하시는 하나님의 나라를 세워 가시겠다는 뜻입니다.

우리에게도 주님이 그리스도시오, 살아계신 하나님의 아들이 시라는 신앙 고백이 있었다면, 아니 매일 매일의 신앙 고백이라 면 하나님은 우리로 주님의 몸인 교회가 되게 하시고 음부의 권 세가 이기지 못하는 하늘의 권세, 예수 이름의 권세로 함께하십 니다. 아버지께서 아들 예수 그리스도께 주신 이름을, 성령님께 주시고 그 성령이 우리 안에 그 이름으로 오셨습니다. 우리에게 주어진 예수 이름의 권세는 하늘과 땅의 모든 권세입니다.

주님이 세우신 주님의 몸인 교회에 주신 천국 열쇠입니다. "내가 천국 열쇠를 네게 주리니 네가 땅에서 무엇이든지 매면 하 늘에서도 매일 것이요, 네가 땅에서 무엇이든지 풀면 하늘에서 도 풀리리라" 그 놀라운 권세로 주님이 성령으로 우리 안에서 하 나님의 나라를 세워 가시고 열방과 세계가 예수 이름 앞에 무릎 꿇을 그 날까지 하나님의 사람들을 통하여 일하실 것입니다. 주 님의 몸인 교회(성전)된, 하나님의 나라가 된 사람들, 공동체를 통하여 그 권세로 일하실 것입니다.

오늘 기도 중에 주님이 필자에게 살아계신 하나님을 나타내 라는 감동을 주셨습니다. 그래서 성경을 보니 "주는 그리스도시 오 살아계신 하나님의 아들이시니이다."였습니다. 이 말씀은 주 님이 제자들에게 질문하신 "너희는 나를 누구라 하느냐?"라고 묻고 계시는 말씀이라고 생각합니다. 필자에게는 "너는 나를 어 떤 하나님으로 믿고 있느냐" 다시 한 번 주님을 알게(체험) 하신 것이라고 생각합니다. 살아계신 하나님을 체험적으로 알고 글을 쓰고 성령의 역사를 일으키라는 금언입니다. 살아계신 하나님께서 저를 통하여 나타낸다는 믿음을 가지라는 말씀이기도 합니다. 필자가 먼저 살아계신 하나님께서 내 안에 성전 삼고 주인으로 계시면서 동행하신다는 믿음을 가지라는 것입니다. 자신도 알지 못하고 믿지 못하면서 다른 성도들에게 전한다는 것은 어불성설이 되기 때문입니다. 어떤 권사님이 저에게 우리 동생은 목사인데 자신도 모르는 말씀을 성도들에게 전하는데 교회가 부흥이 되겠습니까? 아주 무서운 충고입니다. 필자는 오늘 다시 새롭게 하나님께서 저의 주인으로 계시면서 저를 통하여 말씀하시고 기적을 행하신다고 알고 믿게 되었습니다. 담대하게 예수님의 이름을 사용하여 글을 쓰고 기적을 행하겠습니다. 분명하게 성경에 "내가 그리스도와 함께 십자가에 못 박혔나니 그런즉 이제는 내가 사는 것이 아니요 오직 내 안에 그리스도께서 사시는 것이라 이제 내가 육체 가운데 사는 것은 나를 사랑하사 나를 위하여 자기 자신을 버리신 하나님의 아들을 믿는 믿음 안에서 사는 것이라(갈 2:20)" 말씀하셨기 때문입니다.

주님은 우리가 주님을 알고 믿는 만큼 역사하십니다. 예수님이 죽어서 나흘이나 되어 썩어 냄새나는 나사로를 살리실 때 이렇게 말씀하셨습니다. "예수께서 가라사대 나는 부활이요 생명이니 나를 믿는 자는 죽어도 살겠고, 무릇 살아서 나를 믿는 자는 영원히 죽지 아니하리니 이것을 네가 믿느냐?(요 11:25-26)" 그렇습니다. 우리는 주님이 이미 약속하신 것처럼, 말씀하신 것처럼 우리가 베드로와 같이 주님의 계시로 "주는 그리스도시오 살아계신 하나님의 아들이시니이다"라고 알고 고백할 수 있다면 우리들을 통하여 기적으로 역사하실 것입니다.

주님의 영광이 나타날 것입니다. "예수께서 가라사대 내 말이 네가 믿으면 하나님의 영광을 보리라" "네가 믿으면 하나님의 영광을 보리라!(요 11:40)" 이것은 주님의 약속입니다.

구원에 이르는 길은 오직 하나입니다. 이 땅에 천국을 만드는 길도 하나입니다. 기적이 일어나는 길도 하나입니다. 예수님만이 그 길입니다. 다른 길은 없습니다. 하나님께서는 예수 그리스도 외에 구원을 얻을 만한 다른 이름을 우리에게 주신 일이 없습니다. 오직 예수, 오직 예수님만이 우리를 구원하시는 그리스도시요 하나님이신 줄을 믿으시기 바랍니다. 베드로는 예수님을 향해 그냥 하나님의 아들이라고 고백하지 않았습니다. "살아계신 하나님의 아들"이라고 고백했습니다. "the Son of the living God" 우리는 오늘 이 고백에 집중해야 합니다. 하나님은 살아계십니다. 살아계시면서 우리 안에 계십니다. 우리를 사랑하시는 분은 살아계신 하나님이십니다. 하나님께서 살아계신다고 하는 것은, 언제 어디서나 나와 함께 하시고, 항상 우리의 삶을 인도하시며, 항상 동행하시며, 지금도 우리 가운데 역사하신다는 것을 의미합니다. 날마다 동행하시면서 우리를 통하여 기적을 일으킵니다.

그런데 당시에 잘못된 신앙관을 가지고 있었던 바리새인들과 사두개인들이 하나님을 전통과 성전에 가두어버렸던 것과 같이 오늘날, 일부의 잘못된 신앙들을 보면, 너무 관념적이 되어버렸다는 사실입니다. 교회에서 듣고 배우기를, "하나님은 모든 일에 능하시고, 모든 것을 알고 계시며, 모든 곳에 거하시며, 온 세상을 창조하신 분입니다. 하나님은 못하시는 일이 전혀 없으시며, 나의 숨은 생각까지도 통찰하시고 모든 생명과 우주의 질서를 주관하시는 분입니다." 라고 배웠습니다. 그런데 이 진리가 지식으로만 굳어졌다는 것입니다. 행함으로 나타나지 않습니다.

또한 하나님을 성경에 가두고 예배당에 가두어버립니다. 성경 속에만 존재하는 하나님으로 믿고 있습니다. 예배당 안에만 존재하는 하나님으로 여깁니다. 그래서 예배당 밖에만 나가면 하나님이 없는 것처럼 살아갑니다. 성경에서 눈만 떼면 하나님을 무시하고 살아갑니다. 또 이성과 지식과 환경에 가두어버립니다. 자신의 이성으로 판단해 보고, 자기의 지식으로 재보고, 열심으로 재보고, 나의 환경에 비추어 보고서, 하나님의 능력을 가늠해 봅니다. 과연 하나님이 이런 일을 하실 수 있을까?

그래서 우리가 못하면 하나님도 못할 것으로 여깁니다. 우리의 능력 밖이라면 하나님의 능력도 미치지 못할 것으로 생각합니다. 하나님을 지식으로, 개념으로는 알고 있는데, 삶으로 알지 못한다는 안타까운 사실입니다. 살아계신 하나님을 믿어야 하는데, 내 지식과 이성과 개념 속에서 하나님을 찾기 때문입니다. 이것은 믿음이 아닙니다. 빨리 바른 복음으로 돌아서야 합니다. 성령으로 세례를 받고 성령의 인도를 받아야 합니다.

하나님께서는 어제나 오늘이나 영원토록 살아계신 하나님이십니다. 우리의 발걸음을 인도하시고, 우리 안을 성전삼고 주인으로 계시면서 우리가 어디를 가나 동행하시는 하나님이십니다. 우리의 숨결 속에 우리의 생각 속에, 우리의 인생 가운데 역사하시는 하나님이십니다. 히스기야 왕의 생명을 연장시키신 하나님의 위대한 역사를 보십시오. 어떻게 이런 일이 가능할 수 있겠습니까? 인간의 지식과 경험과 과학으로도 도무지 생각할 수 없는 일입니다. 그런데 하나님께서 하셨습니다. 기드온은 고작 300명의 용사를 이끌고 13만 5천명과 싸워서 이겼습니다. 엘리야는 혼자서 바알 선지자 850명과 싸워서 이겼습니다.

소년 다윗은 물맷돌로 거인 골리앗과 싸워서 이겼습니다. 다윗의 믿음에 찬 말을 들어보십시오. 사무엘상 17장 45-51절 말씀입니다. "다윗이 블레셋 사람에게 이르되 너는 칼과 창과 단창으로 내게 나아오거니와 나는 만군의 여호와의 이름 곧 네가 모욕하는 이스라엘 군대의 하나님의 이름으로 네게 나아가노라. 오늘 여호와께서 너를 내 손에 넘기시리니 내가 너를 쳐서 네 목을 베고 블레셋 군대의 시체를 오늘 공중의 새와 땅의 들짐승에게 주어 온 땅으로 이스라엘에 하나님이 계신 줄 알게 하겠고, 또 여호와의 구원하심이 칼과 창에 있지 아니함을 이 무리에게 알게 하리라 전쟁은 여호와께 속한 것인즉 그가 너희를 우리 손에 넘기시리라. 블레셋 사람이 일어나 다윗에게로 마주 가까이 올 때에 다윗이 블레셋 사람을 향하여 빨리 달리며, 손을 주머니에 넣어 돌을 가지고 물매로 던져 블레셋 사람의 이마를 치매 돌이 그의 이마에 박히니 땅에 엎드러지니라. 다윗이 이같이 물매와 돌로 블레셋 사람을 이기고 그를 쳐죽였으나 자기 손에는 칼이 없었더라. 다윗이 달려가서 블레셋 사람을 밟고 그의 칼을 그 칼집에서 빼내어 그 칼로 그를 죽이고 그의 머리를 베니 블레셋 사람들이 자기 용사의 죽음을 보고 도망하는지라"

시편 139편 1절에서 5절까지의 말씀을 보시면 다음과 같이 기록하고 있습니다. "오~ 주여! 주께서 나를 살피시고 나를 아셨나이다. 주께서 나의 앉고 일어서는 것을 아시고 멀리서도 나의 생각을 이해하시오며, 나의 행로와 나의 눕는 것을 둘러싸시므로 나의 모든 길을 익히 아시오니 보소서, 오~ 주여! 내 혀의 말 중에 주께서 알지 못하는 것이 단 하나도 없나이다. 주께서 나를 앞뒤로 에워싸시고 주의 손을 내 위에 얹으셨나이다." 다윗에게 하나님께서는 살아계신 하나님이셨습니다. 그에게 하나님께서는 그를 살피시는 분이셨으며, 그를 아시는 분이셨습니다.

그와 동행하는 하나님으로 믿고 있었습니다. 그의 생각을 이해하시는 분이셨습니다. 그의 행로와 눕는 것을 둘러싸셔서 그를 보호하시는 분이셨습니다. 그가 하는 말들을 들으시는 분이셨습니다. 다윗 자신을 에워싸시고 자신의 손을 다윗 위에 얹으시는 분이셨습니다. 다윗에게 하나님은 언제나 자신과 함께 계시는 하나님이셨습니다. 그는 자신이 하나님을 떠날 수 없다는 사실을 알고 있습니다. 자신이 가는 곳 어디서나 주께서 그와 함께 계심을 알고 있습니다. 다윗의 하나님은 살아계신 하나님이셨습니다. 동행하시는 하나님이셨습니다. 우리도 똑같습니다.

살아계신 하나님께서 동행하시면서 기적을 행하십니다.

　노아는 120년 동안이나 묵묵히 방주를 만들었습니다. 아브라함은 하나 밖에 없는 아들이삭을 번제로 드렸습니다. 어떻게 그럴 수 있었겠습니까? 살아계신 하나님을 믿었기 때문입니다. 모든 영광을 하나님께 돌릴 줄 알았기 때문입니다.

　예수님을 생각해 보겠습니다. 왜 예수님께서 만지시면 맹인이 눈을 뜹니까? 왜 예수님께서 축사하시면 오병이어의 기적이 일어 나냐고요? 왜 예수님께서 말씀하시면 거센 풍랑이 잔잔해집니까? 오직 예수님은 살아계신 하나님이시기 때문입니다. 우리는 이 살아계신 하나님을 믿습니다. 자금 우리 안에 성전삼고 주인으로 임재 하여 계십니다. 할렐루야!

　사도행전에 보면 예수님의 제자들에게서 예수님께서 일으킨 기적과 동일한 기적이 일어났습니다. 감옥에 수감되었던 베드로가 구출되는 기적이 일어났습니다. 베드로는 나면서부터 앉은뱅이로 살던 사람을 예수님의 이름으로 걷게 하였습니다. 죽은 도르가를 살아났습니다. 바울도 마찬가지입니다. 예수님의 이름으로 앉은뱅이를 일으켜 세웁니다. 죽었던 청년을 살립니다. 무당에게서 귀신을 쫓아냅니다. 독사에 물렸어도 살았습니다. 모두 살아계신 하나님께서 동행하고 계신다는 증거입니다. 그들을 통하여 기적을 나타내신다는 증표입니다.

　이제 우리도 이러한 기적을 행해야 합니다. 예수를 믿고 성령으로 세례를 받아 마음 안에 성전 된 우리의 삶에서도 기적이 일어납니다. 강력한 성령의 새바람이 불어옵니다. 살아계신 하나님께서 주인으로 동행하고 계시기 때문입니다. 우리를 그토록 힘들게 했던 질병이 예수 이름으로 깨끗하게 치료됩니다. 우리의 가슴 깊은 상처가 치유됩니다. 우리의 아픔이 변하여 찬송의 기쁨이 됩니다. 하나님과 함께하는 새로운 삶이 열려집니다. 하나님께서 우리를 사용하셔서서 크신 일을 이루실 것입니다. 우리의 모든 삶에서 이런 고백이 흘러넘칠 것입니다. 모두다 살아계신 하나님을 주인으로 모시고 동행하며 살아가기 때문입니다.

우리가 말로만 믿을 것이 아니고 이제 예수님의 제자들과 같이 예수님의 이름으로 기적을 일으키는 제자가 되어야 합니다. 복음을 전해야 합니다. 날마다 기적을 체험하고, 일으키려면 예수님이 기적적으로 치유하시는 분이라는 것을 믿어야 합니다. 예수님이 자신과 동행하시면서 기적을 행하시는 분이라는 것을 세상에 나타내야 합니다. 하나님은 믿는 우리를 통하여 기적을 일으키면서 일하신다는 것을 나타내 보여야 합니다.

어느 목사님이 기적적으로 질병을 치유 받으셨습니다. 목사님은 교회를 개척하여 목회를 잘하고 계시는 여성 목사님이었습니다. 그런데 이 목사님이 여러 가지 질병을 가지고 있었습니다. 간에 담석도 있었습니다. 신장에 결석도 있었습니다. 그리고 목에 이상하게 생긴 피부병도 있었습니다. 그래서 병원에서 치료를 했는데 잘되지 않고 영적으로 갈급하여 저희 교회 치유집회에 참석하여 치유를 받았습니다. 그런데 담석 결석은 다 치유가 되었는데 이상하게 귀에서부터 목까지 마치 줄이 연결된 것 같은 피부병은 치유되지를 않았습니다. 그래서 내가 치유기도 시간마다 손을 얹고 안수를 했습니다. 그러던 어느날 집회를 마치고 잠간 쉬는 시간에 저는 강대상 뒤에서 기도하며 쉬고 있고, 그 분은 뒤에서 나의 사모하고 여러 사람들하고 대화하며 쉬고 있었습니다. 그런데 갑자기 나의 마음에 성령의 감동이 오기를 뒤에 쉬고 있는 사람들을 보라는 감동이 오는 것이었습니다. 그래서 강대상 옆으로 얼굴을 내밀고 뒤를 바라다보았습니다. 그런데 그 여 목사님하고 나하고 눈이 딱 마주쳤습니다. 그런데 순간 보이는 이상한 형체가 있었습니다. 여 목사님이 빨간 립스틱을 진하게 칠하고 무당이 쓰는 모자인 꿩 깃이 꽂인 모자를 쓰고 모자가 벗어지지 않게 하기 위하여 모자 옆에 줄이 있는데 귀에서부터 목까지 걸치게 줄을 하고 있는 것이었습니다. '올다! 알았다.'

지금까지 귀에서부터 목까지 피부병이 생긴 것은 모자를 벗어지지 말라고 걸어놓은 끈이 일으키는 피부병 이였구나 하고, 여 목사님을 앞으로 불러 축사를 했습니다. 성령이여 임하소서. 야! 이 더러운 무당 귀신아 정체를 밝혀라, 정체를 밝혀 하니까, 조금 있다가 막 발작을 하는데 무당이 굿거리를 할 때와 똑같은 발작을 한 동안 하다가 귀신이 축사되었습니다. 그리고 몇 칠 있다가 그 피부병이 완전히 나았습니다. 나중에 알고 보니 이 여 목사님의 올케가 무당이라는 것입니다. 그리고 시 아버지는 무당 옆에서 피리를 부는 사나이라는 것입니다. 그 무당의 영이 목사님에게 붙어서 고생을 시키다가 성령이 밝히 보여주심으로 전체가 폭로되어 축사를 한 결과 치유가 되었습니다. 하나님은 동행하시면서 기적적으로 질병을 치유하시는 기적의 하나님이십니다.

2장 체험적으로 하나님을 알아야 한다.

(출 4:2-4)"여호와께서 그에게 이르시되 네 손에 있는 것이 무엇이냐 그가 이르되 지팡이니이다. 여호와께서 이르시되 그것을 땅에 던지라 하시매 곧 땅에 던지니 그것이 뱀이 된지라 모세가 뱀 앞에서 피하매, 여호와께서 모세에게 이르시되 네 손을 내밀어 그 꼬리를 잡으라 그가 손을 내밀어 그것을 잡으니 그의 손에서 지팡이가 된지라"

왜 기적은 오늘도 일어날까요? 하나님은 기적의 하나님이시기 때문입니다. 살아계신 하나님이 주인으로 계시기 때문입니다. 하나님은 영이시기 때문에 인간적인 눈으로 보이지 않습니다. 그러나 살아서 역사하시는 초자연적인 분이십니다. 크리스천은 그분이 자신의 주인으로 동행하고 계시기 때문에 날마다 기적이 일어나야 정상입니다. 자신에게 날마다 기적이 일어나지 않는 것은 아직 자신 안에 하나님께서 주인으로 계시지 않기 때문입니다. 마음 안에 성전이 견고하지 못하기 때문입니다. 빨리 원인을 찾아서 고쳐야 할 것입니다. 기적을 체험하고, 예수 이름으로 기적을 일으키는 핵심은 살아계신 하나님이 자신을 통해서 역사하신다는 확고한 믿음이 있을 때 가능한 것입니다.

하나님은 영이십니다. 하나님은 보이지 않지만 살아계십니다. 살아계신 하나님이라는 것을 몸으로 마음으로 체험해야 합니다.

체험한 대로 믿어야 합니다. 체험해보지 않고서는 하나님을 안다고 할 수가 없습니다. 하나님의 부름을 받고 예수를 믿어 성령으로 거듭난 성도는 반드시 살아계신 하나님을 만나는 체험이 있어야 합니다. 그래야 기적을 체험하면서 인생을 살아갈 수가 있습니다. 우리 크리스천들이 왜 예수를 믿으면서도 기적을 체험하지 못하는 것일까요? 그것은 살아계신 하나님을 체험하지 못했기 때문입니다. 또한 살아계시면서 동행하시는 하나님이라고 믿지 않기 때문에 기적을 체험하지 못합니다.

그래서 하나님은 부르시고 훈련하시면서 살아계신 하나님을 몸으로 직접 체험하게 하십니다. 상징적인 하나님이 아니라, 이론적인 하나님이 아니라, 죽은 자의 하나님이 아니라. 산자의 하나님, 살아서 역사하시면서 기적을 행하시는 하나님이라는 것을 직접 체험하게 하십니다. 직접 동행하시면 기적을 행하시는 하나님이라는 것을 믿게 하기 위해서입니다. 날마다 기적을 체험하고 예수 이름으로 기적을 일으키려면 하나님께서 동행하고 계신다는 믿음이 참으로 중요합니다.

모세의 경우를 생각하면 쉽게 이해가 되실 것입니다. 하나님께서 모세에게 바로 왕으로부터 이스라엘 사람들을 구출하라고 합니다. 그러자 모세가 이렇게 대답합니다. "그러나 그들이 나를 믿지 아니하며, 내 말을 듣지 아니하고, 이르기를 여호와께서 네게 나타나지 아니하셨다 하리이다(출 4:1)" 쉽게 설명하면 모세가 하나님께 '애굽 사람들이 저의 말을 믿지 못할 것입니다.

하나님께서 보이지 않으니 저에게 하나님께서 함께하지 않는 다고 말하고 믿지 않을 것입니다.' 하나님께서 이렇게 말씀하십니다. "네 손에 있는 것이 무엇이냐!" '모세가 지팡이입니다.' 하나님께서 말씀하십니다. "그것을 땅에 던지라고 하십니다." 모세가 곧 지팡이를 땅에 던집니다. 그러자 그것이 뱀이 됩니다. 모세가 뱀 앞에서 피합니다(출4:2-3). 지금 하나님께서 모세의 생각과 말을 바꾸시는 것입니다. 하나님께서 보이지 않아도 동행하시면서 기적을 행하신다는 것을 믿도록 훈련하시는 것입니다. 한마디로 모세에게 하나님이 하라는 대로 순종하면 그대로 된다는 것을 체험하게 하십니다. 하나님께서 동행하고 계신다는 것을 믿고 담대하게 행동하도록 하기 위해서입니다.

하나님은 우리들이 삶 속에서 초자연적인 기적을 행하는 크리스천이 되게 하기 위하여 하나님의 살아 역사하심을 체험하게 하십니다. 그래서 강하고 담대하라고 하시는 것입니다. 하나님께서 하라는 대로 순종하면 하나님께서 친히 하신다는 것입니다. 그렇기 때문에 여호와께서는 모세에게 그의 지팡이를 땅에 던지라고 말씀하셨던 것입니다. 모세가 그의 지팡이를 땅에 던졌을 때, 하나님께서 기적을 행하시는 지팡이가 된 것입니다. 순종하니까 하나님의 살아 역사하심을 보이기 위하여 뱀이 된 것입니다. 모세가 가지고 있는 지팡이는 그냥 지팡이가 아니라 하나님의 지팡이입니다. 이 지팡이는 출애굽기 4장 17절에서 하나님께서 이렇게 말씀하셨습니다. "너는 이 지팡이를 손에 잡고 이것으로 이적을 행할지니라." 원래 이 지팡이가 의미가 있어진 것은 평범한 지팡이를 하나님이 의미 있게 하셨기 때문입니다. 지팡이로 이적을 행하시는 도구로 쓰셨습니다. 볼품없고 보잘 것 없는 지팡이였지만 지금은 하나님이 함께 하셔서 능력이 되시는 표징으로서의 지팡이가 된 것입니다. 그러므로 모세는 그 지팡이를 볼 때 마다 하나님의 역사를 기억할 것이었습니다. 그래서 하나님의 지팡이인 것입니다. 모세는 하나님께서 자신과 동행하시면서 기적을 행하신다고 믿었습니다.

그 지팡이를 사용하여, 홍해가 열렸습니다. "지팡이를 들고 손을 바다 위로 내밀어 그것으로 갈라지게 하라 이스라엘 자손이 바다 가운데 육지로 행하리라(출14:16)." 그리고 그 지팡이가 바위를 치는 데 사용되었을 때는, 바위에서 물이 흘러나왔습니다. "여호와께서 모세에게 이르시되 백성 앞을 지나가서 이스라엘 장로들을 데리고 하수를 치던 네 지팡이를 손에 잡고 가라 내가 거기서 호렙 산 반석 위에 너를 대하여 서리니 너는 반석을 치라 그것에서 물이 나리니 백성이 마시리라 모세가 이스라엘 장로들의 목전에서 그대로 행하니라(출17:5-6)." 그것은 더 이상 자연적인 지팡이가 아니라, 하나님의 말씀대로 순종할 때 하나님의 초자연적인 지팡이였습니다.

바울의 경우를 생각하면 더 쉽게 이해가 될 것입니다. 사도행전 10장 1절에서 6절을 보면 이렇게 기록되어 있습니다. 그렇게 길을 가다가 한낮에 제가 보니 하늘에서 햇빛보다 더 눈부신 빛이 저와 제 일행의 주위를 비추었습니다. 우리가 모두 땅에 쓰러졌을 때에, 히브리어로 저에게 이렇게 말하는 음성이 들렸습니다. "사울, 사울, 왜 나를 박해하느냐? 몰이 막대기를 계속 발로 차면 너만 다칠 뿐이다." 그래서 제가 '주여, 누구십니까?' 하고 묻자, 주께서 말씀하셨습니다. "나는 네가 박해하는 예수다. 일어나 너의 발로 서라. 내가 너에게 나타난 것은 너를 선택하여 나에 관해 네가 본 것과 내가 보여 줄 것을 알리는 종과 증인으로 삼으려는 것이다. 내가 너를 이 백성과 이방 사람들에게서 구출하겠다. 너를 그들에게 보내 들의 눈을 열어 그들을 어둠에서 빛으로, 사탄의 권세에서 하나님께로 돌아오게 하겠다. 그것은 그들이 나를 믿어 죄를 용서받고 또 거룩하게 된 자들 가운데서 상속 재산을 받게 하려는 것이다." 이렇게 분명하게 음성으로 들려주시면서 살아계신 하나님을 체험하게 하십니다. 그 후 "사울이 땅에서 일어나 눈은 떴으나 아무 것도 보지 못하고 사람의 손에 끌려 다메섹으로 들어가서, 사흘 동안 보지 못하고 먹지도 마시지도 아니하니라(행 9:8-9)" 눈을 뜨지 못하고 시금을 전폐하고 있는 바울에게 예수님이 성령의 사람 아나니아를 보냅니다.

사도행전 9장 10절로 22절에 보면 "그 때에 다메섹에 아나니아라 하는 제자가 있었습니다. 주께서 환상 중에 부르십니다. '아나니아야 하시거늘' 아나니아가 대답하되 '주여! 내가 여기 있나이다.' 주께서 말씀하십니다. "일어나 직가라 하는 거리로 가서 유다의 집에서 다소 사람 사울이라 하는 사람을 찾으라. 그가 기도하는 중이니라" "그가 아나니아라 하는 사람이 들어와서 자기에게 안수하여 다시 보게 하는 것을 보았느니라" 하십니다.

아나니아가 대답합니다. '주여! 이 사람에 대하여 내가 여러 사람에게 듣사온즉 그가 예루살렘에서 주의 성도에게 적지 않은 해를 끼쳤다 하더니 여기서도 주의 이름을 부르는 모든 사람을 결박할 권한을 대제사장들에게서 받았나이다' 라고 말합니다. "주께서 이르시되 가라 이 사람은 내 이름을 이방인과 임금들과 이스라엘 자손들에게 전하기 위하여 택한 나의 그릇이라. 그가 내 이름을 위하여 얼마나 고난을 받아야 할 것을 내가 그에게 보이리라." 말씀하십니다.

아나니아가 순종하기 위하여 떠나 그 집에 들어가서 그에게 안수하면서 이렇게 말합니다. '형제 사울아! 주 곧 네가 오는 길에서 나타나셨던 예수께서 나를 보내어 너로 다시 보게 하시고 성령으로 충만하게 하신다.' 하면서 안수를 합니다. 그러자 '즉시 사울의 눈에서 비늘 같은 것이 벗어져 다시 보게 되었습니다.' 바울이 일어나서 세례를 받고 음식을 먹으매 강건하여졌습니다. 바울은 하나님은 영이시라 보이지는 않지만 실제로 살아 역사하심을 몸으로 환경으로 체험한 것입니다.

하나님의 살아서 역사하심을 체험한 사울이 다메섹에 있는 제자들과 함께 며칠 있다가 즉시로 각 회당에서 예수가 하나님의 아들이심을 전파합니다. 체험했기 때문에 담대하게 예수님을 증거 하는 것입니다. 그러자 듣는 사람이 다 놀라서 말합니다. '이 사람이 예루살렘에서 이 이름을 부르는 사람을 멸하려던 자가 아니냐, 여기 온 것도 그들을 결박하여 대제사장들에게 끌어가고자 함이 아니냐 하더라.' 이일이 어떻게 된 것이냐 어안이 벙벙해진 것입니다. 그러자 사울은 힘을 더 얻어 예수를 그리스도라 증언하여 다메섹에 사는 유대인들을 당혹하게 했습니다. 하나님은 이렇게 부르시고 실제 살아계신 하나님을 체험하게 하신 후에 살아계신 하나님을 증명하면서 전하게 하십니다. 체험하였으니 담대하게 살아계신 하나님이라고 전할 수가 있는 것입니다. 우리가 기적을 체험하고 행하기 위해서는 하나님께서 살아계신다는 것을 체험해야 합니다. 본인이 먼저 직접 체험해야 합니다. 그리고 하나님께서 말씀하시는 대로 순종하면 하나님께서 기적을 행하신다는 것을 체험하고 믿어야 합니다. 성경을 자세히 보면 모두 하나님의 살아계심과 하나님의 말씀대로 순종하면 기적이 일어난다는 선진들이 되도록 훈련하시고 사용하셨습니다.

히브리서 저자는 히브리서를 받는 사람들에게 믿음을 갖도록 격려하기 위해서 믿음의 선진들을 이야기했습니다. 고대인으로서 아벨, 에녹, 노아를 이야기했습니다. 족장들을 이야기했습니다. 모세에서 출애굽에 대해 말했습니다. 여리고 정복전쟁과 라합을 이야기했습니다. 히브리서 저자는 구약의 모든 사람을 이야기할 수 있었습니다. 하지만 그는 시간이 부족했습니다. 히브리서 11장 32절을 보십시오. "내가 무슨 말을 더 하리요 기드온, 바락, 삼손, 입다, 다윗 및 사무엘과 선지자들의 일을 말하려면 내게 시간이 부족하리로다." 모두가 하나님과 동행하며 하나님의 살아 역사하심을 믿고 순종하여 기적을 체험하고 행한 사람들입니다.

그리고 그는 구약의 믿음의 사람들이 어떻게 살아계신 하나님을 믿는 믿음으로 살았는가를 이름을 생략하고 요약하고 있습니다. 히브리서 11장 33-38절입니다. "그들은 믿음으로 나라들을 이기기도 하며 의를 행하기도 하며 약속을 받기도 하며 사자들의 입을 막기도 하며, 불의 세력을 멸하기도 하며, 칼날을 피하기도 하며, 연약한 가운데서 강하게 되기도 하며, 전쟁에 용감하게 되어 이방 사람들의 진을 물리치기도 하며, 여자들은 자기의 죽은 자들을 부활로 받아들이기도 하며, 또 어떤 이들은 더 좋은 부활을 얻고자 하여 심한 고문을 받되 구차히 풀려나기를 원하지 아니하였으며, 또 어떤 이들은 조롱과 채찍질뿐 아니라 결박과 옥에 갇히는 시련도 받았으며, 돌로 치는 것과 톱으로 켜는 것과 시험과 칼로 죽임을 당하고 양과 염소의 가죽을 입고 유리하여 궁핍과 환난과 학대를 받았으니, (이런 사람은 세상이 감당하지 못하느니라) 그들이 광야와 산과 동굴과 토굴에 유리하였느니라." 믿음의 선진들은 믿음으로 하나님의 기적을 체험했습니다. 믿음으로 나라들을 이기기도 했습니다. 믿음으로 나라를 이긴 사람들은 무수히 많습니다. 많은 사사들과 히스기야와 여호사밧과 같은 왕들이 믿음으로 나라를 이겼습니다. 이들은 하나님의 기적적인 도움으로 나라들을 이겼습니다. 믿음으로 의를 행했습니다. 믿음으로 의를 행한 사람들은 사사들과 사무엘, 다윗과 같은 왕들입니다. 믿음으로 약속을 받기도 했습니다. 믿음으로 사자들의 입을 막기도 했으며, 믿음으로 불의 세력을 멸하기도 했습니다. 믿음으로 사자들의 입을 막은 사람은 다니엘이며, 불의 세력을 멸한 사람은 다니엘의 세 친구들입니다. 믿음으로 칼날을 피하기도 했습니다. 이세벨의 칼을 피한 엘리야, 사울의 칼을 피한 다윗, 하만의 칼을 피한 바벨론의 유대인들이 있습니다. 어떤 사람은 믿음으로 연약한 가운데서 강해지기도 했습니다. 연약한 가운데 믿음으로 강해진 사람의 대표는 기드온입니다.

믿음으로 전쟁에 용맹되어 이방사람들의 진을 물리치기도 했습니다. 이들이야말로 히스기야나 여호사밧 같은 왕들입니다. 어떤 여자들은 자기의 죽은 아들이 살아나 부활로 받기도 했습니다. 이는 엘리야 시대에 수넴여인이 이에 해당할 것입니다. 수넴 여인은 믿음으로 죽은 아들의 부활을 목격하게 되었던 것입니다. 하나님께 헌신된 수넴 여인이 아들이 죽었다가 다시 살아나는 부활의 능력을 체험한 것처럼, 그리스도 안에서 하나님을 믿음으로 하나님께 헌신된 성도는 모두가 하나님의 부활의 능력을 체험한 자입니다. 이들은 믿음으로 하나님의 기적을 체험했습니다. 하나님의 놀라운 일, 하나님의 기적, 놀라운 하나님의 역사를 체험했습니다. 믿음으로 산다는 것은 이렇게 하나님의 역사를 체험하는 것입니다. 체험적으로 하나님을 알기 위하여 어떻게 해야 하겠습니까?

첫째, 성령의 사람이 되어야 합니다. 성령체험을 통한 회개와 기도라는 감리교 부흥운동을 시작한 존 웨슬리 목사님은 신앙의 중심이 되는 네 기둥을 설명하였습니다. 성서(말씀)와 전통, 그리고 이성과 체험이 그것입니다. 말씀(성서) 중심으로 신앙생활을 해야 하지만, 자기중심적 성서(성경) 해석의 오류를 피하기위해 교회의 전통을 존중하라 하였습니다. 그리고 이러한 믿음생활이 신비주의와 열광주의로 빠지지 않도록, 성령께서 부으시는 이성의 협력이 필요함을 주장하였습니다. 더해서 성령의 체험, 곧 살아계신 하나님을 만나는 뜨거운 생명의 체험이 있어야함을 강조하였습니다.

어떠한 사회현상이라 할지라도 그 핵심이 무엇인지가 가장 중요한 것입니다. 주님께서도 사람의 겉모습을 살피는 것이 아니라, 마음의 중심, 그 핵심을 보신다고 이르신 것처럼, 우리의 믿음생활에서 가장 중요한 것은, 핵심 중의 핵심은 바로 하나님과의 만남, 그분의 역사를 체험하는 것입니다. 믿음이라함은 결코 지식과 경륜을 말하는 것이 아니라, 하나님의 역사, 그 분과의 뜨거운 교제를 말합니다. 그러므로 신앙생활에서 우리는 하나님을 만나는 것, 하나님 체험을 빼놓고 믿음을 말할 수 없습니다. 살아계신 하나님이시기 때문입니다. 기적을 체험하고 기적을 행하려면 성령의 사람이 되어야 합니다. 살아계신 성령께서 자신을 통하여 기적을 체험하도록 하고, 기적을 행하시기 때문입니다.

신약성경에 성도를 성령의 사람으로 단정합니다. 유대인들은 하나님에 대한 지식의 전문가였지만 하나님을 사랑하지 않았습니다. 직접적인 살아계심의 체험이 없기 때문입니다. "하나님을 알되 하나님을 영화롭게도 아니하며, 감사하지도 아니하고 오히려 그 생각이 허망하여지며 미련한 마음이 어두워졌나니(롬 1:21)" 유대인들은 귀신보다 못한 자들입니다. 귀신들도 하나님이 한 분이신 줄은 안다고 했습니다. "네가 하나님은 한 분이신 줄을 믿느냐 잘하는 도다 귀신들도 믿고 떠느니라(약 2:19)"

그러므로 하나님에 대한 지식이 있다고 해서 그 지식이 구원으로 직결되지는 않습니다. 반드시 성령의 사람이 되어야 하나님이 함께 하시는 성도의 삶을 살수가 있습니다. 날마다 기적을 일으키며 살아갈 수가 있습니다. 성경은 이렇게 말합니다. "만일 너희 속에 하나님의 영이 거하시면 너희가 육신에 있지 아니하고 영에 있나니 누구든지 그리스도의 영이 없으면 그리스도의 사람이 아니라(롬 8:9)" 이와 같이 성경은 성령의 사람이 곧 성도라고 가르칩니다. 성령께서 체험하게 하십니다. 하나님과 함께 하는 사람은 곧 성령이 함께 하는 사람입니다. 하나님을 체험하는 것은 성령의 감화를 받는 자입니다. 하나님께서 살아계시기 때문입니다. 살아계신 하나님과 동행하는 성도가 날마다 기적을 체험하고, 일으키는 것입니다. 그러면 성령이 함께 동행 하는 성도가 되려면 어떻게 해야 하겠습니까?

둘째, 두 가지 오해를 버려야 한다. 내가 성령의 사람이다, 하나님과 함께 한다는 오해가 두 가지 있는데, 이것을 버려야 살아 계신 성령께서 주인 된 성령의 사람이 될 수 있습니다.

1)혈육적 오해입니다. 유대인들은 자기네들이 아브라함의 자손이라는 긍지만 남아있고 전혀 마음으로 하나님을 사랑하지 않다가 멸망을 받았습니다. "속으로 아브라함이 우리 조상이라고 생각하지 말라 내가 너희에게 이르노니 하나님이 능히 이 돌들로도 아브라함의 자손이 되게 하시리라, 이미 도끼가 나무뿌리에 놓였으니 좋은 열매를 맺지 아니하는 나무마다 찍혀 불에 던져지리라(마4:9-10)" 하나님은 무섭습니다. 기독교 집안에서 태어났다고 모태 신앙이라고 저절로 성령 충만해지는 것은 아닙니다. 자신이 직접 체험하며 하나님과 관계를 열어야 합니다.

2)종교 활동 자체는 살아계신 하나님의 체험이 아닙니다. 교회 다닌다고 성령이 함께 한 성도라고 단정할 수 없습니다. 예수님의 제자 가룟 유다는 성령이 없었던 자였습니다. 바리새인들과 그 당시 장로들은 소위 종교인으로 존경 받던 사람들입니다. 그러나 메시아를 죽인 장본인들이었습니다. "그들이 예수께 말하되 요한의 제자는 자주 금식하며 기도하고 바리새인의 제자들도 또한 그리하되…(눅 5:33)" 사도행전 26장 5절의 "(바울이 하는 말)… 내가 우리 종교의 가장 엄한 파를 따라 바리새인의 생활을 하였다고 할 것이라" 그들의 규칙적인 종교생활은 지금 우리가 예수 믿는 태도로 따라갈 수 없을 정도로 반듯했지만 형식이었고 진실함이 결여된 외식이었습니다. 날마다 기적을 체험하

고 예수 이름으로 기적을 행하려면 종교인이 되지 말고 성령의 인도를 받는 성령이 사람이 되어야 합니다.

셋째, 하나님을 체험하는 것은 말씀, 기도, 실행이다. 하나님은 영이시고 살아계십니다. 인간은 육체를 가진 존재로서 하나님을 깨닫고 체험한다는 것은 무슨 매체가 있어야 했습니다.

1)하나님의 말씀으로 체험이 가능합니다. 구약에 하나님이 처음 사람을 불러 함께 하심은 어떤 매체가 없이 직접 말씀하셨습니다. 마치 사람끼리 말하듯 그렇게 말씀하셨습니다. 아브라함을 부르시고, 모세를 부르시고, 선지자들을 부르셨습니다. 하나님은 천사로서 사람 모양으로 나타나시기도 했습니다. 그리고 백성들에게 하나님의 음성을 기록한 계명을 주시기도 했습니다. 그러신 가운데 신약에 당신의 아들 예수 그리스도를 이 땅에 보내사 역사적으로 임마누엘의 기적을 이루시고 제자들이 보고, 듣고, 체험한 사실들을 기록하게 하신 것이 신약입니다. 이렇게 구약과 신약의 말씀을 주신 특별 계시를 통하여 하나님 당신의 의지와 목표를 알게 하시므로 말씀을 기초로 믿고 살게 하셨습니다. "그들이 서로 말하되 길에서 우리에게 말씀하시고 우리에게 성경을 풀어 주실 때에 우리 속에서 마음이 뜨겁지 아니하더냐 하고(눅 24:32)" "베드로가 이 말을 할 때에 성령이 말씀 듣는 모든 사람에게 내려오시니(행 10:44)" 말씀에 기록하여 두어 성령의 임재가운데 읽어서 깨달아서 믿음을 키우라는 것입니다.

2)기도하므로 성령으로 세례를 체험합니다. 성령으로 기도하게 되면 회개할 일도 생깁니다. 그렇게 되면 성령으로 세례를 받게 되는 것입니다. 사도들이 3년간을 주님 곁에서 기적과 능력을 스스로 체험들을 했지만 그들이 오순절 날 마가의 다락방에서 10일간의 기도 후에 성령 충만을 얻게 되어 제대로 사도의 직무를 수행할 수 있었습니다. 예수님께서도 복음 사역을 시작하시기 전에 광야에서 40일을 금식기도 하셨습니다. 교회의 탄생도 오순절에 성령이 강하게 임하신 후 가능했습니다. 누가복음 18장에 끈질긴 과부의 청원에 대한 비유의 말씀으로 낙심치 말고 기도할 것을 말씀하고 있습니다.

기도를 하되 반드시 성령으로 기도해야 합니다. 필자도 말씀을 듣고 성령으로 기도하다가 성령으로 충만을 받았습니다. 내 안에 하나님께서 살아계신 것을 체험하는 계기가 되었습니다. 국민일보에 보니 어느 기도원에서 목회자 치유세미나를 한다고 광고가 나왔습니다. 사모가 목회자 치유세미나이니 가보라고 성화가 심했습니다. 나는 가봤자 고생만하고 돈만 손해나는 것인데 무엇 때문에 가느냐고 버티다가 결국 성화에 감당하지 못하여 집회에 갔습니다. 거기 가서 3일째 되는 날 인도하시는 목사님이 하라는 대로 순종하다가 성령의 새 술에 취했습니다. 나는 늦게 목사가 된 사람이라 세상 술도 마셔보았습니다. 그런데 세상 술 마시고 취한 것과 동일하였습니다.

집회를 마치고 밖으로 나와 화장실을 가는데 몸을 가눌 수가 없었습니다. 정말 중심을 잡기가 힘이 들었습니다. 혹시라도 사람들이 오해할까 걱정스럽기도 하였습니다. 조심조심 걸어서 화장실을 가는데 꼭 구름위에 발을 올려놓은 것같이 푹푹 빠졌습니다. 그것뿐만이 아니었습니다. 입에서는 불이 훅훅 나왔습니다. 한 3시간 정도 지나니까 서서히 안정이 되었습니다. 교회에 돌아와 목회하다가 치유센터에 은혜 받으러 가서 치유 받는 성도들에게 입으로 불어도 성령의 강한 임재에 오징어들이 되었습니다. 정말로 성령의 역사가 대단하였습니다.

그 이야기를 우리 사모에게 했더니 어디서 그런 것을 배워왔느냐고 하면서 사람들이 이단이라고 한다고 그만 두라고 하였습니다. 배운 것이 아니라 자꾸 입에서 불이 나와서 불어보니까 그렇게 되더라고 했습니다. 앞으로 다시는 하지 말라고 했습니다. 잘못하다가 이단 된다고 그래서 하지 않았습니다. 내가 이때부터 이단에 대하여 1년간 연구를 하였습니다. 어떻게 하면 이단이 되고 어떻게 하면 안 되는가. 좀 더 확실히 알고 사역하자는 취지에서 이단을 연구하였습니다. 내린 결론은 말씀에 벗어나지 않고, 조직신학에 벗어나지 않는 성령의 역사는 문제가 되지 않는다고 결론을 얻었습니다. 추가하여 성도들이 영적으로 변화되는 사역을 하면 된다는 결론에 도달 했습니다. 그래서 지금은 담대하게 성령을 힘입고 성령의 역사를 일으키고 있습니다.

3)담대하게 실행하라는 것입니다. 성령이 감동하고 상황이 주어지면 살아계신 하나님께서 자신을 통하여 역사하신 다는 것을

믿고 행하라는 것입니다. 필자는 개인적으로 이런 자아가 있었습니다. 예수님이 베드로의 장모가 열병으로 고통 당하는데 예수님이 한번 안수기도 하니 회복되어 예수님을 시중들었다는 말씀을 믿지 못했습니다. 왜냐하면 내가 군대에 있을 때 부대 지휘관이 열병이 들었습니다. 세상 말로 염병이 걸린 것입니다. 그런데 소문을 들으니까, 20일정도 지났는데 열이 너무 심하게 나서 생명이 위태롭다고 했습니다. 40일이 지난 다음에 치유가 되어 부대에 출근을 했는데 보니까. 머리는 다 빠지고 얼굴이 틀어져 입이 옆으로 돌아간 상태로 출근을 한 것입니다.

이렇게 열병이 걸리면 고생을 하는데 어떻게 안수기도 한번 했다고 열병이 떠나느냐. 이것은 시간이 좀 경과된 다음에 수종을 들은 것을 성경에 줄여서 기록한 것이라고 나름대로 판단하고 있었습니다. 그러다가 내가 한창 교회를 개척하고 신유의 은사가 강하게 나타나 병원에 능력전도 다니다가 5살 먹은 여자 아이가 일본 '가와사키'라고 하는 병이 걸렸는데 열이 39도 40도를 오르내린다는 것입니다. 그러니까 이 아이를 발가벗겨 눕혀 놓은 것입니다. 필자가 아이의 손을 잡으려고 하니까, 옆에서 간호하는 성도가 손가락이 부서질지 모르니 만지지 말라는 것입니다. 이 아이의 어머니가 누구냐고 물으니까, 어젯밤에 아이가 열이 많아 아이를 시중들다가 잠을 자지 못해 잠간 집으로 쉬러 갔다는 것입니다. 그 아이의 어머니가 언제 오느냐고 했더니 한 시간 후에나 온다는 것입니다. 원래 유아들은 신유 안수 기도를 할 때 어머니하고 같이 기도하면 빨리 낫게 됩니다. 그러나 기다릴 수가 없어서 그냥 아이에게만 안수기도 했습니다. 병원을 돌면서 전도하다가 끝내고 병원을 떠나려고 하는데, 갑자기 그 아이가 생각이 나서 병실에 갔더니 아이가 옷을 입고 앉아서 동그란 뻥튀기를 먹고 있는 것입니다. 자초지종을 물어보니, 간호하는 여 집사가 이렇게 대답하는 것입니다. "목사님이 안수기도 하고 병실을 나가자마자 아이가 열이 떨어져 정상이 되었습니다. 손가락이 퉁퉁 부은 것도 다 정상이 되었습니다." 그렇게 대답하는 것입니다.

순간에 완전히 치유가 된 것입니다. 저는 그 다음부터 아 예수님이 베드로 장모의 열병을 기도하니 금방 낳았다는 것이 사실이라는 것을 믿게 된 것입니다. 저에게 신유은사가 나타난다고 해도 열병이 금방 고쳐진다는 것을 믿지 않으니, 신유의 은사가 내 것이 아니고 예수님이 신유로 역사 하셨다는 것을 체험하게 하신 것입니다. 예수님이 역사하시면 즉시 열이 떨어진다는 것을 믿게 하기 위하여 체험하게 하신 것입니다. 그래야 하나님의 일꾼으로 사용 하실 수가 있기 때문입니다. 하나님은 저에게 영이시라 보이지 않지만 살아서 역사하시며 동행하고 계신다는 것을 믿도록 체험하게 하신 것입니다. 이렇게 하나님은 살아 계시면서 하나님의 사람을 통하여 기적을 행하신다는 것을 체험하여 믿게 하시는 것입니다. 자신이 기적을 일으키는 것이 아니라 예수님께서 직접 기적을 일으키신다는 것을 믿고 입으로 시인하게 하시는 것입니다.

3장 기적의 하나님과 동행의식을 가지라

(요 14:16-17)"내가 아버지께 구하겠으니 그가 또 다른 보혜사를 너희에게 주사 영원토록 너희와 함께 있게 하리니"

크리스천이 세상을 살아가면서 기적을 체험하고 예수님의 이름으로 기적을 일으키는 것은 하나님께서 동행하신다는 보증입니다. 하나님께서 동행 하신다는 증거는 기사와 이적이라고 할 수가 있습니다. 환란과 고통을 당하면서 어찌할 바를 모르는 사람도 예수를 만나면 기적을 체험합니다. 하나님께서 동행하고 있다는 것을 체험시키기 위해서 입니다. 본인의 의식이 나는 항상 하나님과 동행한다는 사고로 충만해야 합니다.

하나님께서 기적을 행하시는 이유는 보이지 않지만 살아서 동행하며 역사하신다는 것을 믿게 하기 위함입니다. 그렇기 때문에 영육의 문제로 고통을 당하다가 하나님께 기도하여 알려주신 방법대로 순종하여 문제가 기적적으로 해결이 되었다면 하나님께서 자신과 동행하고 계신다는 보증(증거)입니다. 성도는 이 관계를 지속적으로 유지하는 것이 축복 중에 큰 축복입니다. 이렇게 기적을 행하시면서 보이지 않은 하나님을 믿게 하시는 깃입니다. 우리 크리스천들이 하나님께서 보이지 않기 때문에 보이는 면에 치중하는 것이 시실입니다. 이렇게 보이는 면으로 치중하면서 믿음 생활하는 성도들에게 보이지 않지만, 살아서 역사하고 계시다는 것을 믿도록 하기 위하여 기적을 행하시는 것입니다. 자신과 동행하면서 영육의 문제를 해결하고 있다는 것을 체험하여 하나님과 관계를 돈독하게 하기 위함입니다.

욥이 이렇게 말했습니다. "내가 주께 대하여 귀로 듣기만 하였사오나 이제는 눈으로 주를 뵈옵나이다(욥 42:5)" 욥은 몸으로 행위로 신앙생활을 했습니다. 고난을 통하여 하나님께서 살아 역사하고 계신다는 것을 체험한 것입니다. 신구약 성경을 보면 하나님은 분명하게 살아 역사하고 계신다는 것을 믿도록 하십니다. 날마다 기적을 체험하고 행하려면 천지 만물을 초자연적으로 섭리하시는 하나님께서 자신 안에서 주인으로 동행하면서 역사하고 있다는 것을 믿어야 합니다.

우리가 알아야 할 것은 하나님의 뜻에 합해야 동행할 수 있습니다. 하나님께서는 아모스 3장 3절에서 "두 사람이 뜻이 같지 않은데 어찌 동행하겠으며"라고 말씀하셨습니다. 하나님과 생각이 같아야 동행할 수 있습니다. 하나님과 영성이 같아야 동행할 수 있습니다. 하나님과 동행할 수 있어야 영육의 거부가 될 수가 있는 것입니다. 하나님과 동행하려면 성령으로 거듭나 예수님을 닮아가야 합니다. 예수님을 닮아가려면 예수님만 바라보아야 합니다. 예수님을 생각하며 예수님을 바라보면 예수님을 닮아가기 때문입니다. 하나님은 영이시라 예수님과 같이 영-혼-육이 변화되도록 동행하시면서 성령으로 훈련하십니다.

첫째, 하나님과 동행한다는 의식을 가지라. 세상에는 하나님과 동행하면서 믿음 생활을 하는 성도들이 많습니다. 하나님과 동행을 한다는 것은 하나님과 뜻이 동일하다는 것입니다. 하나님과 생각이 동일하다는 것입니다. 하나님과 의지가 동일하다는 것입니다. 영이신 하나님과 24시간 교통한다는 것입니다. 하나님과 24시간 교통한다는 것은 무시로 기도한다는 것입니다. 하나님이 말씀하시는 "항상 기뻐하라. 쉬지 말고 기도하라. 범사에 감사하라" 지속적으로 이루어지고 있다는 것입니다. 순간순간 하나님의 음성을 듣고 순종한다는 것입니다. 요셉이 보디발 장군의 집에서 머슴을 살 때도 함께 동행 하셨습니다.

성경은 창세기 39장 2절에서 "여호와께서 요셉과 함께 하시므로 그가 형통한 자가 되어 그의 주인 애굽 사람의 집에 있으니"라고 말씀하십니다. 하나님이 요셉과 동행하니 보디발의 집이 잘됩니다. 하나님이 책을 읽는 당신과 함께하니 매사가 형통한 것과 마찬가지입니다. 그리고 창세기 39장 23절은 "간수장은 그의 손에 맡긴 것을 무엇이든지 살펴보지 아니하였으니 이는 여호와께서 요셉과 함께 하심이라 여호와께서 그를 범사에 형통하게 하셨더라" 심지어 요셉이 감옥에 들어갔어도 하나님께서 요셉과 함께 하시니 감옥이 잘됩니다. 하나님께서 요셉과 동행한 것은 요셉이 하나님의 마음에 합했기 때문입니다.

모세는 출애굽기 34장 9절에서 이렇게 기도합니다. "이르되 주여 내가 주께 은총을 입었거든 원하건대 주는 우리와 동행하옵소서, 이는 목이 뻣뻣한 백성이니이다. 우리의 악과 죄를 사하시고 우리를 주의 기업으로 삼으소서" 하나님께서 모세의 기도를 들어주시어 모세와 동행합니다. 모세가 기도하는 것마다 응답하여 주십니다. 홍해에 길을 내주시고, 마라의 쓴물을 달게 하시고, 반석에서 물을 내시고, 불뱀에 물려 백성들이 죽어갈 때, 놋 뱀을 만들어 장대에 달게 하여 쳐다보는 자마다 살게 하십니다.

민수기 12장 3절에 "이 사람 모세는 온유함이 지면의 모든 사람보다 더하더라" 하나님께서 인정한 사람이 모세입니다. 모세는 하나님과 동행하며 대면한 사람입니다. "그 후에는 이스라엘에 모세와 같은 선지자가 일어나지 못하였나니 모세는 여호와께서 대면하여 아시던 자요"(신 34:10). 우리도 하나님과 대면하면서 살아가려면 하나님과 동행해야 합니다. 모세는 달랐습니다.

민수기 12장 8절로 10절에 보면 "그와는 내가 대면하여 명백히 말하고 은밀한 말로 하지 아니하며 그는 또 여호와의 형상을 보거늘 너희가 어찌하여 내 종 모세 비방하기를 두려워하지 아니하느냐, 여호와께서 그들을 향하여 진노하시고 떠나시매, 구름이 장막 위에서 떠나갔고 미리암은 나병에 걸려 눈과 같더라. 아론이 미리암을 본즉 나병에 걸렸는지라"우리도 모세와 같이 하나님과 동행하면서 대면하는 영성이 되어야 합니다.

하나님과 동행하면 기적은 우리 안에 있습니다. 하나님을 주인으로 모시고 동행할 때 하나님의 생명이 우리 안에 역사하는 것입니다. 하나님과 동행하면 하나님만이 하실 수 있는 일이 우리 삶에 이루어집니다. 한마디로 기적을 체험한다는 것입니다. 하나님께서 성령으로 감동하실 때 순종하면 기적을 체험하는 것입니다. 그런데 아무리 입으로 주여!를 일 년 내내 외쳐도 하나님만이 하실 수 있는 일이 우리 삶에 이루어 지지 않는 다면 하나님의 생명이 끊어진 죽은 자에 지나지 않습니다. 빨리 원인을 찾아 해결해야 합니다. 우리는 기적을 바라고 찬양도 하지만, 그 기적이 우리 삶에 실제로 이루어지리라고 기대하지 않습니다. 그래서 뜨겁게 기도하면서도 금방 불평하고 낙심하는 자리에 갑니다. 우리는 늘 하나님의 기적을 체험하며 살아가는 자가 되어야 합니다.

기적은 사소한 일상에서 일어나며 말씀과 성령으로 깨어있는 자는 볼 수 있습니다. 하나님과 동행하려면 우리들을 향하신 하나님의 생각을 알아내기를 열망해야 합니다. 우리는 자기 자신의 생각을 하나님이 알아주시고 이루어 주시길 바라는 데 익숙해 있습니다. 그렇게 되면 우리의 신앙은 자라나지 않습니다. 우리는 하나님의 생각을 알기를 열망하고 하나님의 생각대로 행동하려고 결단해야 합니다. 하나님과 동행하는 성도는 하나님의 생각을 알길 열망해야 하고, 하나님의 생각을 따라 순종해야 합니다.

하나님이 무엇을 기뻐하시는지에 초점을 두어야 합니다. 자신의 생각을 붙잡는 자는 자기를 기쁘게 하는데 초점을 두고, 하나님의 생각을 붙잡는 자는 하나님이 기뻐하시는 데에 초점을 둡니다. 하나님은 하나님을 섬기려고 하는 종교의식을 기뻐하지 아니하십니다. "주께서는 제사를 기뻐하지 아니하시나니 그렇지 아니하면 내가 드렸을 것이라 주는 번제를 기뻐하지 아니하시나이다. 하나님께서 구하시는 제사는 상한 심령이라 하나님이여 상하고 통회하는 마음을 주께서 멸시하지 아니하시리이다"(시 51:16). 하나님께서 기뻐하시는 일을 해야 동행하여 주십니다.

필자는 항상 하나님과 동행하는 믿음으로 전도를 하고 복회와 성령사역을 합니다. 예수를 믿으면서도 자녀나 본인이 질병이 있어 고생하는 사람들을 만나 대화해보니 신앙생활을 열심히 잘하는 사람이 병들어 입원하는 경우는 드물었습니다. 하나님과 동행하니 문제가 생기지 않는 것입니다. 70% 이상이 믿음 생활을 잘 못했다고 대답했습니다. 어느 날 이런 여자 집사를 만나 기도를 해준 적이 있습니다. 읍 정도의 시골에서 살다가 시화로 올라온 여성도인데 대화를 해보니 이랬습니다. 시골에 있을 때 남편 집사는 남전도 회장을 했고, 여 집사는 여전도 회장을 했답니다. 그런데 가산이 점점 탕진되어 시화까지 올라온 것입니다.

그래서 내가 집사님 그렇게 남편하고 같이 교회 봉사하면서 예수님의 이름으로 했습니까? 아니면 집사님 부부의 얼굴을 드러내면서 했습니까? 하고 질문을 하니 아무런 대답을 하지 못하다가 하는 말이 교만했던 것 같습니다. 겸손하지 못하고⋯. 그래서 지금 믿음생활은 제대로 하고 있습니까? 질문하니 시골에서 그렇게 열심히 했는데도 아무것도 되는 것이 없어서 남편이 시험이 들어서 지금은 교회를 나가지 않는다는 것입니다. 그래서 무슨 병이 있어서 입원을 했느냐고 질문을 하니 간과 쓸개 그리고 신장에 결석이 생겨서 너무 통증이 심해서 일을 못하고 수술을 해서 치유를 받으러 왔다는 것입니다.

그래서 제가 예수이름으로 기도를 해드릴까요 했더니 기도를 해달라고 해서 머리와 등에 손을 얹고 성령이여 임하소서. 우리 사랑하는 딸이 하나님의 살아 역사하심과 지금도 변함없이 사랑하고 있다는 것을 체험하게 해달라고 하며, 간구한 후 "예수 이름으로 명하노니 쓸개에 있는 결석과 간에 있는 결석과 신장에 있는 결석은 부수어지고 소변으로 나올 지어다" "예수 이름으로 명하노니 쓸개에 있는 결석과 간에 있는 결석과 신장에 있는 결석은 부수어지고 소변으로 나올 지어다" "예수 이름으로 명하노니 쓸개에 있는 결석과 간에 있는 결석과 신장에 있는 결석은 부수어지고 소변으로 나올 지어다" 하고 명령을 했더니 기침을 한동안 사정없이 합니다. 기침이 멈춘 다음에 여 집사가 하는 말이 목사님 구멍이란 구멍으로 귀신이 다 나갑니다. 해서 내가 웃었습니다. 수술을 하려고 검사를 해보니 결석이 하나도 보이지 않아서 삼일 후에 퇴원을 했습니다. 그래서 제가 생계로 살기 힘이 들어도 가까운 교회를 등록하여 항상 하나님과 동행한다는 믿음으로 신앙생활을 잘하라고 조언했습니다. 그랬더니 목사님! 제가 이번에 절실히 느꼈습니다. 어렵고 힘이 들더라도 하나님께서 나와 함께 하시면 안 될 일이 없다는 지세로 믿음생활을 다시 시작하겠습니다. 하고 퇴원을 했습니다.

우리 크리스천들이 하나님과 동행의식을 가지고 믿음 생활을 하는 습관이 도어야 합니다. 필자는 항상 나는 걸어 다니는 성전이다. 하나님께서 나의 주인이시다. 무슨 문제든지 하나님께 기도하여 해결한다. 이런 의식을 가지고 믿음 생활을 하면서 기적을 체험하기도 하고 성령의 감동을 받아 기적을 일으키기도 합니다. 필연적으로 하나님과 동행하려면 하나님의 음성을 들어야 하며, 또 하나님의 음성 듣길 열망해야 합니다. 하나님의 음성을 들으려면 하나님께 끊임없이 질문해야 합니다. 우리가 하나님의 음성을 듣지 못하기 때문에 자기방식대로 하나님을 사랑하며 하나님을 섬기는 것입니다.

하나님과 동해하려면 하나님을 알길 열망해야 합니다. 하나님의 길을 따라가야 합니다. 성령의 인도를 받으라는 말입니다. 그래서 늘 성경을 가까이 하고 성경을 볼 때에도 하나님의 관점에서 하나님이 무엇을 말씀하시고자 하는 지에 초점을 두어야 합니다. 하나님의 뜻대로 행하는 것이 의무가 아니라, 하나님과 교통하는 것이 즐거움이 되어야 하나님과 동행합니다.

둘째, 하나님과 동행하는 믿음 생활을 위해 해야 할일. 에녹과 같은 삶을 살아야 합니다. 창세기 5장 24절에서 "에녹이 하나님과 동행하더니 하나님이 그를 데려가시므로 세상에 있지 아니하였더라" 에녹은 도덕적 능력이 매우 약한 부패한 세대에 살았습니다. 그의 주위는 더러움이 만연하였으나 그는 하나님과 더불어 동행하였습니다.

에녹은 마음을 하나님께 바치도록 교육받았기 때문에 순결하고 거룩한 사물들을 생각하였습니다. 그러므로 에녹은 거룩하고 신령한 사물에 관하여 이야기하였습니다. 에녹은 하나님의 동료가 되었습니다. 에녹은 하나님과 동행하였으며 그의 권면을 받았습니다. 에녹은 우리와 마찬가지로 우리가 만나는 동일한 시험들과 더불어 싸우지 않으면 안 되었습니다.

에녹을 둘러쌌던 사회는 현재 우리를 둘러싸고 있는 사회보다 더 의롭지 못하였습니다. 에녹이 숨을 쉬는 분위기는 우리의 분위기와 마찬가지로 죄와 부패로 더럽혀져 있었습니다. 그러나 에녹은 그가 살았던 세대의 만연된 죄로 인하여 더럽혀지지 않았습니다. 그러므로 우리도 충실한 에녹이 행한 것처럼, 순결하고 부패되지 않은 채 남아 있을 수 있습니다. 그것은 성령의 인도를 받는 것입니다.

우리가 성령의 인도함을 받기 위해서는. 성령 안에서 기도하고, 성령 안에서 찬송하며, 성령 안에서 봉사하고, 성령 안에서 치유하며, 성령 안에서 사는 법을 배워야 합니다(빌3:3).

먼저, 성령 안에서 기도하는 생활을 통하여 성령의 인도를 받아야 합니다. 기도는 영혼의 호흡이요, 하나님과의 대화라 합니다. 이것은 가장 깊숙한 곳에 거하는 영의 흐름이 외부적으로 흘러나오는 것입니다. 영력이 흘러나오고 영적 생명이 흘리나옴으로 영에 몰입됨으로 인하여 성령 안에서 기도할 수 있게 되는 것입니다. 영력은 우리 몸의 지성소인 영속에 임재 하여 계시는 하나님의 능력입니다. 우리가 지성소에 계시는 하나님을 만나기 위해서는 성령의 인도를 받는 깊은 영의 기도가 되어야합니다.

이 기도를 통하여 하나님으로부터 주어지는 각종 은혜와 능력과 응답을 받게 됩니다. 이러한 기도를 통하여 하나님으로부터 주어지는 생명이 우리의 심령을 거룩하게 만들어가고, 영적인 생명과 능력을 키워 나가는 것입니다. 열매가 맺어지고 영적인 지각이 예민해지고 영성이 개발되어집니다.

그러므로 성령 안에서 기도하는 훈련이 필요합니다. 우리의 간구는 마음의 소원이나 원하는 바를 구함으로 성령 안에서 기도하기가 심히 어렵습니다. 그러나 영으로 기도하고 마음으로 기도하면 성령 안에서 기도하기가 쉬워집니다. 성령에 몰입되어 아무런 자신의 생각이나 욕심도 없이 오로지 하나님으로부터 주어지는 것을 받게 되는 기회가 되기 때문에 영으로부터 주어지는 각종 은혜와 능력과 은사가 넘치게 됩니다.

영적인 기능과 지각이 발달됨으로 성령의 인도함을 따르는 성도가 됩니다. 성령 안에서 기도하기 위하여 성전 뜰에서 먼저 육신의 생각으로 기도하지만, 시간이 흐르고 마음이 안정이 되고, 생각이 주님의 사랑과 말씀을 묵상하면서 진지하고 순전한 마음으로 하나님의 성소에서 깊어지는 영의기도를 하게 됩니다.

그리고, 영으로 사는 삶을 통하여 성령의 인도를 받아야 합니다. 하나님은 데살로니가 전서 5장 17-18절에서 "항상 기뻐하라. 쉬지 말고 기도하라. 범사에 감사하라 이는 그리스도 예수 안에서 너희를 향하신 하나님의 뜻이니라." 고 말씀하십니다. 항상 영의 상태가 되게 하라는 것입니다. 영의 상태가 되어야 영이신 하나님과 동행하며, 교통하기 때문입니다.

셋째, 하나님께서 동행하시면서 역사하신다는 믿음이 중요하다. 필자는 항상 하나님이 동행하신다는 자신감을 가지고 있습니다. 많은 목회자들이 교회는 사람들의 눈에 잘 보이는 곳에 있어야 한다고 말합니다. 그러나 저의 생각은 다릅니다. 교회는 성령이 하시는 것입니다. 성령이 역사하면 어디든 부흥할 수 있다는 사고입니다. 일은 하나님이 하시는 것입니다. 내가 하려고 하면 안 됩니다. 자신은 하나님께서 동행하신다는 믿음을 가지고 성령의 감동을 받으며 목회를 하는 것입니다. 그렇게 목회를 하면서 하나님이 동행하심을 체험하니 담대함이 생겼습니다.

그래서인지 필자는 항상 긍정적입니다. 식당도 맛있다고 소문이 나면 어디든지 손님들이 모입니다. 교회도 마찬가지입니다. 하나님이 들려주신 음성을 듣고 순종하면 하나님이 앞길을 열어주십니다. 저는 그런 순수한 믿음을 가지고 있습니다. 저는 항상 이렇게 말합니다. 사람의식하지 말고, 하나님만 의식하자. 필자가 군대에서 나와 목회를 하면서 체험한 것은 세상에 믿을 사람은 아무도 없다는 것입니다. 군에 있을 때는 도와달라고 진화도 잘하고 잘도 찾아오던 사람들이 아무도 찾아오지를 않는 것입니다. 교회를 개척하다 보니 어렵다고 도와달라고 할까 봐 그러는 것입니다. 중 대형 교회를 하시는 목회자들과 성도들이 개척교회는 모두 망한다고 소문을 냈기 때문입니다. 그러나 필자가 항상 하나님께서 동행하신다는 믿음을 가지고 담대하게 순종하니까, 하나님은 절대로 떠나지 않으시고 저와 동행하시면서 기적을 행하셨습니다.

기적을 체험하는 믿음생활과 목회를 하려면 절대로 사람을 의지해서는 안 됩니다. 오로지 하나님만을 의지해야 합니다. 또한 다른 사람의 말만 듣고 기적을 일으키는 사역을 포기하면 안 됩니다. 한번 생각해 보세요. 하나님이 어떻게 사람의 말을 따라가는 사람하고 같이하시겠습니까? 오로지 하나님의 음성만 듣고, 하나님을 기쁘시게 하는 믿음생활을 해야 합니다. 그렇게 했을 때 하나님은 괴롭고 힘들 때마다 찬양으로 위로해 주시고, 앞길을 물을 때마다 음성으로 들려주시고, 어려워 고통당할 때마다 꿈을 통하여 앞일을 보여 주시며, 희망을 가지고 믿음생활과 목회를 하게 하십니다. 또한 환자의 환부에 손을 올려 기도할 때 기적적으로 치유해 주시고, 그 다음엔 어떻게 기도해야 하는지에 대해서 알려 주시기도 하는 것입니다. 인간들은 다 멀리해도 하나님은 항상 우리를 멀리하지 않으시고 동행하여 주십니다. 주님이 승리하게 하십니다.

어느날 이런 환자가 저를 찾아왔습니다. 저는 자궁 수술 후유증으로 1년을 넘게 사람 구실을 못하다가 충만한 교회를 만나 기적적으로 치유 받은 서울 상계동 박 집사입니다. 생리통이 심하여 산부인과에 찾아갔습니다. 산부인과의 의사가 저의 나이 정도가 되면 자궁에 이상이 있을 수 있으니 초음파를 해보자고 했습니다. 검사를 하니 자궁에 주먹만 한 혹이 두 개가 있었습니다. 의사가 하는 말이 그냥 살아도 문제는 없으나 혹으로 인하여 생리통이 심할 것이라고 했습니다. 더 커질 수도 있다는 것입니다. 그러면서 나이가 있으니 수술하여 제거하는 것이 좋겠다고 조언하는 것입니다. 그래서 언니들에게 물어보니 자궁수술을 해서 혹을 제거하니 너무나 시원하고 좋다는 것입니다. 다른 여성들도 똑같이 시원하다는 것입니다.

출산할 나이도 아니고 해서 수술을 하기로 결정을 했습니다. 병원에 입원하여 수술을 하는 날이 되었습니다. 그런데 자꾸 두려움이 찾아왔습니다. 수술하려고 마취실에서 마취를 하기도 전에 졸도해버렸습니다. 어떻게 수술을 했는지도 모르게 수술을 했습니다. 수술을 하고 다른 사람들은 3달이면 완전하게 회복이 된다는데 6달이 지나도 회복이 되지를 않았습니다. 가슴이 두근두근하고 우울증이 찾아왔습니다. 이렇게 고생을 하다가 위장병이 생겼습니다. 거기다가 불면증까지 찾아왔습니다. 병원에서 검사를 하니 심장부정맥과 우울증, 불면증과 신경성 위장병이라는 것입니다. 병원에서 치유는 한계가 있다는 것입니다. 한 마디로 불치병이라는 것입니다.

너무 병이 심하여 남편이 직장을 그만두고 저의 병 수발을 들 정도로 병이 진행되었습니다. 좋다는 약을 다 먹고 능력이 있다는 목사님에게 안수를 그렇게 받아도 치유될 기미가 보이지 않았습니다. 그렇게 1년이 지났습니다. 우연하게 국민일보를 보니 충만한 교회 치유집회 광고가 눈에 들어왔습니다.

전화를 하니 치유가 된다는 것입니다. 그래서 남편에게 부탁하여 주일날 충만한 교회를 찾아갔습니다. 충만한 교회는 특별한 교회입니다. 주일날도 40분 이상씩 기도하며 성령충만을 받습니다. 이때 강요셉 목사님이 안수를 해주십니다. 오전에 기도하며 안수를 받았습니다. 오후에는 사정이야기를 하고 안수를 받았습니다. 안수 받고 차를 타고 가면서 생각하니 가슴이 시원한 것입니다. 그렇게 두근두근 하고 얼굴에 열이 오르고 내리던 현상이 없어졌습니다.

다음날 집회가 있어서 월요일부터 오후에만 참석하여 말씀을 듣고 목사님의 안수를 받았습니다. 안수를 받을 때마다 저를 괴롭게 하던 세력들이 말로 표현 못할 정도로 많이 떠나갔습니다. 3일 동안 다녔습니다. 그런데 불면증이 없어지고 우울증이 없어지는 것입니다. 무엇보다도 가슴이 편안해졌습니다. 금요일 날 병원에 가서 심전도를 해보니 정상이라는 것입니다. 1년을 고생하던 질병이 4일 만에 치유가 된 것입니다. 제가 영적으로 무지해서 1년을 고생한 것입니다. 저의 질병을 기적적으로 치유하신 하나님에게 감사와 찬양을 올립니다. 이렇게 지금도 질병들이 기적적으로 치유가 됩니다. 하나님은 어제나 오늘이나 동일하신 하나님이라는 것을 실제로 체험을 했습니다.

4장 산자의 하나님이시니 동행해야 한다.

(막 5:41-43)"그 아이의 손을 잡고 이르시되 달리다굼 하시니 번역하면 곧 내가 네게 말하노니 소녀야 일어나라 하심이라. 소녀가 곧 일어나서 걸으니 나이가 열두 살이라 사람들이 곧 크게 놀라고 놀라거늘, 예수께서 이 일을 아무도 알지 못하게 하라고 그들을 많이 경계하시고 이에 소녀에게 먹을 것을 주라 하시니라"

하나님은 산자의 하나님이십니다. 영생의 하나님이라는 것입니다. 하나님을 만나면 죽은자도 살아납니다. 예수님은 공생애 기간 동안 하나님께서 원하시는 사역을 하셨습니다. 하나님께서 원하시는 사역은 이땅에 천국을 건설하는 것입니다. 예수님 자체가 천국이니 예수님이 가시는 곳이 천국이 되는 것입니다. 예수님은 우리 안에 주인으로 계십니다. 그러므로 우리자체는 천국입니다. 그렇기 때문에 주님의 레마를 듣고 순종하면 죽은 자가 살아나는 기적이 일어나는 것입니다. 자신을 통하여 죽은 자가 살아나는 기적이 일어난다는 것입니다. 이를 믿어야 날마다 기적을 체험하고 기적을 일으키는 주체가 될 수가 있습니다.

필자가 몇 년 전 어느 날 월요일 아침에 쉬고 있었습니다. 8시 30분정도 되었는데 전화가 왔습니다. 전화를 받아보니 우리 교회 집사님 며느리였습니다. 목사님! 아버님이 숨이 넘어갑니다. 빨리 와주세요. 그래서 사모를 대동하고 아파트에 갔습니다. 가서 보니 거실에 권사님, 아들, 며느리, 손자들이 임종을 기다리고 앉아 있는 상황 이였습니다. 집사님은 거실 소파에 비스듬하게 누워서 숨을 몰아쉬고 있었습니다. 입술과 얼굴이 검게 되어서 아주 미약하게 숨을 쉬고 있었습니다. 인간적인 눈으로 보면 얼마 있지 않으면 임종을 하는 상황이었습니다. 필자가 순간 성령님 어떻게 해야 합니까? 물었습니다. "사망의 영을 몰아내라. 심장은 정상으로 박동하고 숨을 정상으로 쉬라고 명령하라." 그래서 성령님 임하소서. 집사님을 사로잡으소서. "내가 나사렛 예수 이름으로 명하노니 사망의 영은 물러갈지어다. 심장은 정상으로 박동하고 호흡은 정상으로 쉴지어다." "내가 나사렛 예수 이름으로 명하노니 사망의 영은 물러갈지어다. 심장은 정상으로 박동하고 호흡은 정상으로 쉴지어다." "내가 나사렛 예수 이름으로 명하노니 사망의 영은 물러갈지어다. 심장은 정상으로 박동하고 호흡은 정상으로 쉴지어다." 그러면서 얼굴을 쳐다보니 혈색이 정상으로 돌아오면서 숨을 정상으로 쉬는 것입니다. 그러면서 자세를 바르게 하면서 목사님! 감사합니다. 그러니까, 아래에 앉아서 임종을 기다리던 식구들이 박수를 치는 것입니다. 정상이 된 것입니다. 살아난 것입니다. 이렇게 위중할 때는 순간 감동하시는 성령님의 지시에 따라 성령님의 임재를 요청하고 선포하면 됩니다. 그 다음은 성령님께서 하실 일입니다. 목회자는 성령께서 하라는 대로 순종하는 것밖에 아무것도 할 수가 없습니다. 성령님이 하신다는 믿음이 중요합니다. 집사님은 5년을 더 사시다가 천국으로 가셨습니다.

마가복음 4장과 5장에는 예수님이 행하신 네 가지의 놀라운 이적들이 기록되어 있습니다. 첫 번째는 풍랑을 잔잔케 하신 이적입니다. 자연의 세계를 다스리시는 예수님의 권세를 보여 주셨습니다. 두 번째는 거라사의 군대 귀신 들린 자를 고치신 이적입니다. 영의 세계를 다스리시는 예수님의 권세를 보여 주셨습니다. 세 번째는 혈루증으로 열 두 해를 앓던 여자를 고치신 이적입니다. 육의 세계를 다스리시는 예수님의 권세를 보여 주셨습니다. 네 번째는 회당장 야이로의 죽은 딸을 살리신 이적입니다. 죽음의 세계를 다스리시는 권세를 나타내 보여 주셨습니다.

삶의 여정 가운데 절망적인 상황에 이를지라도 낙심하지 말고 능력의 주님을 바라보시기 바랍니다. 능력의 주님께 간구하시기 바랍니다. 능력의 주님께서 우리에게 승리의 삶으로 이끌어 주실 것입니다. 살아계신 하나님께서 기적을 체험하게 하실 것입니다.

첫째, 회당장 야이로의 집에 가는 길. 예수님께서 회당장 야이로의 간구를 들으시고 그의 집으로 가는 길에 무슨 일이 일어났습니까? 예수님은 딸이 죽어서 지옥인 야이로의 집으로 가십니다. 가시는 이유는 예수님이 천국이라는 것을 증명하기 위해서입니다. 본문 35절을 보면 "아직 예수께서 말씀하실 때에 회당장의 집에서 사람들이 와서 회당장에게 이르되 '당신의 딸이 죽었나이다. 어찌하여 선생을 더 괴롭게 하나이까?"라고 하였습니다.

예수님께서 회당장 야이로의 간구를 들으시고 그와 함께 그의 집으로 가실 때에 큰 무리가 예수님을 에워싸 밀었습니다. 그 가운데 열두 해를 혈루증으로 앓아 온 한 여자가 있었습니다. 그녀는 예수님의 옷에만 손을 대어도 나음을 받을 것이라고 믿고, 예수님의 옷에 손을 대었을 때에 그녀의 혈루증 병이 순식간에 온전하게 나았습니다. 그 순간 예수님은 자신에게서 능력이 나간 줄을 아셨습니다. 그래서 예수님은 무리 가운데서 일부러 그 여자를 찾으셨습니다. 그 여자는 예수님 앞에 엎드려서 모든 사실을 여쭈었습니다. 그러자 예수님은 그 여자를 향하여 따뜻하게 말씀하셨습니다. "딸아, 네 믿음이 너를 구원하였으니 평안히 가라. 네 병에서 놓여 건강할지어다."

예수님께서 그 여자에게 말씀하고 계실 때에 회당장 야이로의 집에서 보낸 사람들이 그 곳으로 왔습니다. 그들은 회당장 야이로에게 절망적인 소식을 전해주었습니다. "당신의 딸이 죽었나이다. 어찌하여 선생을 더 괴롭게 하나이까?" 그들의 생각은 무엇이었습니까? 회당장 야이로의 딸이 병들어 있는 동안에 예수님이 오시면 그 딸을 고치실 수 있다고 생각하였습니다. 그러나 회당장 야이로의 딸이 죽고 난 뒤에는 예수님이 오셔도 어찌할 수 없을 것이라고 생각하였습니다. 이제는 너무 늦었다는 것입니다.

본문 36절을 보면 "예수께서 그 하는 말을 곁에서 들으시고 회당장에게 이르시되 '두려워하지 말고 믿기만 하라.' 하시고"라고 하였습니다. 회당장 야이로의 부정적인 생각을 긍정으로 바꾸십니다. '두려워하지 말고 믿기만 하라.' 회당장 야이로의 집에 예수님이 오셨으니(천국이 임했으니)믿기만 하라는 것입니다. 예수님은 회당장 야이로의 집에서 온 사람들이 하는 말을 곁에서 들으셨습니다. 분명 그 때 회당장 야이로는 "이 일을 어쩌나!"라면서 두려워하였을 것입니다. 그러나 예수님은 그와 같은 상황에서도 전혀 동요하지 아니하셨습니다. 예수님은 평소와 같이 평온하신 모습으로 회당장 야이로를 향하여 말씀하셨습니다. "두려워하지 말고 믿기만 하라." 두려움은 믿음을 약화시킵니다. 그래서 예수님은 회당장 야이로에게 믿음으로 두려움을 물리치라고 말씀하셨습니다.

출애굽기 14장을 보면 이스라엘 자손들이 홍해 앞에 이르렀을 때에 애굽의 군대가 그들을 추격해왔습니다. 이스라엘 자손이 심히 두려워하였습니다. 그러나 모세는 하나님을 믿었습니다. 모세는 담대하게 온 이스라엘을 이끌고 홍해를 건넜습니다. 기적을 체험하고 행하려면 담대해야 합니다. 하나님께서 하신다는 믿음을 가지고 담대하게 하나님의 레마를 듣는 것입니다. 두려워하면 육적인 상태가 되어 영이신 하나님의 레마를 들을 수가 없습니다.

사무엘상 17장을 보면 이스라엘과 블레셋 사이에 전쟁이 일어났습니다. 블레셋의 거인 골리앗 때문에 온 이스라엘이 크게 두려워하였습니다. 그러나 다윗은 하나님을 믿었습니다. 다윗은 담대하게 물매로 돌을 던져서 골리앗을 쓰러뜨렸습니다. 하나님께도 동행하신다는 것을 믿음을 가진 다윗이 담대하게 하나님의 음성을 듣고 행하여 골리앗을 잡은 것입니다. 기적을 체험하고 행할 사람에게 두려움은 금물입니다.

하나님께서 하시기 때문에 담대한 것입니다. 하나님에게는 절망적인 상황이 결코 있을 수가 없습니다. 사람의 끝이 오히려 하나님에게는 시작이 될 뿐입니다. 예수님은 하나님이십니다. 그러므로 예수님에게 절망적인 상황이란 결코 있을 수가 없습니다.

마음에 낙심되는 일이 있습니까? 두려워하지 말고 예수님을 믿기만 하시기 바랍니다. 예수님은 자연의 세계도, 영의 세계도, 육의 세계도, 그리고 죽음의 세계도 다스리시는 전능하신 분이십니다. 그 예수님이 나의 능력이 되십니다. 나의 모든 문제를 이겨낼 힘을 주십니다. 어떤 일이 찾아온다 할지라도 두려워하지 말고 예수님을 믿으시기 바랍니다. 자신 안에 임재하신 예수님의 말씀에 순종하시기를 바랍니다. 그러면 날마다 기적을 체험하게 됩니다.

둘째, 회당장 야이로의 집에 가십니다. 예수님께서 누구와 함께 회당장 야이로의 집으로 가셨습니까? 본문 37절을 보면 "베드로와 야고보와 야고보의 형제 요한 외에 아무도 따라옴을 허락하지 아니하시고" 예수님은 믿음이 있는 제자들만 동행하게 하십니다. 믿음이 없는 자가 있으면 기적이 일어나는 것에 걸림돌이 되기 때문입니다. 필자는 이를 체험했기 때문에 중한 환자를 치유할 때 사모만 동행하게 합니다. 회당장 야이로는 예수님의 말씀에 위로를 받고 예수님과 함께 다시 자기의 집으로 향하였습니다. 분명 이 때 무리는 더 심하게 예수님을 에워싸 밀었을 것입니다. 그들은 혈루증으로 앓던 여자가 예수님의 옷에 손을 댐으로 나은 것을 방금 목격하였기 때문이었습니다.

예수님은 더 이상 무리가 따라오는 것을 허락하지 아니하셨습니다. 예수님은 그의 열두 제자들 가운데 단 세 사람, 곧 베드로와 야고보와 요한만 따라오게 하셨습니다. 예수님은 나머지 아홉의 제자들은 동행하는 것보다 사람들의 무리가 따라오는 것을 막도록 하셨을 것입니다. 이들 세 사람은 예수님께서 인정하는 믿음의 사람들이었습니다. 막 9:2을 보면 예수님이 변화산에 올라가셨을 때에도 이들 세 사람만 함께 하셨고, 막 14:33을 보면 예수님이 겟세마네 동산에서 기도하실 때에도 이들 세 사람만 예수님 곁에 있었습니다.

우리도 예수님과 늘 함께 한 세 명의 제자들처럼 예수님의 충성스러운 일꾼들이 되기를 바랍니다. 우리도 이들처럼 예수님의 충성스러운 증인이 되기를 바랍니다. 우리도 이들 세 제자처럼 예수님의 인정을 받으며 모든 일에 귀하게 쓰임을 받기 바랍니다. 항상 예수님과 동행하는 믿음의 사람들이 되시기를 바랍니다.

셋째, 너희가 어찌하여 떠들며 우느냐? 예수님께서 회당장 야이로의 집에서 장례식을 행하는 사람들에게 무엇이라고 말씀하셨습니까? 본문 38절을 보면 "회당장의 집에 함께 가사 떠드는 것과 사람들이 울며 심히 통곡함을 보시고"라고 하였습니다. 회당장 야이로의 집에서는 이미 죽은 딸의 장례식이 시작되었습니다. 우리나라 장례식의 분위기는 엄숙한 것이 특징입니다. 그러나 유대인들의 장례식은 떠드는 것이 특징입니다. 그들의 장례식은 매우 소란스럽습니다. 유대인들의 장례에는 세 가지 요소가 필수적입니다.

첫째는 슬픔을 적극적으로 표현해야 합니다. 큰 소리로 울어야 합니다. 또한 옷을 찢어야 합니다. 그들의 전통은 옷을 찢는 방법을 39 가지로 자세하게 규정하고 있습니다. 그래서 장례식에 갈 때는 이미 여러 차례 찢은 적이 있는 옷을 입고 갔습니다.

둘째는 곡하는 사람을 불러야 합니다. 이는 돈을 받고서 직업적으로 울어주는 사람을 가리킵니다. 그가 하는 역할은 슬픔을 자극해서 울음을 촉진시키는 일이었습니다. 렘 9:17을 보면 이 일은 주로 여자들이 담당하였습니다.

셋째는 피리 부는 자들을 불러야 합니다. 마 9:23을 보면 알 수 있습니다. 피리 부는 자들이 하는 역할도 역시 장례식의 슬픈 분위기를 고조시키는 일입니다.

유대인들의 전통에 의하면 아무리 가난하더라도 적어도 두 명의 피리 부는 자와 한 명의 곡하는 여자를 불러야만 합니다. 회당장 야이로는 그 마을의 유지였습니다. 그러니 그 때 피리를 부는 소리, 곡하는 소리, 옷을 찢으며 슬피 우는 소리로 얼마나 소란하였겠습니까?

본문 39절을 보면 "들어가서 그들에게 이르시되 '너희가 어찌하여 떠들며 우느냐? 이 아이가 죽은 것이 아니라 잔다.' 하시니"라고 하였습니다.

예수님께서 회당장 야이로의 집에 이르셨을 때에 이미 장례식이 시작되고 있음을 보셨습니다. 예수님은 집에 들어가셔서 장례를 치르고 있는 사람들에게 물으셨습니다. "너희가 어찌하여 떠들며 우느냐?" 유대인들의 전통을 따라 지금 그들은 마땅히 해야 할 일을 하고 있습니다. 그런데도 예수님은 그들이 아무런 의미가 없는 일을 하고 있다고 지적하신 것입니다.

그러면서 예수님은 그 이유를 밝히셨습니다. "이 아이가 죽은 것이 아니라 잔다." 물론 회당장 야이로의 딸에게 아직은 실낱같은 목숨이 붙어있다는 뜻으로 예수님이 이 말씀을 하신 것은 아닙니다. 회당장 야이로의 집에서 보냄을 받은 사람들이 야이로에게 그의 딸이 죽었다는 소식을 전할 때에 예수님은 그들이 하는 말을 곁에서 들으셨습니다. 따라서 회당장 야이로의 딸이 더 이상 목숨이 붙어 있지 않음을 예수님도 알고 계셨습니다. 그렇지만 예수님은 그 아이가 죽은 것이 아니라 잔다고 말씀하셨습니다. 왜냐하면 마치 잠자는 아이를 깨우는 것처럼 예수님은 곧 그 아이를 일으키실 것이기 때문입니다.

요 11:11을 보면 나사로가 죽었을 때에도 예수님은 그가 잠들었다고 말씀하셨습니다. 행 7:60을 보면 스데반이 순교할 때에도 잔다는 표현을 사용하고 있습니다. 살전 4:13을 보면 성도의 죽음을 잔다는 말로 표현하고 있습니다. 왜 예수님은, 그리고 성경의 기자들은 죽음을 잠잔다는 말로 표현하였겠습니까? 죽음은 그것으로 끝나는 것이 아니기 때문입니다. 자다가 깨는 것처럼 다시금 일어날 때가 있기 때문입니다.

언젠가는 우리의 호흡도 끝날 것입니다. 고후 5:8처럼 그 때 우리의 영혼은 우리의 몸을 떠나서 예수님과 함께 있게 됩니다. 그래서 눅23:43에서 예수님은 십자가에 달려 회개한 강도에게 "오늘 네가 나와 함께 낙원에 있으리라"고 말씀하셨습니다. 그러니까 잠을 자는 것은 성도의 영혼이 아니라, 성도의 몸입니다. 성도가 육체의 장막을 떠나면 성도의 영혼은 그 즉시 예수님이 계신 천국으로 갑니다. 그러나 예수님이 다시 오시는 날까지 그의 몸은 잠을 자게 됩니다. 그러다가 고전 15:51-53처럼 예수님이 다시 오시는 날 성도들의 잠자던 몸들이 다 일어납니다. 그 때 그들의 몸은 썩지 아니하며 죽지 아니함을 입게 됩니다.

말하자면 영광스러운 몸으로 부활합니다. 그러면 예수님이 부활의 몸을 입으신 것처럼 천국에 있는 성도들의 영혼도 부활의 몸을 입습니다. 말하자면 성도들의 영혼과 육체가 온전한 상태로 재결합을 하는 것입니다. 그리해서 롬 8:17처럼 성도들은 예수님과 함께 영원한 영광을 누리게 됩니다. 이와 같이 성도의 죽음은 끝이 아닙니다. 성도의 영혼은 예수님이 계신 천국으로 올라갑니다. 그리고 성도의 몸은 잠시 잠이 듭니다. 그러다가 예수님이 다시 오시는 날 깨어나서 영화스럽게 변화됩니다. 그러므로 성도는 죽음을 두려워할 필요가 전연 없습니다.

넷째, 아이의 부모와 제자들만 데리고 들어가셨습니다. 예수님께서 회당장 야이로의 딸을 살리시기 위하여 어떻게 하셨습니까? 사람들을 내보내시고 아이의 부모와 제자들만 데리고 들어가셨습니다. 본문 40절을 보면 "그들이 비웃더라. 예수께서 그들을 다 내보내신 후에 아이의 부모와 또 자기와 함께 한 자들을 데리시고 아이 있는 곳에 들어가사"라고 하였습니다.

회당장 야이로의 딸의 장례를 하면서 떠들며 울던 자들은 예수님을 비웃었습니다. 눅 8:53을 보면 "그들이 그 죽은 것을 아는 고로 비웃더라."라고 하였습니다. 그러니까 그들은 "그 아이가 죽은 것이 아니라 잔다."라고 하신 예수님의 말씀을 문자 그대로 받아들였던 것입니다. 야이로의 딸이 죽은 지도 이미 몇 시간이 흘렀습니다. 따라서 그의 피부 빛도 변하였고, 그의 몸도 굳었습니다. 그런데도 예수님은 그가 잔다고 말씀하셨습니다.

그러니 예수님이 몰라도 너무 모르신다고 비웃은 것입니다. 그러나 예수님은 전혀 동요하지 아니하셨습니다. 예수님은 비웃는 그들을 다 내보내셨습니다. 그리고서 예수님은 그 아이의 부모와 예수님의 세 제자들, 곧 베드로와 야고보와 요한만 데리시고 아이가 있는 곳으로 들어가셨습니다.

아이의 손을 잡고 달리다굼이라고 말씀하셨습니다. 본문 41절을 보면 "그 아이의 손을 잡고 이르시되 '달리다굼!' 하시니, 번역하면 곧 내가 네게 말하노니 소녀야 일어나라 하심이라."라고 하였습니다. 예수님은 그 아이의 손을 잡으시고 말씀하셨습니다. 사실 예수님은 말씀만 하셔도 됩니다. 민 19:11을 보면 사람의 시체를 만지면 부정해집니다. 그런데도 예수님은 그 아이의 손을 잡으시고 말씀하셨습니다. 본문 23절을 보면 회당장 야이로는 예수님에게 아이의 몸에 손을 얹어주시기를 간구하였습니다. 예수님은 야이로의 간구를 들어주신 것입니다. 예수님은 야이로가 원하는 것 이상으로 들어주신 것입니다.

그러면 이 때 예수님은 죽은 아이의 손을 잡으셨기 때문에 부정해지셨습니까? 아닙니다. 예수님이 손을 대시는 순간 그 아이가 살아났습니다. 말하자면 예수님은 죽은 아이의 손이 아니라 살아있는 아이의 손을 잡으신 것입니다. 예수님은 그 아이의 손을 잡으신 채 "달리다굼"이라고 말씀하셨습니다. 이는 예수님 당시에 유대인들이 사용하던 아람어를 그대로 음역한 것입니다. "달리다"는 '소녀'를 뜻합니다. "굼"은 '일어나라'는 뜻입니다. 예수님은 죽은 소녀의 손을 잡고 "소녀야 일어나라."고 외치셨습니다. 예수님도 마치 그 아이를 잠에서 깨우시듯이 "얘야, 이제는 일어나야지!"라는 뜻으로 "달리다굼"이라고 말씀하셨습니다.

아이가 일어나 걸었습니다. 본문 42절을 보면 "소녀가 곧 일어나서 걸으니 나이가 열두 살이라 사람들이 곧 크게 놀라고 놀라거늘"이라고 하였습니다. 회당장 야이로의 딸은 오랫동안 앓아누웠을 것입니다. 그러기에 그의 몸은 쇠약할 대로 쇠약하였을 것입니다. 그럼에도 불구하고 그는 곧 일어나서 걸었습니다. 누가 부축해줄 필요도 없었습니다. 기운이 없어서 겨우겨우 움직이는 것도 아니었습니다. 물론 소녀라고 해서, 아이라고 해서, 어린 딸이라고 해서, 나이가 아주 적은 것은 아닙니다. 그의 나이는 열두 살입니다. 결혼을 할 나이입니다. 그러니까 예수님은 열두 살 여자에게 알맞고는 건강한 신체로 순간적으로, 그리고 온전하게 회복시켜 주셨던 것입니다.

소녀가 곧 일어나서 걷는 것을 보면서 방안에 있는 사람들, 곧 소녀의 부모와 예수님의 세 제자들은 어떠한 반응을 보였습니까? 그들은 곧 크게 놀라고 놀랐습니다. 말하자면 그 순간 그들은 너무나도 놀란 나머지 정신이 하나도 없을 정도였던 것입니다. 인간의 상식으로는 도무지 이해가 되지 않는 일입니다. 이것을 설명할 수 있는 길은 오직 한 가지뿐입니다. 예수님은 창조주 하나님이십니다. 그러기에 예수님은 죽은 자를 순식간에 살리셨고, 또한 그에게 적합한 신체를 순식간에 창조하셨습니다.

다섯째, 소녀에게 먹을 것을 주라. 예수님께서 회당장 야이로의 딸을 살리신 후에 무엇을 명하셨습니까? 본문 43절을 보면 "예수께서 이 일을 아무도 알지 못하게 하라고 그들을 많이 경계하시고 이에 소녀에게 먹을 것을 주라 하시니라."라고 하였습니다. 예수님은 두 가지를 명하셨습니다.

첫째는 "이 일을 아무도 알지 못하게 하라"고 명하셨습니다.

그러면서 예수님은 방안에 있는 다섯 사람을 많이 경계하셨습니다. 예수님이 이와 같이 명하신 이유에 대해서는 따로 밝히지를 않고 있습니다. 사실 그들이 굳이 말하지 않더라도 야이로의 딸이 죽었다가 살아난 사실은 금방 소문이 퍼져나갈 것입니다. 우선 야이로의 집에서 떠들며 울던 자들이 다 알고 있습니다. 아울러 회당장 야이로의 딸이 걸어 다니면 마을 사람들도 자연히 알게 됩니다. 그래서 마 9:26을 보면 "그 소문이 그 온 땅에 퍼지더라."라고 하였습니다. 이처럼 이 일은 결코 감추어질 수가 없었습니다. 그런데도 왜 예수님은 이 일을 아무도 알지 못하게 하라고 명하셨습니까? 우리는 뒤따르는 말씀에서 그 이유를 추측해 볼 수 있습니다.

둘째로 "소녀에게 먹을 것을 주라"고 명하셨습니다. 소녀의 부모에게 명하신 말씀입니다. 회당장 야이로와 그의 아내는 너무나 기뻐서 어찌할 바를 몰랐을 것입니다. 분명 그들은 그대로 뛰어 나가서 "예수님이 내 딸을 살려주셨다!"라고 외치고 싶었을 것입니다. 만일 그들이 그렇게 하면 사람들이 그 곳으로 우르르 몰려 들 것입니다. 그리고 요 6:15과 같이 사람들은 예수님을 억지로 붙들어 자기들의 임금으로 삼고자 할 것입니다. 그래서 예수님은 그들이 그렇게 하지 못하도록 많이 경계하셨습니다. 그 대신 예수님은 그들에게 "소녀에게 먹을 것을 주라"고 말씀하셨습니다. 그 동안 소녀는 병 때문에 먹지를 못하였습니다. 그런데 이제는 건강하게 되었습니다. 그러니 이제는 얼마든지 먹을 수 있었고,

또한 원기가 왕성한 몸이기에 먹어야만 하였습니다.

예수님의 명령에 따라 야이로와 그의 아내는 조용하게 그의 딸에게 먹을 것을 갖다 주었을 것입니다. 그런 동안에 막 6:1처럼 예수님은 제자들을 데리시고 조용히 그 곳을 떠나 예수님의 고향인 나사렛으로 가실 수 있으셨습니다.

이제 말씀을 정리합니다. 오늘 우리는 본문 말씀을 통하여 예수님은 죽음도 다스리신다는 사실을 알게 되었습니다. 죽은자도 살리는 기적을 행하십니다. 예수님이 천국이시기 때문에 죽은자도 살아나는 것입니다. 죽음을 두려워하지 마시기 바랍니다. 죽음은 잠을 자는 것입니다. 깨어나면 우리는 예수님과 함께 있을 것입니다. 그리고 예수님이 다시 오실 때 우리의 몸도 영화롭게 부활할 것입니다.

또한 우리는 예수님의 풍성하신 긍휼도 다시금 깨닫게 되었습니다. 예수님은 멀리서도 능력을 행하실 수 있으십니다. 그러나 예수님은 회당장 야이로의 집까지 가셨습니다. 예수님은 죽은 소녀의 손을 잡아주셨습니다. 예수님은 다시 살아난 소녀의 먹을 것까지도 자상하게 챙겨주셨습니다.

예수님은 우리에게 말씀하십니다. "두려워하지 말고 믿기만 하라." 죽은 자를 살리신 예수님이 하시는 말씀입니다. 긍휼이 풍성하신 예수님이 하시는 말씀입니다. 예수님의 말씀으로 위로를 받으며, 새롭게 용기를 내어 세상을 이길 수 있기를 주님의 이름으로 축원합니다.

5장 세상에 살아계신 하나님을 증명시켜라.

(행 9:40-42)"베드로가 사람을 다 내보내고 무릎을 꿇고 기도하고 돌이켜 시체를 향하여 이르되 다비다야 일어나라 하니 그가 눈을 떠 베드로를 보고 일어나 앉는지라. 베드로가 손을 내밀어 일으키고 성도들과 과부들을 불러 들여 그가 살아난 것을 보이니, 온 욥바 사람이 알고 많은 사람이 주를 믿더라."

하나님은 크리스천들을 통하여 살아계신 것을 세상 사람들에게 증명되기를 원하십니다. 하나님은 말이 아니고 실제로 살아 계시다는 것을 세상 사람들에게 나타내 보일 성도들을 찾고 훈련하시고 계십니다. 신구약성경을 자세하게 보면 하나님의 사람들이 이방사람들에게 하나님의 살아계심을 나타내어 경배하게 한 사건들이 많습니다. 모두 믿음의 사람들을 통하여 하나님께서 살아 역사하시고 계심을 보여주었습니다. 필자는 이렇게 하나님의 살아서 역사하심을 세상에 나타내며 살아가는 것이 하나님의 뜻이라고 믿고 있습니다. 사실 많은 그리스도인들도 극심한 어려움을 만나면 때때로 "정말 하나님께서 살아계신 걸까?"하는 질문을 하게 됩니다. 그러므로 "하나님의 존재 증명"이라는 이슈는 무신론자들뿐만 아니라, 그리스도인들에게도 상당히 중요한 질문입니다. 그렇다면, 인간의 감각을 통해 증명할 수도 없는 하나님을 어떻게 증명할 수 있을까요? 사람들이 "하나님의 존재를 증명해보라"는 요구를 할 때마다, 우리는 그저 꿀 먹은 벙어리처럼 침묵할 수밖에 없을까요? 분명하게 하나님을 성경 말씀과 초자연적인 기적을 통하여 살아계심을 증명하고 계십니다. 오늘 말씀을 통하여 우리 모두가 하나님의 살아계심에 대한 확신을 가지게 되기를 간절히 바랍니다.

첫째, 하나님은 인간의 지식이나 과학으로 증명할 수 없는 분이다. 우선 저는 "하나님의 존재를 어떻게 증명할 수 있나요?"라는 질문에 대하여 이렇게 반대로 질문하고 싶습니다. "묻는 자신은 하나님의 존재를 증명할 능력이 있습니까?" 성경은 분명하게 말씀하고 있습니다. "오직 은밀한 가운데 있는 하나님의 지혜를 말하는 것으로서 곧 감추어졌던 것인데 하나님이 우리의 영광을 위하여 만세 전에 미리 정하신 것이라. 이 지혜는 이 세대의 통치자들이 한 사람도 알지 못하였나니 만일 알았더라면 영광의 주를 십자가에 못 박지 아니하였으리라. 기록된바 하나님이 자기를 사랑하는 자들을 위하여 예비하신 모든 것은 눈으로 보지 못하고 귀로 듣지 못하고 사람의 마음으로 생각하지도 못하였다 함과 같으니라. 오직 하나님이 성령으로 이것을 우리에게 보이셨으니 성령은 모든 것 곧 하나님의 깊은 것까지도 통달하시느니라. 우리가 세상의 영을 받지 아니하고 오직 하나님으로부터 온 영을 받았으니 이는 우리로 하여금 하나님께서 우리에게 은혜로 주신 것들을 알게 하려 하심이라. 우리가 이것을 말하거니와 사람의 지혜가 가르친 말로 아니하고 오직 성령께서 가르치신 것으로 하니 영적인 일은 영적인 것으로 분별하느니라. 신령한 자는 모든 것을 판단하나 자기는 아무에게도 판단을 받지 아니하느니

라. 누가 주의 마음을 알아서 주를 가르치겠느냐 그러나 우리가 그리스도의 마음을 가졌느니라."(고전 2:7-16). 분명하게 세상 사람들은 하나님을 증명하지 못한다고 말씀하십니다.

성경이 말하는 하나님은 이 세상만물과는 본질적으로 다른 분입니다. 왜냐하면, 하나님은 '스스로 계신 분', 즉 '누군가가 만들어 낸 존재'가 아니라 '시작도 끝도 없는 영원한 존재'인데 반하여, 하나님 외의 나머지 존재들은 모두 '만들어진 존재들'이기 때문입니다. 즉 이 세상의 그 어느 것도 하나님께서 만드시지 않은 것이 없습니다. "태초에 하나님이 천지를 창조하시니라"(창세기 1:1). "만물이 그로 말미암아 지은 바 되었으니, 지은 것이 하나도 그가 없이는 된 것이 없느니라"(요한복음 1:3).

그러므로 창조주 하나님과, 하나님께서 만드신 이 세상의 모든 것들은 본질적으로 다를 수밖에 없습니다. 창조주를 피조 된 존재가 알 수가 없는 것은 당연한 것입니다. 하나님은 영이신데 육체를 가진 사람의 지혜로는 하나님을 증명하지 못하는 것입니다. 그래서 이렇게 말씀하시는 것입니다. "오직 은밀한 가운데 있는 하나님의 지혜를 말하는 것으로서 곧 감추어졌던 것인데 하나님이 우리의 영광을 위하여 만세 전에 미리 정하신 것이라. 이 지혜는 이 세대의 통치자들이 한 사람도 알지 못하였나니 만일 알았더라면 영광의 주를 십자가에 못 박지 아니하였으리라. 기록된바 하나님이 자기를 사랑하는 자들을 위하여 예비하신 모든 것은 눈으로 보지 못하고 귀로 듣지 못하고 사람의 마음으로 생각하지도 못하였다 함과 같으니라."(고전2:7-9).

하나님과 우리 인간들 사이의 본질적인 차이는 우리가 감히 상상조차 할 수가 없습니다. 그런데 과연 우리가 본질적으로 우리와는 완전히 차원이 다른 '위대하신 하나님'에 대하여 증명할 수 있을까요? 사실 현대과학은 현재 하나님께서 만드신 이 우주만물조차 다 이해하지 못하고 있습니다.

　　최근(2012) KBS가 영국 BBC 방송이 제작한 3부작 (우리가 알아야 할 과학) 시리즈를 방영하였는데, 그 중에서 2부 [우주의 신비]를 관심 있게 보았습니다. 그 프로그램에서 과학자들은 우주의 생성과 소멸, 블랙홀 등의 우주의 역사에 대하여 마치 눈으로 직접 본 것처럼 쉽게 설명하고 있었습니다. 그런데, 저는 그 과학자들의 설명 중 한 대목에 집중하여 보았습니다. "현재 우주에 존재하는 물질의 약 95%는 암흑물질과 암흑에너지로 구성되어 있는데, 과학자들은 아직 이것들에 대하여 전혀 모른다." 그렇다면, 현재 우리가 아는 우주는 최대 5% 정도 밖에 안 된다는 뜻이 아닙니까? "아니, 불과 5%의 지식으로 우주의 역사에 대하여 그렇게 장황하게 설명하다니…!" 현대과학이 많은 것을 설명할 수 있을 것 같아도, 현대과학이 제공할 수 있는 지식은 아직 전 우주에 비하면 최대 5%에 불과합니다.

　　이렇게 하나님께서 만드신 온 우주뿐만 아니라, 자기 잠재의식에 숨어있는 자신조차 온전히 이해할 수 없는 인간이, 어떻게 하나님을 이해하거나 증명할 수 있을까요? 또는 그 위대하신 하나님에 대하여 무엇이라도 설명하거나 증명할 능력이 있을까요? 필자는 절대로 불가능하다고 생각합니다.

그런데, 인간이 하나님의 존재를 과학적으로 증명할 수 없는 또다른 이유가 있습니다. 바로 하나님은 본질적으로 물질이 아닌 '영(靈)'이시나 살아계시기 때문입니다. "하나님은 영이시니"(요한복음 4:24). 성경의 언어인 히브리어나 그리스어에서, '영'은 '바람'이나 '숨'이라는 뜻도 가지고 있습니다. 즉 분명히 실제로 존재하지만 인간의 눈에 보이지도, 손에 잡히지도 않는 존재가 바로 영입니다. 그러나 살아계십니다. 인격을 가지고 계십니다. 살아계시는 것을 믿게 하기 위하여 기적을 일으키십니다.

인간은 물질적인 동시에 영적인 존재입니다. 그래서 우리의 삶 속에는 '분명히 존재하지만 그 존재를 과학적으로 온전히 증명할 수 없는 것'들이 있습니다. 우리에게 친숙한 사랑조차 인간의 언어나 과학으로는 다 설명할 수가 없습니다. 그런데 성경은 하나님을 이런 사랑 같은 존재라고 설명합니다. "하나님은 사랑이시라"(요한1서 4:16). 앞서 말씀 드린 것처럼, 우리는 우리 자신의 물질적인(잠재의식) 부분도 제대로 이해하지 못하고 있지만, 영적인 부분에 대해서는 더욱 무지합니다. 현대과학은 인간의 영적 부분이 겉으로 표현되는 현상만 관찰할 수 있을 뿐, 그 영적 본질을 증명할 능력이 없습니다. 하물며, 본질적으로 영이신 하나님을 어떻게 현대과학이 증명할 수 있겠습니까?

그래서 무신론자들이 "도무지 하나님의 존재를 증명할 수 없다"고 떠드는 것은 오히려 당연한 것입니다. 즉 하나님께서 존재하시지 않는 것이 아니라, 인간이 그것을 증명할 능력과 방법이 없다는 것입니다. 많은 신학자들과 철학자들이 하나님의 존재에 대하여 증명하려고 노력하였지만 결국 실패한 근본적인 이유가 바로 이것이었습니다.

그래서 독일의 철학자 칸트는 일찍이 "우리 인간의 순수이성으로는 하나님의 존재를 증명할 수 없다"고 단언했습니다. 결국 "영원무한(永遠無限)하신 하나님의 존재를 증명하라"는 말은 "눈먼 사람에게 아름다운 그림을 보여주라"는 요구와 다를 바가 없습니다.

둘째, 하나님은 성령의 계시를 통해서만 알 수 있다. 우리는 하나님에 대하여 어떻게 알 수 있을까요? 앞서 말씀 드린 대로, 우리 인간의 입장에서는 하나님을 이해할 방법이 없으므로, 우리는 "하나님께서 자신을 보여주시는 만큼"만 알 수 있습니다. "오직 하나님이 성령으로 이것을 우리에게 보이셨으니 성령은 모든 것 곧 하나님의 깊은 것까지도 통달하시느니라."(고전 2:10). 이처럼 "하나님께서 숨겨진 자신을 세상에 드러내시는 것"을 신학적 용어로 "계시(啓示)"라고 합니다. 하나님께서는 자기 자신을 크게 두 가지 방법으로 드러내십니다. 하나는 하나님께서 만드신 모든 만물을 통해 드러내는 것이고, 또 하나는 하나님의 특별한 말씀을 통해 드러내십니다. 우리는 이를 성령으로 깨닫게 됩니다. 성령이 아니고는 하나님을 알 수가 없습니다.

로마서 1:20절 말씀을 읽어 봅시다. "창세로부터 그의 보이지 아니하는 것들, 곧 그의 영원하신 능력과 신성이 그가 만드신 만물에 분명히 보여 알려졌나니, 그러므로 그들이 핑계하지 못할지니라." 그리고 그 세상 만물 속에는 우리 인간 자신도 포함됩니다. "이는 하나님을 알 만한 것이 그들 속에 보임이라. 하나님께서 이를 그들에게 보이셨느니라"(로마서 1:19). 그렇다면 하나님께서는 이 세상 만물들을 통하여 자신을 어떻게 드러내실까요? 사도 바울은 로마서 1:20절에서, 하나님께서 세상만물을 통하여 하나님의 "능력과 신성"을 분명하게 보이신다고 말씀합니다. 즉 인간은 하나님께서 만드신 온 우주만물을 바라보며, "이 모든 것을 설계하고 만드신 위대한 존재가 있다"는 사실을 성령의 계시로 깨닫게 됩니다. 성령으로 아니하고는 알 수도 깨달을 수도 없습니다. 사람들은 하나님으로부터 다양한 재능과 성품을 선물로 받았습니다. 그래서 사람들마다 생긴 것도, 생각하는 것도, 사는 방식도 다 다릅니다. 하지만 그런 개인적인 특성과는 상관없이, 하나님께서 모든 사람에게 기본적으로 주신 것이 있습니다. 그것이 바로 "아, 이 세상을 만드시고 움직이시는 위대한 존재가 계시구나!"하는 깨달음입니다. 성령께서 깨닫게 하는 것입니다. "우리가 세상의 영을 받지 아니하고 오직 하나님으로부터 온 영을 받았으니 이는 우리로 하여금 하나님께서 우리에게 은혜로 주신 것들을 알게 하려 하심이라. 우리가 이것을 말하거니와 사람의 지혜가 가르친 말로 아니하고 오직 성령께서 가르치신 것으로 하니 영적인 일은 영적인 것으로 분별하느니라."(고전 2:12-13).

하나님은 이 세상 모든 만물을 창조한 "위대한 신"이 바로 하나님이라는 사실을 그의 특별한 말씀을 통하여 나타내십니다. 우리가 읽는 '성경'은 하나님께서 우리에게 주신 그 특별한 말씀입니다. 하나님께서는 성경을 통해 자신이 어떤 분인지를 구체적으로 설명하십니다. 그러므로 성령으로 성경을 보지 않고는 하나님이 어떤 분인지를 자세히 알 방법이 없습니다. 성령하나님이 알게 해야 알 수가 있다는 말입니다. 그런데 성경은 인간이 하나님을 설명한 글이 아니라, 하나님이 자신을 나타내신 글이다 보니, 보통 글과는 읽는 방법이 다를 수밖에 없습니다. 일반 글들은 우리가 진리인지 거짓인지를 확인하고 검증하며 읽어야 하지만, 성경은 '믿음'을 가지고 받아야 합니다. 성령이 아니고는 알 수도 없고 깨닫지도 못하게 됩니다.

성령으로 발원한 '믿음'은 인간의 이성으로는 이해할 수 없는 하나님의 말씀을, 우리가 깨닫도록 도와주는 '영적 사다리'입니다. 성령께서 말씀의 비밀을 깨닫도록 도우십니다. 그래서 신약성경의 복음서들을 보면, 예수님께서는 계속하여 사람들에게 '네가 믿느냐?'고 질문하셨습니다. 특별히 성경은 우리들을 향한 하나님의 무한하신 사랑과 은혜를 가득 담은 글입니다. 만일 사랑고백을 담은 편지를 받는다면, 그 편지의 문법을 따지고, 문맥의 논리를 분석하고, 수학적으로 계산하며 읽겠습니까? 그런 식으로 연애편지를 읽으면, 그 편지를 쓴 사람의 진정한 사랑은 파악할 길이 없습니다. 사랑고백을 담은 연애편지는, 그 편지를 쓴 사람의 진정한 사랑을 믿으며, 활짝 열린 마음을 가지고 온 가슴으로 느껴야 그 진정한 뜻을 헤아릴 수 있습니다. 필자가 항상 말하는 것이 있습니다. 책을 읽을 때 오탈자 찾아내려고 읽지 말라는 것입니다. 그 책을 집필한 사람의 진정한 영적의도를 전달받으며, 활짝 열린 마음을 가지고 온 가슴으로 느껴야 그 진정한 영적인 뜻을 헤아릴 수 있어서 자신의 영의 눈이 열리고 영이 깨어나는 것입니다. 마찬가지로 우리가 성경말씀을 읽을 때에는, 우리를 향한 하나님의 사랑을 확신하며, 활짝 열린 마음으로 하나님의 말씀을 받아야, 성경을 우리에게 주신 하나님의 존재를 제대로 체험할 수가 있습니다.

신구약성경을 성령의 임재가운데 읽거나 듣거나 할 때 하나님께서 살아계신다는 것을 깨닫게 됩니다. 몇 가지 예를 들어 설명한다면 모세가 하나님의 말씀대로 순종하니 지팡이가 뱀이 되고, 애굽의 술사들이 만든 뱀을 집어 삼킵니다. 모세가 하나님의 말씀대로 순종하고 행하니 열 가지 재앙이 일어나 바로 왕을 굴복시킵니다. 하나님의 말씀대로 순종하니 홍해가 갈라집니다. 열왕기상 17장에 보면 사르밧 과부가 엘리야의 말을 듣고 순종하여 엘리사가 말한 대로 가뭄을 극복합니다. 사르밧 과부의 아들이 죽자 엘리야가 살립니다. "여호와께서 엘리야의 소리를 들으시므로 그 아이의 혼이 몸으로 돌아오고 살아난지라. 엘리야가 그 아이를 안고 다락에서 방으로 내려가서 그의 어머니에게 주며 이르되 보라 네 아들이 살아났느니라. 여인이 엘리야에게 이르되 내가 이제야 당신은 하나님의 사람이시오. 당신의 입에 있는 여호와의 말씀이 진실한 줄 아노라 하니라"(왕상 17:22-24). 엘리야는 바알의 선지자 사백오십 명과 아세라의 선지자 사백 명을 갈멜 산으로 모아 내게로 나아오게 하라고 아합 왕에게 알립니다. 이들과 영적대적을 할 때 여호와의 불이 내려서 번제물과 나무와 돌과 흙을 태우고 또 도랑의 물을 핥아버립니다. 이스라엘 백성들이 보고 엎드려 말하되 "여호와 그는 하나님이시로다 여호와 그는 하나님이시로다" 하면서 하나님의 살아 역사하심을 인정합니다. 엘리야가 그들에게 이르되 바알의 선지자를 잡되 그들 중 하나도 도망하지 못하게 하라고 한 후에 이들을 모두 잡아서 엘리야가 그들을 기손 시내로 내려다가 거기서 죽입니다(왕상18:37-40). 이를 볼 때 하나님께서 살아계신 것이 증명된 것입니다. 하나님은 이렇게 살아계신 것을 증명하는 사람이 필요하고 이런 사람을 통해서 자신을 나타내십니다.

셋째, 살아계신 하나님은 크리스천의 영-혼-육의 전인격으로 나타내야 한다. 하나님은 성령이 역사하는 교회 시대에도 날마다 동행하시면서 우리를 통하여 기적을 일으킵니다. 오늘날, 일부의 잘못된 신앙들을 보면, 하나님에 대하여 너무 관념적이 되어버렸다는 사실입니다. 교회에서 듣고 배우기를, "하나님은 모든 일에 능하시고, 모든 것을 알고 계시며, 모든 곳에 거하시며, 온 세상을 창조하신 분입니다. 하나님은 못하시는 일이 전혀 없으시며, 나의 숨은 생각까지도 통찰하시고 모든 생명과 우주의 질서를 주관하시는 분으로 살아계십니다." 라고 배웠습니다. 그런데 이 진리가 지식으로만 굳어졌다는 것입니다. 행함으로 나타나지 않습니다.

또한 하나님을 성경에 가두고 예배당에 가두어버립니다. 성경 속에만 존재하는 하나님으로 믿고 있습니다. 예배당 안에만 존재하는 하나님으로 여깁니다. 그래서 예배당 밖에만 나가면 하나님이 없는 것처럼 살아갑니다. 성경에서 눈만 떼면 하나님을 무시하고 살아갑니다. 또 이성과 지식과 환경에 가두어버립니다. 자신의 이성으로 판단해 보고, 자기의 지식으로 재보고, 열신으로 재보고, 나의 환경에 비추어 보고서, 하나님의 능력을 가늠해 봅니다. 과연 하나님이 이런 일을 하실 수 있을까?

그래서 자신이 못하면 하나님도 못할 것으로 여깁니다. 자신의 능력 밖이라면 하나님의 능력도 미치지 못할 것으로 생각합니다. 하나님을 지식으로, 개념으로는 알고 있는데, 삶으로 알지 못한다는 안타까운 사실입니다. 살아계신 하나님을 믿어야 하는데, 내 지식과 이성과 개념 속에서 하나님을 찾기 때문입니다. 이것은 믿음이 아닙니다. 빨리 바른 복음으로 돌아서야 합니다. 성령으로 세례를 받고 성령의 인도를 받아야 합니다. 살아계신 하나님을 세상에 나타내야 합니다.

하나님께서는 어제나 오늘이나 영원토록 살아계신 하나님이십니다. 우리의 발걸음을 인도하시고, 우리 안을 성전삼고 주인으로 계시면서 우리가 어디를 가나 동행하시는 하나님이십니다. 우리의 숨결 속에 우리의 생각 속에, 우리의 인생 가운데 역사하시는 하나님이십니다. 하나님께 특혜를 받은 우리에게도 특별한 책임과 의무가 주어지는데, 바로 살아계신 하나님을 우리의 삶 가운데서 나타내 보여주어야 한다는 것입니다. 앞서 말씀 드린 것처럼, 원칙적으로 아담의 죄악을 가지고 살아가는 육적인 인간은 하나님을 볼 수가 없습니다.

대신 사람들은 하나님을 믿는 그리스도인들을 봅니다. 세상 사람들은, 하나님을 체험한 그리스도인들이 자신들이 보지 못하고 체험하지 못한 하나님을 보여줄 수 있을 것이라고 기대합니다. 세상 사람들에게는 우리 그리스도인들이 '하나님의 말씀'입니다. 마음 안 성전에 하나님을 주인으로 모신 사람입니다. 걸어 다니는 성전입니다. 하나님과 동행합니다. 그래서 사도 바울도 그리스도인들을 '그리스도의 편지'라고 불렀습니다. "너희는 우리로 말미암아 나타난 그리스도의 편지니, 이는 먹으로 쓴 것이 아니요, 오직 살아 계신 하나님의 영으로 쓴 것이며"(고린도후서 3:3).

또한 사도 바울은 그리스도인들의 모임인 교회를 '그리스도의 몸'으로 비유하였습니다. "너희는 그리스도의 몸이요, 지체의 각 부분이라"(고린도전서 12:27). 다시 말하면, 세상 사람들은 교회를 통하여 살아계신 하나님을 보고, 느끼고, 체험합니다. 결국 인간의 과학으로 증명할 수 없는 하나님의 존재는 성전 된 성도들을 통하여 나타납니다. 그렇기에 우리는 우리의 행실을 통하여 살아계신 하나님의 모습을 보여주어야 할 막중한 책임을 지고 있습니다.

우리 교회가 세상에 어떤 모습을 보여주느냐에 따라, 하나님의 이미지도 바뀌게 됩니다. 결국 오늘날 무신론자들이나 이단들이 득세하는 것도, 결국 기존 교회(성전된 성도)가 살아계신 하나님을 제대로 나타내지 못했기 때문입니다. 그들의 눈에는, 기존 교회 속에 거룩하고 위대하신 하나님이 아닌, 일반 사람들보다도 더 몰상식적이고 이기적인 사람들만 들끓고 있기 때문입니다. 현대인들은 단지 하나님을 증명할 수 없어서가 아니라, 기존 교회 속에서 거룩하고 위대하신 하나님을 발견할 수 없기에 실망하며 교회로부터 발걸음을 돌립니다. 사람들이 교회로부터 발걸음을 돌린다는 것은 결국 하나님에게 등을 돌린다는 뜻입니다.

이 모든 것이 하나님의 이름을 등에 업은 자신의 책임입니다. 그러므로 기억하십시오. 우리 모두는 살아계신 하나님을 증명하는 증거들입니다. 자신을 드러내기 위해 살지 말고, 삶 가운데 살아계시는 하나님을 나타내기 위하여 사시기를 바랍니다. "이같이 너희 빛이 사람 앞에 비치게 하여, 그들로 너희 착한 행실을 보고, 하늘에 계신 너희 아버지께 영광을 돌리게 하라"(마태복음 5:16).

오늘 본문은 "베드로가 사람을 다 내보내고 무릎을 꿇고 기도하고 돌이켜 시체를 향하여 이르되 다비다야 일어나라 하니 그가 눈을 떠 베드로를 보고 일어나 앉는지라. 베드로가 손을 내밀어 일으키고 성도들과 과부들을 불러 들여 그가 살아난 것을 보이니, 온 욥바 사람이 알고 많은 사람이 주를 믿더라."(행 9:40-42). 다비다가 살아난 것을 보고 많은 사람이 주를 믿었다고 말합니다. 베드로와 같이 하나님의 살아계심을 나타내야 합니다. 하나님은 크리스천들이 많이 알고 열심히 믿음 생활하는 것도 좋지만, 하나님께서 살아서 초자연적인 기적을 행하시는 것을 세상 사람들에게 증명하기를 소원하십니다. 애굽의 바로왕도 9가지 이적이 일어나도 항복하지 않다가 장자가 죽으니 항복했습니다. 크리스천들이 하나님께서 자신과 동행하면서 기적을 일으킨다는 것을 세상 사람들에게 증명해야 세상 사람들이 하나님께서 살아계신다는 것을 인정할 것입니다.

인도네시아에서 6년 동안 복음을 전했던 ○○○ 선교사는 겨우 6명을 예수 믿게 했다고 합니다. 이제 선교의 사역을 마칠 한 달 전에 자기 사택 근처 한인 교우가 살고 있었습니다. 한인 교우의 친정어머니가 오셔서 애들을 봐주고 하던 차에 자기 옆에 살고 인도네시아 현지인 집에 아버지가 갑작스럽게 심한 병으로 앓고 있어 옆집 할머니에게 도움을 청하게 되었습니다. 그 할머니는 인도네시아어도 모를

뿐만 아니라, 영어도 하지 못하는 데 아픈 사람에게 손을 얹고 한국말을 하며 예수님의 이름으로 기도 하니 성령이 보증하여 그 즉시 나아버렸습니다. 그로 인해 그 가족 6명이 예수를 영접하고 교회로 나와 구원받게 된 것입니다. 어떤 이는 6년 동안 현지에 적응하고자 언어를 배우고 그들의 습관과 문화를 익히며 복음을 전하여 겨우 6명을 구원시켰지만, 할머니는 언어나 습관과 문화를 몰라도 살아계신 예수 그리스도를 나타내며 하나님을 증명하여 그곳에 온지 한 달 만에 6명을 구원한 것입니다. 복음의 원동력은 학문이나 언어와 지식에 있는 것이 아니라, 내 속에 살아계시는 하나님의 현존하심을 어떻게 드러내느냐에 달려 있습니다.

하나님보다 높아지려고 하지 말아야 합니다. 하나님을 안다고 자랑하지 말아야 합니다. 분명하게 성경은 "만일 누구든지 무엇을 아는 줄로 생각하면 아직도 마땅히 알 것을 알지 못하는 것이요(고전 8:2)"라고 경고하십니다. 진리를 터득한 만큼 나타내야 합니다. 하나님의 이름을 들먹거리며 사기 치지 말아야 합니다. 이 땅에 내가 갖고 있는 것들을 동원해서 하나님을 나타내려고 하지 말아야 합니다. 내 안에 성전삼고 살아 살아계시는 초자연적인 하나님 만 드러내야 합니다. 천지만물을 초자연적으로 다스리시는 살아계신 하나님을 세상 사람에게 나타내는 크리스천이 되어야 합니다. 자신의 지식과 경험, 명예와 인기로 하나님을 증명하려고도 하지 말아야 합니다. 순수한 성령으로 살아계신 하나님만 드러나게 해야 합니다. 하나님을 하나님 되게 나타내라는 것입니다.

2부 동행하며 기적을 체험하려면

6장 하나님과 관계가 열려야 한다.

(시편 139:1-8)"여호와여 주께서 나를 감찰하시고 아셨나이다. 주께서 나의 앉고 일어섬을 아시며 멀리서도 나의 생각을 통촉하시오며, 나의 길과 눕는 것을 감찰하시며 나의 모든 행위를 익히 아시오니 여호와여 내 혀의 말을 알지 못하시는 것이 하나도 없으시니이다. 주께서 나의 전후를 두르시며 내게 안수하셨나이다. 이 지식이 내게 너무 기이하니 높아서 내가 능히 미치지 못하나이다. 내가 주의 신을 떠나 어디로 가며 주의 앞에서 어디로 피하리이까, 내가 하늘에 올라갈찌라도, 거기 계시며 음부에 내 자리를 펼찌라도 거기 계시니이다."

기적을 체험하거나 예수님의 이름으로 기적을 일으키면서 하나님께 쓰임을 받을 분들은 하나님과 관계가 무엇보다도 중요합니다. 하나님과 관계는 성령으로 세례를 받으면서 열리기 시작을 합니다. 하나님이 영이시면서 살아계시기 때문입니다. 하나님께서는 하나님과 관계를 열 수 있도록 예수님을 보내주셨습니다. 그리고 믿는 자들에게 성령이 마음 안에 임재 하도록 하셨습니다. 성령을 통하여 하나님과 관계를 열기 위해서 하나님의 깊은 배려입니다. 그만큼 하나님은 자녀들과의 관계를 중요하게 생각을 하십니다. 하나님과 관계가 열려야 목회자로서 소명을 감당할 수 있을 것입니다. 그런데 안타까운 것은 일부 목회자라고 자처하시는 분들이 하나님과 관계를 열려고 하지 않고 무조건 열심히 하려고 합니다. 하나님은 육체를 가지고 열심히 하는 것을 달갑게 여기지 않으십니다. 하나님과 관계가 열려서 성령으로 하나님의 뜻을 알고 순종하기를 원하시는 것입니다. 기적을 통하여 하나님의 함께 하심을 보며 순종하기를 원하십니다. 하나님은 영이시기 때문입니다. 영이신 하나님과 말씀과 성령으로 관계가 열리면 모든 것은 하나님이 하십니다.

예를 들어서 설명하면 지금 불신자로 살다가 예수를 영접하는 분들이 정상적인 생활을 하는데 천국가려고 예수를 믿는 사람이 별로 없습니다. 모두 세상에서 영육의 문제로 고통을 해결하려고 이 방법 저 방법 별 방법을 다 동원했으나 해결하지 못합니다. 그러다가 예수를 믿으면 문제가 해결이 된다는 말을 듣고 예수를 영접하고 교회에 들어옵니다. 교회에 들어와서 문제만을 해결하려고 예배도 참석하고 봉사도 하고, 헌금도 하고, 철야기도도 합니다. 그런데 문제가 해결이 안 됩니다. 불평불만을 토로하거나, 믿음에서 떠나거나, 예수 믿어도 소용없더라하면서 원망을 하기도 합니다. 그런데 바르게 알아야 할 것은 이렇게 자신의 문제만 해결하려고 하니 문제가 해결이 안 된다는 것입니다. 하나님과 관계가 열리지 않아 기적도 능력도 나타나지 않는 것입니다.

하나님은 분명하게 "그런즉 너희는 먼저 그의 나라와 그의 의를 구하라 그리하면 이 모든 것을 너희에게 더하시리라(마 6:33)"
말씀하셨습니다. 자신 안에 하나님의 나라가 먼저 이루어지게 하
라는 말씀입니다. 그래서 교회에 들어오면 먼저 예배를 드리면
서 기도하고 찬양하다가 성령으로 세례를 체험해야 합니다. 성령
으로 세례를 받으면 성령께서 자신이 살아오면서 받은 상처를 치
유하십니다. 앞에서 설명했던 자아를 부수십니다. 그러면서 자신
안에 계신 하나님과의 관계가 열립니다. 하나님과 관계가 열리니
심령이 점차로 하늘나라가 이루어집니다. 마음 안에 하늘나라가
이루어지면서 육체에 역사하던 귀신이 떠나갑니다.

귀신이 떠나가니 하나님과 친밀한 관계가 됩니다. 기도할 때마
다 하나님께서 음성이나 감동이나 꿈이나 환상을 통해서 자신의
문제를 해결하는 지혜를 주십니다. 주신 지혜대로 순종하니 문제
가 기적적으로 해결이 됩니다. 마음 안에 계신 성령님의 역사로
귀신이 떠나가기 때문입니다. 그러므로 예수를 믿었으면 성령으
로 세례를 받아 하나님과 관계를 먼저 열어야 합니다.

우리가 바르게 알아야 할 것은 예수만 믿으면 모든 문제가 해
결이 되고 만사가 형통한 것이 아닙니다. 예수를 믿으면 원죄가
해결이 됩니다. 자범죄와 잠재의식에 형성된 상처는 자신이 성령
의 인도를 받아가며 해결해야 합니다. 예배를 드리며 말씀 듣고
기도하며 찬양하다가 성령으로 세례를 받게 됩니다. 성령으로 세
례를 받은 후에 자신이 인생을 살아오면서 지은 자범죄를 해결합
니다. 조상들이 지은 죄도 해결합니다. 왜냐하면 죄를 지으면 반

드시 죄를 타고 귀신이 들어왔기 때문입니다. 인생을 살아오면서 받은 잠재의식의 상처를 치유해야 합니다. 상처 뒤에는 귀신이 역사하면서 하나님의 말씀을 듣지 못하게 하거나 이해하지 못하는 문제를 발생하게 하거나 믿음이 자라지 못하도록 방해합니다.

기적을 체험하면 살아가려면 이러한 영적인 원리를 이해해야 합니다. 예수님의 이름으로 기적을 행하면서 살아가는 것도 마찬가지입니다. 아브라함은 25년간 하나님의 인도를 받으면서 하나님께서 원하시는 영적인 사람으로 변했습니다. 그러므로 자신이 성령의 인도를 받으면서 변화되려고 관심을 가져야 합니다. 하나님께서 원하시는 사람으로 변하면서 기적을 체험하는 것입니다. 성령으로 세상적이고 육적이고 혼적인 것을 정화해야 하나님과 동행하면서 기적을 체험할 수가 있습니다.

크리스천들이나 목회자나 할 것 없이 예수를 믿는 순간 죽었습니다. 그리고 다시 예수로 태어났습니다. 예수를 믿고 성령으로 거듭난 성도가 인생을 살아가면서 일어나는 모든 일은 자신의 일이 아닙니다. 죽은 자는 일을 할 수가 없는 것입니다. 다시 사신 예수님의 일입니다. 예수를 믿을 때, 자신은 죽고, 예수로 다시 태어났기 때문입니다. 이제 자기가 세상을 사는 것은 자신 속에 주인으로 임재하신 예수님이 사시는 것입니다. 성도는 자신 앞에 있는 문제를 자신의 능력이나 힘으로 하지 말아야 합니다. 예수님의 일이므로 예수님께 문의하여 예수님께서 하라는 대로 순종하면 믿음을 보시고 예수님이 기적을 일으키시면서 해결하시는 것입니다.

일부 크리스천들이나 목회자들이 자신 앞에 일어나는 일을 자신의 힘으로 하려고 합니다. 하나님의 일을 인간인 자신의 힘으로 하려고 하니 얼마나 힘이 들겠습니까? 자신의 힘으로 인생을 살아가려니 힘이 들고 버거워서 탈진이 찾아오기도 합니다. 목회자들도 마찬가지입니다. 목회는 예수님의 일인데 자신의 힘으로 하려고 합니다. 그러다가 힘들어서 목회를 포기하기도 합니다. 예수님을 믿고 성령으로 거듭난 크리스천이나 목회자나 할 것 없이 하나님과 관계를 열어, 성령의 인도를 받으면서 문제를 해결하는 것입니다. 성령님께 질문하여 지혜를 받아 해결하는 것입니다.

푯대를 향하여 가는 길에 부딪치는 모든 일은 예수님의 일이라고 믿는 믿음이 중요합니다. 문제가 나타나거든 하나님께 기도하는 것입니다. 하나님 이 문제를 어떻게 해결해야 합니까? 기도하여 성령께서 감동하시는 대로 순종하면 성령께서 문제를 해결하시는 것입니다. 문제를 만나거든 하나님께 기도하여 알려주신 지혜대로 순종하여 통과하시기를 바랍니다.

우리는 모두 관계 속에 살아가고 있습니다. 관계를 떠나서 존재하는 사람은 한 사람도 없습니다. 관계 속에서 태어나 관계 속에서 살아갑니다. 관계를 떠나서는 삶의 의미나 가치를 찾을 수 없습니다. 가장 아름다운 사랑도 관계를 떠나서는 생각할 수 없습니다. 이 세상은 관계를 맺으려고 애를 씁니다. 좀 더 유익을 얻으려고, 좀 더 덕을 보려고 보다 나은 사람이 있으면 관계를 맺으려고 합니다. 국가적인 차원에서도 마찬가지입니다. 외교라고 하는 것 역시 관계입니다. 관계라는 말은 대단히 중요합니다.

실제로 영향력 있는 사람과 관계를 잘 맺으면 덕을 보는 경우가 있습니다. 동창관계라든지, 친구관계라든지, 선후배관계라든지 이 세상을 살아가는 데는 관계가 중요합니다. 그러나 이보다 더 중요한 관계는 하나님과의 관계입니다. 날마다 기적을 체험하면서 하나님께 쓰임을 받은 분들은 무엇보다도 하나님과 관계가 열리는 것이 중요하십니다. 관계를 잘 맺은 사람과 맺지 못한 사람은 차이가 있습니다. 아무래도 관계를 잘 맺은 사람이 세상을 살아나가는데 더 많은 유익을 얻습니다. 하물며 하나님과 관계가 열린자는 말로 표현할 수 없는 유익을 얻을 것입니다.

첫째, 하나님과 관계가 열린 자가 누리는 축복. 하나님은 크리스천이나 목회자를 축복하려고 불러서 예수를 믿게 했습니다. 쉽게 말해서 하나님의 부름을 받고 예수님을 믿었다는 것입니다. 그러니까, 예수님을 믿고 교회에 다니는 사람치고 하나님의 음성을 듣지 못한 사람은 아무도 없습니다. 자신이 듣지 못해서 그렇지 하나님의 부름을 받고 마음이 열렸기 때문에 예수님을 영접한 것입니다. 마음이 열렸기 때문에 예수님을 믿었고 교회에 나온 것입니다. 세상의 법은 인간의 행위를 규정합니다. 하지만 천국의 법은 사람의 마음까지 다스립니다. 마음이 따라줘야 예수를 믿을 수 있다는 것입니다. 그래서 하나님은 순종이 제사보다 낫다고 하시는 것입니다. 마음이 예수를 믿고 교회에 다니는 것이 동의 했다는 것입니다. 이제 말씀과 성령으로 하나님과의 관계를 열어야 합니다. 하나님은 영이시기 때문에 우리 안에 성령으로 오셔서 크리스천이나 목회자를 영적인 상태가 되어 하나님과 관계를 열도록 배려하셨습니다. 하나님과 관계를 여는 것의 가장 기본적인 것이 영과 진리로 예배드리며 성령으로 기도하는 것입니다.

그런데 사람은 누구나 다 하나님과 관계가 있습니다. 어떤 사람은 하나님을 믿지 않기 때문에 하나님과 관계가 없다고 생각할지라도 모두 하나님의 도우심 속에서 살아갑니다. 선한 자든 악한 자든 하나님과 관계가 있습니다. 예수님을 믿는 자는 하나님과 관계가 화평의 관계를 맺고 있지만(롬5:1), 하나님을 믿지 않는 사람은 죄인의 관계, 형벌의 관계를 말합니다. 아담과 하와는 본래 하나님과의 관계가 축복의 관계였습니다. 그런데 아담이 하와의 말을 듣고 금단과를 먹고 범죄 함으로 이 관계가 깨어진 후에는 사망의 관계, 저주의 관계, 멸망의 관계가 되고 말았습니다.

우리는 살아가면서 다른 사람과의 관계가 없다고 생각하여 고독해하는 사람이 있습니다. 이성 관계, 부모관계, 친구관계, 동료관계 등 아무런 관계가 없어도 하나님과의 관계가 되어 있는 사람은 결코 불행하지 않습니다. 에녹은 하나님과 삼백년 동안 동행했습니다(창5:22). 동행했다는 말은 관계를 맺었다는 말입니다. 노아도 하나님과 동행했습니다(창6:9). 하나님과 동행한 사람 곧 하나님과 관계한 사람은 복을 받았습니다. 에녹은 죽음을 보지 않고 하늘로 올라가는 축복을 받았습니다. 노아는 홍수 심판의 때에 구원의 축복을 받았습니다. 아브라함, 이삭, 야곱, 요셉은 하나님과 관계한 자로 모두 축복을 받은 자들입니다. 요셉 같은 경우는 하나님과의 관계를 끊으려고 하는 유혹이 많았으나 끝까지 하나님과의 관계를 갖고 있다 보니 축복을 받았습니다.

세상은 돈이 있어 있는 사람과 관계를 맺으려고 사람들이 찾아오다가 돈이 없으면 관계를 끊어버립니다. 건강하면, 힘이 있으면, 뭔가 영향력이 있으면, 도움을 받을만하다고 생각하면 관계를 맺으려고 찾아오다가도 그 모든 것을 상실하면 외면하는 것이 세상입니다. 그리고 나이가 많아지면 관계가 끊어집니다. 부부관계가 끊어지고, 자식들도 결혼을 해서 관계가 끊어지고, 이웃들은 늙었다고 외면을 하니 관계가 끊어집니다. 세상의 관계들은 이렇게 끊어지기도 하지만, 하나님과의 관계는 절대로 끊지 말아야 할 것입니다. 어떤 환난이 와도, 고난과 역경이 와도, 괴롭고 답답한 일을 만나도 끊지 맙시다. 그래야 축복을 받습니다. 하나님은 우리가 변하지 않는 한 절대로 떠나가지 않으시는 분입니다.

둘째, 하나님과 관계가 열린 자를 만나야 한다. 날마다 기적을 체험하며 하나님께 쓰임을 받을 분들은 특별하게 하나님과 관계를 열어야 합니다. 아니 관계가 돈독해야 합니다. 서로 주거니 받거나 하는 관계가 되어야 합니다. 하나님께서 영이시니 하나님과 같은 영성이 되어야 합니다. 그래야 휘하에 있는 성도들이 목회자를 통하여 하늘의 복을 받을 수 있기 때문입니다. 세상은 자기에게 유익할 것 같으면 관계를 맺습니다. 아무나 관계를 맺지 않습니다. 그러나 우리는 무엇보다도 하나님과 관계 맺은 자와 관계를 맺어야 하겠습니다. 노아의 가정을 봅시다. 노아가 하나님과 관계를 맺었습니다. 홍수의 때에 하나님과 관계를 맺은 노아로 인하여 그의 자녀들이 구원을 받았습니다. "너와는 내가 내 언약을 세우리니 너는 네 아들들과 네 아내와 네 자부들과 함께 그 방주로 들어가고…(창6:18)" 노아의 자녀와 자부들의 믿음이 좋은 것은 아니었습니다. 그들의 아버지로 인하여 방주에 들어가게 된 것입니다. 이것을 보면 하나님과 관계를 맺은 자와 관계를 맺은 것이 축복입니다.

아브라함은 하나님과 관계를 맺은 자입니다. 그 아브라함에게 롯이 있었습니다. 롯은 하나님과 관계있는 아브라함이 축복을 받을 때에 그도 역시 축복을 받았습니다. 뿐만 아니라 소돔과 고모라에 전쟁이 있을 때에 롯은 재물과 함께 끌려가게 됩니다. 아브라함이 이 사실을 알고 군사를 이끌고 찾아가 다시 데려옵니다(창14장). 롯의 축복은 이것으로 끝나지 않습니다. 소돔과 고모라 성이 멸망당할 때에 하나님과 관계있는 아브라함의 중보로 말미암아 살아남게 되는 놀라운 축복을 받습니다(창19장). "하나님이 들의 성들을 멸하실 때 곧 롯의 거하는 성을 엎으실 때에 아브라함을 생각하사 롯을 그 엎으시는 중에서 내어 보내셨더라(창19:29)."

야곱 역시 하나님과 관계를 맺은 사람입니다. "내가 너와 함께 있어 네가 어디로 가든지 너를 지키며 너를 이끌어 이 땅으로 돌아오게 할찌라. 내가 네게 허락한 것을 다 이루기까지 너를 떠나지 아니하리라(창28:15)." 야곱은 외삼촌댁에 머물게 됩니다. 본래 라반의 집은 부유한 집이 아닙니다. 그런데 하나님과 관계 맺은 야곱으로 인하여 축복을 받습니다. 이것을 모르는 외사촌들은 자기들 때문에 야곱이 축복을 받은 줄로 착각하고 말았습니다(창32:1-3). 이런 것을 볼 때에 하나님과 관계를 맺은 자와 관계를 맺는 것이 얼마나 큰 축복인가를 알 수 있습니다. 그러나 마귀는 이 하나님과의 관계를 끊으려고 하고, 하나님과 관계 맺은 자와 의 관계를 끊으려고 애를 쓰고 있습니다. 우리는 속지 말아야 합니다. 여전히 하나님과 관계를 맺고, 하나님과 관계를 맺은 자와 관계를 맺는 자가 되어야 하겠습니다. 하나님과 관계를 맺으면 날마다 기적을 체험하면서 예수 이름으로 기적을 행하면서 축복 속에서 살아갈 수가 있습니다.

셋째, 하나님과 관계가 열린자를 선택하자. 하나님과 관계를 맺었다는 것은 무엇을 말합니까? 바리새인과 같은 사람이 있습니다. 바리새인은 종교인이지 신앙인은 아닙니다. 성령의 인도를 받는 자가 아닙니다. 주님은 저들을 향하여 "화 있을 찐저"라고 책망하셨습니다(마23:15,16,23). 형식적인 그리스도인이 있습니다. 교회 안에 있다고 해서 모두가 다 거듭나고 하나님과 관계를 맺은 사람이라고는 할 수 없습니다. 교회를 다닌다고 해서 다 하나님과 관계를 맺은 사람이라고 할 수 없습니다.

뿐만 아니라, 목회자가 능력을 행사한다고 해서 다 하나님과 관계를 맺은 사람이라고 볼 수 없습니다. 이는 모든 목회자가 가슴에 새기고 명심해야 합니다. 많은 목회자들이 귀신을 축사하고 병을 고치고, 내적치유하고, 열매가 나타나지 않는 성령의 역사를 일으킨다고 다되었다고 착각하는 분들이 있습니다. 분명하게 이것이 다가 아닙니다. 하나님의 말씀 안에서 모세를 생각해 보시고, 다윗을 생각해 보시고, 엘리사나 엘리야를 생각해 보시기를 바랍니다. 모두 하나님과의 관계를 열기 위해서 혹독한 광야 훈련을 치렀습니다. 쉽게 되는 것이 아닙니다. 필자에게 여러 목회자들이 오셔서 안수를 받아서 쉽게 능력전이 받아 어떻게 해 보려는 생각을 하시는 분들이 있습니다. 그렇게 안수한번 받아서 성령의 불 한번 받아서 되는 것이 아닙니다. 전인격이 성령으로 장악이 되어 하나님과 동일한 영성이 되어야 합니다. 그래야 하나님과 관계가 열리는 것입니다. 모세는 광야훈련을 40년을 받았습니다. 다윗은 사울 왕에게 쫓겨서 잠을 제대로 자지 못하면서 광야훈련을 13년을 받았습니다. 그렇게 광야훈련을 하는 동안에 자신들은 죽어 없어지고, 하나님만 바라보고 순종하는 사람으로 변화된 것입니다. 그래서 예수님은 "나더러 주여! 주여! 하는 자마다 천국에 다 들어갈 것이 아니요 다만 하늘에 계신 내 아버지의 뜻대로 행하는 자라야 들어가리라(마7:21)." "그 날에 많은 사람이 나더러 이르되 주여! 주여! 우리가 주의 이름으로 많은 권능을 행치 아니하였나이까(22). 주께서 말씀하시기를 내가 너희를 도무지 알지 못하니 불법을 행하는 자들아 내게서 떠나가라(23)" 고 하셨습니다. 능력을 행사한다고 해서 다 하나님과 관계된 것이 아닙니다. 하나님과 관계없이 능력을 행사하기도 합니다.

그러면 누가 하나님과 관계를 맺은 사람입니까? 그는 성령으로 거듭난 사람입니다. 성령으로 전인격이 장악이 된 사람입니다. 성령의 인도를 받는 사람입니다. 성령의 지배를 받는 사람입니다. 하나님을 마음으로 사랑하는 사람입니다. 성경 누가복음 7장 37-49절에 보면 예수님께서 바리새인의 집에 초청을 받아 가셨는데 그 집에 들어가자마자 그 동네의 여자 죄인 한 사람이 따라오며, 주님 앞에서 그 눈물을 예수님의 발에 방울방울 떨어뜨리며 울었습니다. 예수님께서 자리에 앉으시자 그 여인은 머리채를 내려 눈물로 얼룩진 예수님의 발을 닦고, 그 위에 자신이 귀하게 간직한 향유를 부었습니다. 그러자 함께 와 있던 동네 사람들은 속으로 예수님을 비난했습니다. "예수님이 만일 선지자이면 이 여인이 얼마나 더러운 죄인인줄을 아시고 근처에 오지도 못하게 할 텐데 예수님은 진짜 선지자가 아닌가보다" 그때 예수님께서 그 생각을 아시고 주인을 부르셨습니다. "시몬아 내가 네게 질문할 것이 있다. 여기에 빚을 진사람 둘이 있는데 한 사람은 5백 데나리온, 또 다른 한 사람은 5십 데나리온 빚을 졌다. 두 사람이 다 그 빚을 갚지 못하므로 탕감을 해준다면 누가 탕감해 준 사람을 더 사랑하겠느냐" 시몬은 '물론 많이 탕감 받은 자가 더 많이 사랑하겠지요'라 대답했습니다. 그러자 예수님께서 "네 말이 옳다 내가 이 집에 들어올 때 이 여인은 눈물로 내 발을 적시고 머리로 닦고 끊임없이 내 발에 입 맞추고 향유를 부었다. 그런데 내가 들어올 때 너는 나의 발 씻을 물도 주지 아니하고 입 맞추지도 아니하고 머리에 감람유도 붓시 아니하였다. 그러나 이 여인은 나를 많이 사랑하므로 이 여자의 많은 죄가 용서를 받았느니라" 말씀하시고, 그 여인을 보시고 "네 믿음이 너를 구원하였으니 평안히 가라"고 하셨습니다. 예수님은 이 여인의 절실한 죄악의 문제를 해결해 주셨습니다. 이 여인은 마음속의 죄책으로 말미암아 주야로 고민하였으나 예수님께서는 그 여인의 죄악을 해결해 주신 것입니다. 시몬은 행위(율법)를 중요하게 생각을 한 것입니다. 예수님은 한 차원 깊은 마음으로 예수님을 사랑한 것을 인정하신 것입니다. 하나님은 이렇게 마음으로 하나님을 사랑하는 사람과 관계를 열어 가십니다. 하나님과 깊은 관계를 맺으시려면 마음으로 하나님을 사랑해야 합니다.

예수의 생명이 그 안에 있는 자입니다. 또한 하나님을 두려워하는 자가 하나님과 관계를 맺은 자입니다. 모든 삶을 하나님께서 보시기 때문에 두려워합니다. 그리고 하나님의 징계도 알고 심판도 알고 형벌도 아는 자입니다. 이런 자가 하나님과 관계를 맺은 자입니다. 하나님과 관계를 맺은 자는 언제나 무엇을 하든지 하나님과 관계된 것을 선택하여야 할 줄 믿습니다. 직장을 선택할 때에도, 동업을 할 때에도, 이성교제를 하더라도 무슨 일을 하든지 하나님과 관계된 자를 선택하고, 하나님과 관계된 것을 선택하시기를 바랍니다. 하나님께서 축복하실 것입니다. 하나님과 관계있는 명예, 권력, 돈이라면 의미가 있습니다. 하나님과 관계가 없는 자는 부끄러움을 당하게 됩니다(계6:15). 하나님과 관계가 열린 자는 날마다 기적을 체험하면서 살아가게 됩니다.

넷째, 하나님과 관계를 지속하라. 우리 교회를 나올 수 없는 곳으로 이주할 때에 하나님과의 관계있는 곳을 찾아야 합니다. 하나님과 관계를 가졌다가 떠난 자들이 많습니다. 예수를 믿고 교회를 다니다가 마음이 돌변하여 절에 간다든지, 신천지를 간다든지, 통일교에 들어간다든지, 여호와증인이 된다든지, 구원파에 들어간다든지, 정명석(JMS)에 속한다든지, 천리교로 간다든지 등, 이럴 때 저주를 받는 것입니다. 즉, 하나님 외에 다른 신을 섬기기 위하여 교회를 떠날 때 저주를 받는 것입니다. 성경은 이렇게 경고하고 있습니다. "한 번 빛을 받고 하늘의 은사를 맛보고 성령에 참여한바 되고, 하나님의 선한 말씀과 내세의 능력을 맛보고도 타락한 자들은 다시 새롭게 하여 회개하게 할 수 없나니 이는 그들이 하나님의 아들을 다시 십자가에 못 박아 드러내 놓고 욕되게 함이라(히6:4-6)"

하나님과의 관계를 떠나면, 하나님과 관계있는 자를 떠나면 위험합니다. 우리는 언제나 어디서든지 하나님과의 관계 속에 살아야 합니다. 그리고 잘 알지 못해서 하나님과 관계없는 곳에 빠져 있으면 빨리 나와야 합니다. 하나님과 관계가 열린자를 만나는 것은 축복 중에 축복입니다. 하나님과 관계가 열린자는 만나서 날마다 하나님의 지적을 체험하면서 살아가기를 바랍니다.

7장 성령의 인도를 받아야 한다.

(롬8:13-14)"너희가 육신대로 살면 반드시 죽을 것이
로되 영으로써 몸의 행실을 죽이면 살리니, 무릇 하나님
의 영으로 인도함을 받는 그들은 곧 하나님의 아들이라."

기적을 체험하거나 예수님의 이름으로 기적을 일으키려면 성
령의 인도를 받아야 합니다. 하나님은 성도가 성령으로 세례를
받고 기도하면 성령으로 인도하시면서 현실 문제를 기적적으로
해결하시면서 군사를 만들어 가십니다. 하나님은 성령의 인도를
받아 하나님의 뜻에 부합된 삶을 살아가라고 하십니다. 왜 우리
가 성령의 인도를 받아야하나? 성령의 인도를 받지 않으면 하나
님에게 쓰임 받지 못하고 방황만 할 수 있기 때문입니다. 또 잘
못하면 하나님의 축복을 받지 못하고 인생을 고생 만하다가 마
칠 수가 있기 때문입니다. 성령의 인도를 받는 삶이란 무엇입니
까? 하나님의 아들 자녀이면 당연한 것입니다. "무릇 하나님의
영으로 인도함을 받는 그들은 곧 하나님의 아들이라"(롬 8:14).
하나님의 자녀는 성령의 인도를 받아야 합니다. 영적인 사역은
성령의 인도 없이는 불가능하기 때문입니다.

첫째, 성령의 인도를 받으려고 하라. 성령의 인도 기본은 자
기 마음대로 하지 않는 것입니다. 그런데 일부 목회자와 성도들

은 자기 마음대로 오고, 자기 마음대로 갑니다. 무슨 말 인가하면 어떤 감동에 의하여 어느 장소나 교회를 갑니다. 분명하게 예수를 믿을 때 죽었고, 다시 예수로 살았다면 자기 마음대로 하면 안 되겠지요. 그런데 자기 마음대로 합니다. 필자는 어떤 장소를 가든지 성령께서 데리고 갔다는 의식을 가지고 있습니다. 그래서 어디를 가든지 완전하게 끝이 나야 돌아옵니다. 그런데 목회자가 아직 자기 마음대로 왔다가 갔다가 한다면 목회가 안 됩니다. 성령의 인도를 받지 않고 이직 육체의 사람이기 때문입니다. 기본이 되지 않았기 때문에 기적을 체험하고, 예수 이름으로 기적을 행하지 못합니다. 왜 나는 기도에 능력이 없는 가, 기도해도 기적이 나타나지 않는 가, 자기 마음대로 살기 때문입니다.

한 가지 추가한다면 우리 교회는 성령의 역사가 강하기 때문에 성령으로 세례 받지 못한 사람들은 굉장한 두려움이 자신을 주장합니다. 기도할 때 필자가 안수 할 때 자신 안에서 이상한 것들이 떠나갑니다. 영적으로 보면 지극히 정상이고 축복입니다. 하나님께서 자신을 장악하기 때문입니다. 그런데 무서워서 도망을 가거나 다시 오지 않습니다. 조금만 참으면 되는 데 그것을 견디지 못하는 것입니다. 필자가 심령을 보면 정말로 문제가 많은데 목회자가 도망을 갑니다. 분명하게 성령님이 데리고 오셨는데 마음대로 도망을 갑니다. 그러니 성령의 인도를 받지 못하는 것입니다. 교회가 자립할 수가 없는 것입니다. 성도님들은 영육의 문제가 해결이 되지 못합니다. 성령의 인도를 거부했기 때문입니다. 기본을 충실하게 해야 성령께서 장악하시고 자신을 통하여 기적을 행하시는 것입니다. 기본이 성령의 인도에 순종하는 것입니다.성령의 인도를 받으려면 성령으로 세례를 받아야 합니다. 기적을 체험하거나 예수님의 이름으로 일으키려면 성령으로 세례 받는 것은 필수입니다. 성령으로 세례를 받지 않고 기적을 체험할 수가 없습니다. 성령께서는 이성의 기능이 성령의 지배를 받는 영의 상태에서 기도하거나 말씀을 묵상할 때 문제에 대한 해결방법을 깨닫게 하십니다. "이렇게 하라. 저렇게 하라." 성령은 우리의 지성을 무시하지 않습니다. 우리의 지성에 하나님께서 성령의 지성으로 깨닫게 해주셔서 깨달음을 통하여 성령이 인도해 주시는 것입니다.

그렇기 때문에 범사에 성령의 인도를 받으려면 성령님을 인정하고 환영하고 모셔드릴 뿐만 아니라 문제가 생겼을 때 "성령이여 내게 깨달음을 주시옵소서. 이것이냐 저것이냐 깨달음을 주시옵소서. 이 길이 옳으냐? 저 길이 옳으냐? 깨달음을 주시옵소서. 어느 것이 하나님의 뜻인지 깨달음을 주시옵소서." 깨달음을 바라고 성령으로 기도할 때 하나님의 성령께서 우리에게 빛을 비추어서 깨닫게 해주십니다. 그 깨달음대로 순종하고 걸어가면 성령의 인도를 받는 것이 되는 것입니다. 성령께서 인도하고 계시다는 것을 알도록 기적을 행하시는 것입니다.

둘째, 성령의 인도에 절대적으로 순종하라. 날마다 기적을 체험하면서 살아가려면 성령의 인도를 받는 것이 필수입니다. 하나님께서는 성령을 통하여 크리스천의 문제를 해결하게 하시기 때문입니다. 성령의 인도에 순종해야 합니다. 현실 문제를 해결 받으려면 기도해야 합니다. 기도하여 하나님의 음성을 들어야 합니다. 그렇기 때문에 현실적인 문제가 있으면 세상 적이고 이성적인 방법으로 해결하려고 하지 말고 먼저 하나님께 기도해야 합니다. 하나님은 현실 문제를 통하여 육신에 속한(아브람) 크리스천을 영에 속한 크리스천(아브라함)로 바꾸신다는 것을 알아야 하고 믿어야 하고 행해야 합니다. 직접 말씀하시는 하나님의 뜻을 알아야 현실 문제를 하나님의 방법으로 해결 받을 수 있기 때문입니다. 예수를 믿고 교회에 나와 믿음 생활하는 크리스천은 하나님의 자녀입니다. 하나님의 자녀는 하늘에 시민권이 있습니다.

이제 하나님께서 주시는 것으로 살아야 합니다. 영육의 문제도 하나님이 알려주시는 방법으로 해결해야 합니다. 하나님께서는 자녀들의 문제를 하나님의 사람을 통하여 해결하십니다. 세상에서 해결하지 못하는 문제도 하나님께 기도하면 하나님께서 하나님의 사람을 만나게 하여 해결하십니다. 하나님의 사람을 만나서 하라는 대로 순종하면 문제가 기적같이 해결이 됩니다. 하나님은 해결하지 못하는 것이 없습니다. 하나님께 기도하여 성령의 감동을 받고 순종하여 현실문제가 기적같이 해결이 되었다면 성령의 인도를 받고 있는 것입니다. 하나님께 질문하세요.

하나님은 문제를 통하여 하나님께 기도하게 하십니다. 대화하기를 원하신다는 것입니다. 하나님께 직접적으로 음성을 듣기를 원하신다는 것입니다. 물어보세요. 자신의 현실 문제를 어떻게 해야 할지를 지속적으로 물어보시기를 바랍니다.

크리스천이 영육의 현실적인 문제가 발생하거든 당황하지 말고 하나님께 기도하여 하나님의 해결방법을 알아내야 합니다. 하나님의 직접적인 계시를 들어야 합니다. 하나님은 현실 문제를 통하여 하나님과 대화하는 영적인 크리스천으로 바꾸시기 때문입니다. 성경책에 글로 적어진 말씀을 보고 믿음 생활하던 크리스천을 기도하여 성령으로 하나님의 음성을 듣고 순종하는 크리스천으로 자라게 하시는 것입니다. 성경에 보면 바울도 현실의 문제를 해결하기 위하여 기도했습니다. 혹시라도 유대인의 선생인 랍비와 같은 율법주의 목사님이 현실의 문제를 기도하라고 허락했다고 하실까, 노파심에서 바울의 경우에 대하여 설명합니다. 고린도후서 12장 7-9절에 보면 "여러 계시를 받은 것이 지극히 크므로 너무 자만하지 않게 하시려고 내 육체에 가시 곧 사탄의 사자를 주셨으니 이는 나를 쳐서 너무 자만하지 않게 하려 하심이라. 이것이 내게서 떠나가게 하기 위하여 내가 세 번 주께 간구하였더니, 나에게 이르시기를 내 은혜가 네게 족하도다. 이는 내 능력이 약한 데서 온전하여짐이라 하신지라. 그러므로 도리어 크게 기뻐함으로 나의 여러 약한 것들에 대하여 자랑하리니, 이는 그리스도의 능력이 내게 머물게 하려 함이라"

하나님은, 바울을 자만하지 않게 하려고 그에게 가시를 주셔서 극렬하게 꺾으셨습니다. 성경은 말하기를 사탄의 사자가 자기를 습격해 와서 바울이 너무 고통스러워서 세 번 사탄의 사자를 물리쳐 달라고 하니까, 세 번째 하나님이 말씀하기를 "내 은혜가 네게 족하도다. 이는 내 능력이 약한 데서 온전하여짐이라" 그렇게 응답했습니다. "네가 사탄의 공격을 받아서 약하지만은 네가 약할 때 내 은혜가 더 강하다. 지금 상태로써 만족하게 여기라"는 것입니다. 그 바울이 자기 몸의 치료를 위해서 세 번 기도해서 하나님께 거절당했습니다. 왜 하나님이 사탄의 사자를 주어서 바울을 밤낮 치게 만들었냐하면 자만하거나 교만하지 않도록 하기 위해서 그런 것입니다. 내가 고통스러워 견딜 수가 없는데 어떻게 기도하지 않을 수가 있겠습니까? 고린도후서 12장 7절로 8절에 "여러 계시를 받은 것이 지극히 크므로 너무 자만하지 않게 하시려고 내 육체에 가시 곧 사탄의 사자를 주셨으니 이는 나를 쳐서 너무 자만하지 않게 하려 하심이라 이것이 내게서 떠나가게 하기 위하여 내가 세 번 주께 간구하였더니" 하나님이 내 은혜가 내게 족하다고 대답을 했습니다.

기도하여 은혜를 머물게 하는 것이 얼마나 좋은 것인가 깨달았습니까? 바울선생은 굉장한 사도입니다. 대 신학자요, 대사도요, 하나님의 권능 있는 종입니다. 그러나 바울은 말하기를 "내가 나 된 것은 내가 잘나서 된 것이 아니라, 내 속에 들어온 하나님의 은혜가 나를 이렇게 만들었다. 하나님의 은혜가 이렇게 만들었다. 나는 아무것도 아니다. 나는 이렇게 될 수 없다. 내 속에 들어온 하나님의 은혜가 그렇게 만들었다. 그것을 어떻게 깨달았느냐." 고난을 당해서 괴로움 속에서 자기의 무능력을 깨닫고 하나님의 은혜만이 자기를 일으켜 세워줄 수 있다는 것을 깨닫게 된 것입니다. 하나님은 이렇게 현실 문제를 해결하여 주시지 않고 문제를 통하여 기도하게 하실 수가 있습니다. 그러나 이는 특별한 경우입니다. 하나님께 현실문제의 해결을 위하여 기도하면 99%는 해결방법을 주셔서 해결하게 하십니다. 그러나 해결되지 않은 것은 분명한 이유가 있습니다. 그것은 순종하지 않기 때문입니다.

성령님께서 감동하시어 장소나 사람을 만났다면 장소나 사람이 하는 말에 순종해야 합니다. 성령의 감동을 받고 필자의 교회와 저에게 찾아오는 분들이 있습니다. 그런데 일부는 필자가 하는 말에 순종을 하지 않습니다. 그러면 백이면 백 해결이 안 됩니다. 예를 든다면 이렇습니다. 모계에 무당의 내력이 있어서 자녀가 영적이고 정신적인 문제가 발생했습니다. 그러면 어머니와 함께 치유를 받아야 합니다. 그런데 어머니가 치유를 받으러 오면 한동안 성령의 역사로 힘들게 됩니다. 며칠만 견디면 되는 데 하루 오고 안 옵니다, 자녀만 보냅니다. 근본의 해결이 될 수가 없습니다. 윗물이 맑아야 아랫물도 맑다고 하지 않습니까? 또 다른 경우는 시간이 걸리고, 물질이 들어가면 계산속에 빠져서 순종을 하지 않습니다. 자기 생각대로 합니다. 아니 나아만 장군이 문둥병을 해결 받았는데 자기 생각대로 해서 해결 받았습니까? 엘리사가 하라는 대로 일곱 번 요단강에 몸을 담그니까, 문둥병이 해결이 되었습니다. 그러니까, 성령의 감동을 받고 장소나 사람을 만났다면 조언하는 말에 순종하는 것이 중요합니다. 순종하지 않으면 백이면 백 모두 해결이 되지 않습니다. 세상 적이고 인간적인 생각을 쫓아가니 성령님이 장악을 하지 못한 연고입니다. 무엇보다 순종이 중요합니다.

일부 목회자와 직분 자들이 영육의 현실 문제를 가지고 고생하는 성도들에게 이렇게 말합니다. 하나님을 의지하고 맡기라고 합니다. 하나님을 의지하고 맡기라는 말을 바르게 이해해야 합니다. 하나님을 의지하라는 말은 하나님의 말씀대로 순종하라는 것입니다. 말씀대로 순종하고 해결 되는 것은 하나님께 맡기라는 것입니다. 아니 여리고 성이 하나님을 의지하고 맡긴다고 가만히 앉아서 무너지기만을 기다렸다면 무너졌겠습니까? 하나님의 말씀대로 순종하니까, 순종하는 믿음을 보시고 하나님께서 여리고 성을 무너지게 한 것입니다.

셋째, 방언기도하면서 성령의 인도를 받아라. 성령의 은사적인 방언기도는 어떻게 나타나는 것인가 입니다. 저는 예배나 집회를 인도하기 전에 방언으로 기도를 많이 합니다. 성령으로 충만하기 위해서입니다. 여기까지 방언은 기도의 방언입니다. 기도의 방언으로 성령이 충만해지면 이제 은사의 방언으로 이끌어

가십니다. 방언으로 기도하여 성령이 충만한 가운데 강단에 서서 말씀을 전하면 성령이 감동을 주십니다. 원고를 준비하여 말씀을 전해도 그때그때 성령께서 필요한 지식의 말씀과 지혜의 말씀을 주셔서 전하게 하십니다. 이것이 성령으로 충만하여 성령께서 저를 사로잡고 은사를 나타내면서 이끌어 가시는 것입니다. 그리고 말씀을 전하고 나면 일으켜 세워서 찬양을 하라! 그냥 기도하게 하라! 이렇게 감동을 하십니다. 그러면 저는 성령께서 감동하신대로 순종합니다. 저는 청중들에게 전심으로 기도를 하게한 후에 강단 아래로 내려가서 일일이 안수를 하면서 치유와 은사 사역을 합니다. 이때 저는 방언으로 기도를 합니다. 그러면 성령께서 저에게 은사의 방언으로 역사하십니다. 방언기도하며 안수할 때 저에게 성령께서 감동을 하십니다. "이 사람은 마음이 갑갑하여 영이 잠자고 있다. 영이 깨어나게 하라!" 그러면 제가 순종합니다. 다른 사람을 안수하면 "이 사람은 서러움의 상처가 있다. 서러움의 상처가 치유되게 하라!" 그러면 제가 조치를 합니다. "이 사람은 귀신이 역사한다. 축귀를 하라!" 그러면 축귀를 합니다. "이 사람은 자아가 너무 강하게 시간이 오래 걸리겠다! 이 사람은 아직 성령이 장악을 못했다! 이 사람은 앞으로 데리고 나가서 기도하라!" 이렇게 방언기도하면서 안수를 하면 성령께서 알려주십니다.

심방의 예를 든다면 심방을 가면서부터 마음의 방언으로 기도를 합니다. 그러면 대략적인 가정의 상태를 알게 하십니다. 가정에 도착하면 성령께서 감동을 하시기 시작을 합니다. "이 가정을 영적으로 많이 눌려있는 가정이다! 이 가정은 부부간에 문제가 있다! 이 가정은 자녀문제로 고통을 당한다! 이 가정은 물질문제를 어렵게 하는 영이 역사한다! 이 가정은 질병이 많이 있다!" 이렇게 감동을 합니다. 저는 성령께서 감동하신대로 영적인 조치를 취합니다. 상담을 할 때도 마찬가지입니다. 마음으로 방언을 하면서 성령과 교통하는 것입니다. 성령님 문제가 무엇입니까? 그러면 지식의 말씀에 은사로 역사하여 문제를 알게 합니다. 성령님 문제의 원인은 무엇입니까? 그러면 원인을 알게 하십니다. 어떻게 조치를 합니까? 생각하지도 못한 지혜를 주십니다. 그래서 문제를 해결하게 하십니다. 이것이 성령의 인도를 받는 은사적인 방언입니다.

저는 성도님들에게 세상의 삶을 살아갈 때도 방언으로 기도하며 지혜를 구하라고 합니다. 이것은 습관이 되어야 합니다. 자기가 하는 사업의 지혜를 성령님에게 물어서 지혜를 구하는 것입니다. 사람을 고용할 때도 방언으로 기도하며 성령님에게 물어봅니다. 성실한 사람인가? 영적으로 어떤 사람인가? 사업의 대소사가 있을 때마다 방언으로 기도하며 성령님에게 물어봅니다.

그러면 누구든지 은사적인 방언기도가 열리게 된다고 저는 확신합니다. 방언은 하나님이 은혜로 부어주시는 것이지만, 그렇다고 그것이 전부 성령의 은사로 보아서는 안 되며, 개별적인 방언은 우리 영을 강하게 할 목적으로 주시는 것이며, 영의 대화를 수월하게 하기 위해서 주시는 것이므로 열심히 방언으로 기도해야 합니다. 방언은 다른 영적 요소들처럼 사용할수록 풍성해지며, 더욱 깊어집니다.

우리 가운데 방언으로 기도하지 못하는 사람이 더 많습니다. 구하고 찾아야 하는 것임에도 불구하고 은사라는 생각으로 적극적으로 구하지 않는 경우가 많습니다. 구한다고 해도 끈질기게 구하지 못합니다. 기도 응답은 어떤 것은 쉽게 얻어지지만 어떤 것은 오랫동안 끈질기게 간구해야만 얻을 수 있습니다.

그런데 이렇게 끈질긴 기도를 통해서 얻는 것이 더 많습니다. 하나님이 우리를 사랑하시고 우리에게 필요한 것임에도 불구하고 쉽게 허락하시지 않는 것은 도대체 무슨 까닭일까요. 주께 헌신하고자 하는 순수한 열정으로 구하는데도 쉽게 허락하지 않습니다. 우리 마음 같아서는 어서 주고 싶지 않겠습니까? 그러나 그렇지 않습니다. 병 고침을 받기 위해서 얼마나 간절히 기도합니까? 주의 나라의 확장을 위해서 교회 부흥을 얼마나 간절하게 소망하며 기도합니까?

그런데도 불구하고 응답되지 않아 우리의 마음이 녹아내리지 않습니까? 하나님이 원하시는 일을 위해서 간구함에도 불구하고 쉽게 응답되지 않는 까닭은 하나님의 신비이며, 이것이 하나님 됨의 특성입니다. 사람들 마음 같아서는 모두 주고 싶고, 다 들어주고 싶지 않겠습니까? 그러나 하나님은 그렇지 않다는 사실을 우리는 이해해야 합니다. 하나님은 성도가 영적인 수준이 될 때까지 인내하시며 기다립니다. 그것이 하나님의 생각과 우리의 생각이 다른 까닭입니다. 그리고 방언을 받은 사람은 자신의 영을 강하게 하기 위해서 내면에서 올라오는 방언으로 많이 기도해야 합니다.

방언은 중보기도의 수단입니다. 성령께서 우리를 대신해서 간구하는 것이며, 이를 통해서 우리와 하나님 사이에 있는 보이지 않는 장애물들이 제거되는 것입니다. 이 보이지 않은 효과는 우리의 영 안에서 나타납니다. 우리의 영이 하나님으로부터 더 많은 말씀을 받을 수 있으며, 그렇게 되면 우리는 주님의 인도하심을 더욱 풍성하게 받을 수 있습니다.

우리 영이 강해지면 그곳(영)으로부터 나오는 신호가 강력해집니다. 이는 방언으로 기도할 때 마음이 뜨거워지며, 헌신하고자 하는 믿음이 우러나오며, 평안한 마음이 되어 시련을 이길 수 있게 됩니다. 근심과 두려움이 사라지고 주님의 평안으로 가득 채워집니다. 이런 영의 함양의 은혜는 묵상과 깊은 영의기도로도 얻어지는 것이며, 방언기도는 쉽게 얻을 수 있는 편리함이 있습니다. 개인적인 방언기도는 통역을 할 수 있으면 더욱 은혜롭습니다. 모든 방언이 다 통역을 해야 하는 것이 아니지만, 자신이 하는 기도 가운데 부분적으로 통역이 이루어지는 경우가 있습니다. 처음에는 지식의 말씀처럼 자신의 내면에서 어떤 생각들이 떠오르며 방언과 동시에 그 생각이 구체적으로 이야기를 만들어갑니다.

방언을 말하면서 마음은 어떤 내용을 가진 이야기로 채워지기 시작하는 것입니다. 이 이야기는 자신이 알고 있는 내용이 아니며, 머리에서 오는 것이 아니라, 영으로부터 흘러나오는 것임을 알게 됩니다. 방언이 단조롭고 더듬거리는 수준이 아니라, 사용되는 단어는 풍부하지 않아서 반복되지만, 그 흐름은 매끄럽고 유창하여야 합니다. 자주 끊기고 거친 발음이 나온다면 이는 아직 성숙하지 못한 것이며, 더 많이 방언으로 기도해야 합니다. 자신이 방언으로 기도하면서 생각이 육체적이라면, 이것은 내 지성과 감성이 영으로 향하지 못하고 분리되어 있기 때문입니다.

영 안에서 기도하며, 그 영을 집중해서 살피는 노력을 해야 합니다. 방언으로 기도하며 방언에 생각을 집중시키고, 그 언어를 살펴야 합니다. 성령이 충만해지면 우리는 방언에 몰입하게 되며, 영에 모든 것이 집중됩니다. 이런 상태가 되어야 방언의 효과가 나타나기 시작하는 것입니다. 방언기도에 몰두하면 우리의 지성과 감성은 영으로부터 오는 신호에 민감해지며, 그 신호를 이성적으로 깨닫게 됩니다. 이것을 통해서 우리는 하나님과의 대화가 이루어지게 되는 것입니다.

방언기도는 많은 훈련이 필요합니다. 먼저는 성령의 충만을 유지할 수 있어야 하고, 영의 작용에 따라서 방언의 흐름이 다르게 나타나는 변화를 가져올 수 있어야 합니다. 방언기도를 함으로써 우리 영이 활발해지며, 영이 운동력을 얻어 우리 기도를 주체적으로 이끌 수 있게 됩니다. 그러면 우리는 육성으로 기도하는 시간이 줄어들기 때문에 하나님께 아뢰어야 할 것을 다 하지 못하지 않을까 하는 걱정을 하게 되지만 그럴 필요가 없습니다.

우리의 겉 사람의 기도보다도 주님은 우리 속사람의 기도를 더 귀하게 여깁니다. 바울은 개인기도에 누구보다도 더 많이 방언으로 기도한 사람입니다. 영으로 기도하는 것이 우리 기도의 본질이 되어야 합니다. 기도는 영의 호흡이며, 이런 차원에서 방언기도는 많이 해야 합니다. 속사람이 강건해져야 주님으로부터 인도함을 받기가 쉬워집니다. 성령의 은사들이 밝게 개발이 되는 것입니다. 그래야 하나님에게 쓰임을 받을 수 있는 것입니다. 우리가 방언으로 기도를 많이 하여 영적인 상태가 되어야 하나님의 뜻을 더 확실하게 확신할 수 있게 되는 것입니다.

성령의 인도를 받아야 합니다. 그래야 기적을 체험할 수가 있습니다. 예수 이름으로 기적을 행하는 크리스천이 될 수가 있습니다. 하나님과 같은 영적인 상태가 되어야 삶에서 날마다 기적을 체험할 수 있다는 것을 알아야 합니다. 성령으로 마음 안에서 올라오는 방언기도를 많이 하여 성령의 인도를 받으시고 날마다 기적을 체험하시기를 바랍니다.

기도에 대하여 더 자세한 것은 "기도 쉽게 바르게 하는 법"과 "방언기도의 오묘한 신비"를 참고 하시기를 바랍니다.

8장 성령의 보증 증표를 보며 따라가라.

(출 13:21-22)"여호와께서 그들 앞에서 가시며 낮에는 구름
기둥으로 그들의 길을 인도하시고 밤에는 불기둥을 그들에게
비추사 낮이나 밤이나 진행하게 하시니 낮에는 구름 기둥, 밤
에는 불기둥이 백성 앞에서 떠나지 아니하니라"

하나님은 크리스천들을 기적을 행하시면서 따라오게 하십니
다. 하나님께 기도하고 순종할 때 기적적인 역사가 일어난다는
것은 하나님께서 함께 하고 계신다는 보증입니다. 크리스천이 세
상을 살아가면서 기적을 체험하고 일으키는 것은 하나님께서 함
께하신다는 보증입니다. 하나님께서 함께 하신다는 증거는 기사
와 이적이라고 할 수가 있습니다. 하나님은 이스라엘 민족을 인
도하실 때 기사와 이적을 통해서 인도하셨습니다. 기사와 이적을
눈으로 보면서 하나님의 인도를 받았다는 것입니다. 하나님은 성
도를 기사와 이적을 눈으로 보면서 축복의 땅으로 들어가게 하십
니다. 하나님은 살아계시기 때문에 말씀하신 것을 그대로 이루시
는 하나님이십니다. 그래서 하나님은 성도들에게 기사와 이적을
보게 하면서 축복의 땅으로 인도하십니다.

예를 들어 설명하면 예수를 믿은 성도가 교회에 들어가서 신
앙생활을 합니다. 신앙생활을 하면 할수록 영육으로 좋은 변화가
나타나야 한다는 것입니다. 기적을 체험해야 한다는 것입니다.
하나님은 기적의 하나님이시기 때문에 반드시 크리스천의 삶에

기적이 일어나도록 역사하시면서 믿게 하십니다. 이는 하나님이 함께하시기 때문에 나타나는 현상입니다. 반대로 예수를 믿고 교회에 들어와 믿음생활을 열심히 하는데 영육의 변화가 없고 환경의 어려움이 떠나가지 않고 더 힘들어 진다면 하나님이 함께하지 않는 증거입니다. 빨리 원인을 찾아 해결해야 합니다. 성도가 예수를 믿으면서 영육으로 좋은 변화가 나타나는 현상은 하나님이 기사와 이적을 보이면서 축복의 땅으로 인도하시는 증표입니다. 이 기사와 이적을 놓지 말고 따라가야 합니다.

우리 가정에 물이 들어오기 까지는 정수장에서 수도관을 통해서만 수돗물이 들어 올 수 있습니다. 이와 같이 성경을 통해서 복을 받는 사람들의 맥을 살펴보면 복을 받을 수 있는 통로를 잘 알 수 있습니다.

창세기 27장 27절에 보면 아버지 이삭을 통해서 아들에게 복이 전수 되는 것을 볼 수 있습니다. "그가 가까이 가서 그에게 입 맞추니 아비가 그 옷의 향취를 맡고 그에게 축복하여 가로되 내 아들의 향취는 여호와의 복 주신 밭의 향취로다 하나님은 하늘의 이슬과 땅의 기름짐이며 풍성한 곡식과 포도주로 네게 주시기를 원하노라 만민이 너를 섬기고 열국이 네게 굴복하리니 네가 형제들의 주가 되고 네 어미의 아들들이 네게 굴복하며 네게 저주하는 자는 저주를 받고 네게 축복하는 자는 복을 받기를 원하노라" 고 말했습니다.

이렇게 아버지를 통해서 아들에게 복이 흘러가는 것을 볼 수 있습니다. 우리는 자녀들에게 기도로 축복을 하여야 합니다. 이것은 바로 성경적입니다. 기도의 자녀는 망하는 법이 없다고 합니다. 탕자 어거스틴이 성자가 되기까지는 어머니의 기도가 있었기 때문입니다. 부모는 자녀에게 축복의 통로가 되어야 할 것입니다. 민수기 6장22절에는 이스라엘의 지도자 모세를 통하여 이스라엘 백성에게 복이 내려지는 것을 볼 수 있습니다.

"아론과 그의 아들들에게 이르기를 너희는 이스라엘 자손을 위하여 이렇게 축복하여 이르되 여호와는 네게 복을 주시고 너를 지키시기를 원하며 여호와는 그 얼굴로 네게 비추사 은혜 베푸시기를 원하며 여호와는 그 얼굴을 네게로 향하여 평강 주시기를 원하노라 할지니라 하라. 그들은 이같이 내 이름으로 이스라엘 자손에게 축복할 지니 내가 그들에게 복을 주리라"고 하십니다. 오늘날 교역자는 맡겨주신 양떼들에게 축복의 통로가 되어야 할 것입니다.

사무엘상 1장17절에도 보면 엘리가 한나에게 축복의 기도하는 내용을 볼 수 있습니다. "엘리가 대답하여 가로되 평안히 가라 이스라엘의 하나님이 너의 기도하여 구한 것을 허락하시기를 원하노라"하면서 축복하는 것을 볼 수 있습니다. 엘리제사장이 자녀들을 하나님의 말씀으로 잘 양육하지 못하고 하나님의 기뻐하시는 일을 하지 못하는 엘리 제사장이었지만 그의 축복 기도는 한나에게 흘러들어가서 사무엘을 잉태하는 축복을 받았습니다. 우리는 하나님의 말씀을 순종하여 직접 복을 받을 수도 있지만 부모를 통해서 축복의 통로가 되고 오늘날의 교역자를 통해서도 성도들에게 축복의 통로가 된다는 사실을 알아야 하겠습니다.

하나님은 이스라엘 백성들을 가나안 땅으로 인도하실 때 기사와 이적을 통하여 그들을 축복의 땅으로 인도하셨습니다. 하나님은 살아계시기 때문에 말로만 하시는 것이 아니고, 눈으로 보이는 기사와 이적을 통하여 하나님의 역사를 나타내시고 이스라엘 백성들이 믿고 따라가도록 하셨다는 것입니다. 성령의 인도를 받는 우리도 영의 눈을 열어 하나님의 기사와 이적을 보고 따라가야 할 것입니다. 기사와 이적이 나타나는 것은 하나님이 함께 하신다는 것의 보증입니다. 하나님의 역사를 눈으로 보는 성도가 되어야 합니다. 그래야 하나님의 축복을 받으면서 살아가는 성도가 될 수가 있습니다. 하나님이 이스라엘 백성을 축복의 땅으로 인도하실 때 사용한 기사와 이적은 이런 것들이 있습니다.

첫째, 홍해를 가른 사건. 하나님의 명령대로 모세가 바다 위로 손을 내밀었더니 여호와께서 큰 동풍을 불게 하셨고, 바닷물이 물러가기 시작했습니다. 그리고 바다 한 가운데로 길이 나게 되었습니다. 그러자 이스라엘 백성들이 바다 가운데를 마른 땅처럼 걸어가게 되었고, 물은 그들의 좌우에 벽이 되었다고 성경은 말합니다. 나중에 애굽 사람들, 바로 왕의 말들, 병거들과 마병들이 다 이스라엘 자손들을 추격하기 위해 그 바다 가운데로 들어왔습니다. 하나님은 그 순간에 불과 구름 기둥으로 애굽 군대를 어지럽게 해서 이스라엘을 추격하지 못하도록 막았습니다. 그리고 이스라엘 자손들이 홍해를 다 건너자 하나님은 모세에게 "네 손을 내밀어 물이 애굽 사람들과 그들의 병거와 마병들 위에 다시 흐르게 하라"고 했습니다. 모세는 하나님의 명령에 따라 지팡이를 든 그의 손을 다시 바다 위로 내밀자, 그 순간 바다의 힘이 회복되었습니다. 바닷물이 애굽 사람들 위에 덮쳤고 그들은 그곳, 바다에서 다 죽게 되었습니다. 하나님은 이렇게 이스라엘 자손들을 애굽 사람의 손에서 구원하셨습니다. 이스라엘 자손들은 하나님께서 애굽 사람들에게 행하신 그 큰 능력(기사와 이적)을 두 눈으로 똑똑히 보고 여호와 하나님을 경외하며 하나님과 그의 종 모세를 믿고 따르게 되었다고 성경은 말합니다.

둘째, 메추라기 사건. 이스라엘 사람들의 원망에 대해서 하나님은 진노로 응답하셨습니다. 먼저 하나님은 그들의 소원을 들어 주셨습니다. 얼마나 메추라기를 많이 주셨는지 사방으로 하룻길 되는 지면 위 두 규빗 쯤 내리게 하셨습니다. 하지만, 이 기도의 응답은 그들에게 복이 아니라 저주가 되었습니다. 왜냐하면, 하나님은 "고기가 아직 잇사이에 있어 씹히기 전에" 심히 큰 재앙으로 이스라엘을 치셨기 때문입니다. 이스라엘에 있어서 메추라기를 먹었던 그곳은 바로 그들에게는 무덤이 되어버렸습니다.

셋째, 마라의 쓴물을 달게 하신 사건. 이스라엘 백성들은 마라의 쓴 물을 마시고는 즉각 원망과 불평을 터뜨립니다(출15:24절). 모세가 고통 속에서 기도할 때 하나님께서는 모세의 눈을 열어 한 나무를 보게 하시더니, 그 나무로 쓴 물을 달게 하셨습니다(25절). 그리고 하나님은 스스로를 "나는 치료하는 여호와임이니라"고 말씀하십니다(26절). 우리 하나님은 인생을 치료해 주시고 회복해주시는 사랑의 하나님이심을 믿으시기 바랍니다. 하나님께서는 우리 인생들의 실망과 슬픔과 아픔을 씻어주시고 고쳐주시려고 이미 한 나무를 예비해 놓으셨습니다. 그것이 바로 십자가입니다. 모세에게 한 나무를 지시하여 보게 하시고, 그 나무를 물속에 던져 넣으므로 마라의 쓴 물을 달게 하신 것입니다. 이것이 바로 예수 그리스도의 십자가 은혜입니다.

넷째, 불 뱀 사건. 이스라엘 백성들은 광야 생활을 하게 되는데 광야 생활 중 하나님과 모세를 원망하게 되자 하나님께서 보내신 뱀에 물려 많은 사람들이 죽게 됩니다.

그러자 백성들은 모세에게 몰려가 "우리가 하나님과 당신에게 원망하는 범죄를 저질렀으니 하나님께 기도하여 이 뱀들을 물러가게 해주시오" 하고 부탁 하였습니다. 그 부탁을 듣고 모세가 기도하자 하나님께서는 모세의 기도를 들어 주시며 뱀을 만들어 장대위에 매달아 물린 자마다 그것을 쳐다보면 살수 있다고 말씀하셨습니다. 이 말씀을 듣고 모세는 놋으로 뱀을 만들어 장대위에 매달고 뱀에게 물린 자들은 그 장대에 매달린 뱀을 쳐다보고 낫게 되었습니다.

하나님은 이렇게 이스라엘 민족을 기사와 이적을 보게 하면서 축복의 땅으로 인도 하셨습니다. 하나님을 바르게 따라가고 있느냐를 분별하려면 이렇게 해야 합니다. 하나님을 따라가다가 문제가 발생할 때 하나님에게 기도하여 응답을 받고 선포하고 행동에 옮겼을 때 이루어져야 한다는 것입니다. 막혔던 길이 열려야 한다는 것입니다. 하나님은 살아서 역사하시는 하나님이시기 때문입니다. 말만 하시는 하나님이 아니시고 말씀하신 것이 이루어지게 하시는 분입니다. 하나님이 이스라엘 백성들이 전혀 알지 못할 뿐만 아니라 이후에도 알 수 없는 만나라고 하는 독특한 양식을 먹이는 경험을 하게 한 까닭은 그들로 하여금 "낮아지고 시험을 받아 마침내는 복을 얻게 하기 위함"이었습니다. 그것은 곧 하나님의 입으로 나오는 모든 말씀을 따라서 살아가게 하기 위함인 것이지요. 하나님의 말씀을 따라서 사는 삶을 위해서 하나님은 전에 없었던 기적을 행하신 것입니다.

다섯째, 우리가 보고 따라야 하는 보증 증표. 성령의 음성에 대한 보증 적인 역사란 무엇입니까? 하나님의 뜻과 같으니 보이는 역사가 나타나는 것입니다. 하나님은 성도에게 자신의 음성을 확신시키기 위하여 반드시 보증 적인 역사를 하심으로 믿음을 도우셨습니다. "저희가 서로 말하되 길에서 우리에게 말씀하시고 우리에게 성경을 풀어 주실 때에 우리 속에서 마음이 뜨겁지 아니하더냐 하고(눅 24:32)" 풀어줄 때에 가슴이 뜨겁지 안 터냐는 바로 주님은 우리에게 그의 음성을 확신시키기 위하여 보증적인 역사를 하신다는 것입니다. 예를 들면 우리가 들은 음성에 대해 말할 때, 또는 들을 때, 아멘이 나오고 저절로 고개가 끄떡여지는 것을 들 수 있습니다. 그 말을 할 때나 들을 때 찌릿 찌릿 하거나 가슴이 뜨거워집니다. 감동이 옵니다. 눈물이 나기도 합니다. 음성을 듣는 순간 불안함이 사라집니다. 진리가 깨달아 집니다. 그래서 그랬구나하고 감동이 옵니다. 내 안에서도 생각으로 같이 음성이 들립니다. 역사가 일어납니다. 보이는 증표가 보입니다. 환경에 기적이 나타납니다. 꼬이던 문제가 성령의 감동에 순종했더니 해결이 됩니다. 질병으로 고생하면서 기도했더니 어느곳을 가라고 감동하여 갔더니 질병이 호전되기 시작합니다. 우울증으로 고생하는데 어떤 분이 충만한 교회에 집회에 가보라고 해서 집회에 참석했더니 하루 만에 우울증이 호전이 되는 것이 느껴집니다. 그렇다면 성령의 인도가 맞는 것입니다. 몇 주더 다니면 완전하게 치유가 됩니다. 당장 치유가 되지 않는다고 해도 인내해야 합니다. 하나님은 인내를 시험하시기 때문입니다. 좌우지간 크리스천은 성령의 보증적인 역사를 구하고 보고 따라가야 합니다. 성령의 감동에 순종했더니 환경에 증표가 나타나는 것은 살아계신 하나님께서 함께 하신다는 증거입니다.

우리 크리스천들이 기적을 체험하려면 하나님께서 함께 하시는 것을 볼 수 있어야 합니다. 예를 든다면 어떤 목사님이 목회하시다가 과로하여 영적이고, 정신적이고, 육체적인 질병이 발생하여 목회를 제대로 할 수가 없어서 2년여 동안 이곳저곳을 헤매며 치유를 받으려고 했습니다. 능력이 있다는 유명한 목사님에게 안수를 받기를 수도 없이 했다는 것입니다. 병원에 가서 처방을 받아 약을 먹어도 소용이 없었습니다. 한의원에 가서 침을 맞고 한약을 먹어도 소용이 없었습니다. 결국 치유를 받지 못했습니다. 그러다가 새벽에 기도하는데 기독서점에 가서 책을 사서 보라는 감동이 오더랍니다. 시간이 되어 책을 사려고 기독서점에 갔습니다. 신간 책장에 보니까, "대적기도로 문제 해결하는 비밀"이라는 제목의 책이 눈에 들어오더라는 것입니다. 그래서 사서 읽다가 문득 이곳에 가면 자신의 문제를 해결 받을 수 있다는 강한 감동이 오더랍니다. 그래서 프로그램을 확인하니 도요일 날 개별 집중치유가 있어서 예약하고 오셔서 필자하고 상담하고 치유를 받기 시작했습니다. 첫날 치유를 받고 나니 정신이 돌아오고 마음이 가볍고 몸이 홀가분해지더랍니다. 자신의 문제를 완전하게 해결 받을 수 있다는 믿음이 생기더라는 것입니다. 이것이 성령께서 주시는 보증의 역사입니다. 그래서 몇 주더 다니면서 완전하게 치유 받고 영과 육이 정상적이 되었다는 것입니다. 교회도 전과 같이 회복이 되었다는 것입니다. 이것이 성령의 인도이고 보증의 역사이고 증표입니다. 성령님이 함께 하시니 불치의 병이 기적적으로 치유된 것입니다. 이렇게 성령의 감동을 받고 행동에 옮겼으면 증표가 나타나야 하나님께서 함께하시는 것입니다. 이 정도가 되면 하나님의 함께하심을 눈으로 보면서 따라가 수가 있는 것입니다. 기적을 체험하고 일으킬 분들은 무엇보다도 눈으로 보이는 보증의 역사에 관심을 가져야 합니다. 기적이 일어나는 것은 하나님께서 함께하신다는 증거이기 때문입니다. 그러나 아무런 증거도 나타나지 않는다는 것은 하나님께서 함께하시지 않는다는 것입니다.

하나님을 우리는 기적을 행하시는 분으로 알고 있습니다. 기사와 이적이라는 신약의 용어는 누가가 즐겨 사용한 표현인데 공관복음에서는 이 말보다는 권능이라는 말을 더 사용했다는 점을 보면 기적이라는 표현은 누가 개인의 신앙 성향에 기인하는 면이 있는 것입니다. 기사와 이적은 새로운 일을 행하시고자 하실 때 주님이 주로 사용하시는 방법인데, 하나님을 따라가는데 기사와 이적이 없다면 우리는 하나님의 새로운 일을 경험할 수 없을 것이며, 새로운 역사 속으로 들어가는 일도 없을 것입니다. 반드시 하나님이 말씀하신대로 기사와 이적이 나타나야 하나님이 인도하시는 것입니다. 하나님은 영이시지만 살아계시기 때문에 반드시 눈으로 볼 수 있는 보증(증표)의 역사로 성도들을 인도하십니다. 말만하시는 하나님이 아닙니다. 이스라엘 사람들이 체험한 기사와 이적은 광야라고 하는 척박한 환경에서 일어났으며, 그것은 이스라엘로 하여금 살아계신 하나님께서 동행하신다는 것을 믿으라는 것입니다. 기사와 이적은 그 목적이 복을 받게 하기 위함이라는 점을 고려할 때 우리가 오히려 사모하면서 즐겁게 통과해야 하는 과제일 것입니다. 그럼에도 불구하고 우리는 기사와 이적에 대해서 두려워하거나 부정적인 시각을 가지고 있습니다.

예수께서 수많은 이적을 행할 때 그것을 적극적으로 비난하고 거부한 사람들이 바리세인들이었으며, 제사장과 율법학자들이라는 점은 오늘날에도 다르지 않을 것입니다. 기사와 이적은 축복에 이르기 전에 반드시 통과해야 하는 시험이며, 그렇기 때문에 모호하고 두려운 생각을 만들어내는 것이기도 합니다. "열조가 알지 못하였다"는 말씀처럼 그것은 아주 생소한 것이었으며, 혼동과 갈등을 만들어내기에 충분한 것입니다.

기사와 이적은 그것을 처음 경험할 때는 신기하고 놀라운 것이지만, 곧 무의미하고 때로는 지겨운 것일 수도 있습니다. 이스라엘이 만나를 처음 만났을 때는 대단히 신기한 것이었습니다. "만나"라는 말이 의미하는 것처럼 "이것이 무엇이냐?"라는 호기심을 불러일으키기에 충분합니다. 우리는 가장 손쉬운 영적 변화로 방언을 들 수 있을 것입니다. 처음 경험하였을 때 누구나 충격을 받을 것입니다. 기사와 이적은 하나님이 함께 하신다는 표징이 됩니다. 반드시 하나님은 말씀하시고 행하시는 살아계신 하나님이십니다. 보증의 역사와 증표를 보는 것을 음성 듣는 것보다 더 중요하게 생각해야 합니다. 그래서 살아계신 하나님과 관계가 돈독해질 수 있습니다. 우리는 하나님의 기사와 이적을 눈으로 볼 수 있는 눈이 열려야 합니다. 영의 눈은 성령으로 세례를 받은 다음에 열리는 것이 보통입니다. 그래서 성도는 성령으로 세례를 받는 것이 필수입니다. 성령의 세례를 받아야 살아계신 성령께서 자신을 지배하고 주장하므로 하나님의 음성을 듣고 행동에 옮기거나 선포할 때 기사와 이적이 나타나는 것입니다.

우리는 반드시 기사와 이적을 보고 따라가야 합니다. 기사와 이적이 나타나는 것은 하나님이 함께 하신다는 증거가 되기 때문입니다. 그러니까, 우리는 성령의 음성을 듣고 따라가는데 기사와 이적이 없고 변화가 일어나지 않는다면 하나님이 함께하지 않는다는 증거입니다. 하루라도 빨리 성령으로 기도하여 원인이 무엇인지 알아내어 회개하고 바로 잡아야 합니다.

우리가 하나님을 따라가는 것은 생각하는 것과 같이 순조롭지 못합니다. 마귀가 훼방을 하기 때문입니다. 마귀는 어찌하든지 성도가 하나님을 따라가지 못하도록 방해합니다. 그렇기 때문에 하나님은 우로나 좌로나 치우치지 말라고 하시는 것입니다. 하나님에게 집중하고 세상을 바라보지 말라는 것입니다. 누가 무어라고 속삭여도 귀 기울이지 말고 하나님만 바라보고 따라가라는 것입니다. 따라다가 상황이 어려워질 수도 잇습니다. 그러나 방향을 바꾸지 말고 가던 길을 계속해서 가야 합니다. 필자의 체험으로는 상황이 좋지 않더라도 하던 일을 계속하다가 보면 다시 상황이 좋아집니다. 하나님을 따라가는 증거는 무엇으로 나타날까요. 하나님은 성도가 함께하신다는 것을 알게 하기 위하여 환경에 보이는 보증의 역사로 알게 하십니다. 그렇기 때문에 세상 바라보지 말고 다른 곳에 눈을 돌리지 말고 오로지 하나님만 바라보고 따라가야 합니다.

성령으로 충만 하려고 의지적인 노력을 해야 합니다. 모든 것이 말씀과 성령으로 분별되기 때문입니다. 마귀는 할 수만 있으면 성도를 미혹합니다. 미혹에 속지 않고 하나님을 따라가려면 성령으로 충만해야 합니다. 성령으로 충만하려면 무시로 기도해야 합니다. 저는 길을 걸어갈 때나 집안일을 할 때나 전철을 타고 갈 때나 화장실에서 볼일을 볼 때나 할 것 없이 마음으로 하나님을 찾는 기도를 합니다. "하나님 사랑합니다." "하나님 도와주세요." "하나님 어떻게 해야 합니까?" "하나님 알려주세요" "하나님 제가 무엇을 해야 합니까?" 항상 성령의 임재 상태가 되도록 하나님을 찾습니다. 제가 이렇게 기도하는 이유는 성령으로 충만해야 하나님의 음성을 들을 수가 있고 하나님을 따라갈 수가 있기 때문입니다. 제일 중요한 것은 마귀가 하나님을 따라가는 길을 방해하지 못하도록 하기 위함입니다. 이렇게 기도를 하면 하나님이 역사하시는 것을 눈으로 볼 수가 있습니다. 하나님은 우리가 생각할 수도 없고 이해할 수도 없는 기사와 이적으로 역사하실 때가 있습니다.

성령의 감동을 받고 하나님을 따라가는데 기사와 이적이 없다는 것은 하나님이 함께 하시지 않는다는 증거입니다. 빨리 원인을 찾아서 해결하여 하나님이 예비한 길을 찾아 가야 합니다. 시간을 끌면 끌수록 하나님과 관계는 멀어지는 것입니다. 어디에서부터 잘못되었는지 되짚어 보고 원인을 찾아 해결해야 합니다. 우리는 모두 하나님의 복을 받을 성도들이 아니라, 이미 하나님의 복을 받은 성도들입니다. 나는 하나님의 축복을 받았다. 나는 하나님의 축복을 받았다. 마음으로 되새기며 하나님이 함께 하심으로 일어나는 기사와 이적을 따라 가시를 바랍니다.

그러면 반드시 하나님이 예비하신 축복의 땅으로 들어가게 됩니다. 여기서 한 가지 알아야 할 것은 하나님을 따라가면 모든 상황이 좋아진다는 것입니다. 그러므로 하나님이 자신과 함께 하시는 것을 바르게 알려면 상황이 좋아지고 막힌 것들이 풀어지는 것을 보면 알 수가 있습니다. 반드시 하나님이 함께하시면 상황이 좋아지는 것입니다. 이는 구약에 나오는 우리의 믿음의 조상들을 보면 알 수가 있는 것입니다. 아브라함도 상황이 점점 좋아졌습니다. 이삭도 환경이 점점 좋아졌습니다. 야곱 역시 생활환경이 점점 좋아졌습니다. 요셉역시 환경이 점점 좋아졌지 않습니까?

그러므로 자신에게 하나님이 함께 하시는가 안 하시는가 알려면 환경이 좋아지느냐 변화가 없거나 어려워지는가를 보면 밝히 알 수가 있는 것입니다. 환경에서 역사하는 하나님을 영안으로 보시기를 바랍니다. 하나님의 역사를 눈으로 볼 수 있는 영안이 열려야 합니다. 영안은 말씀을 삶에 적용할 때 열리는 것입니다. 가만히 앉아서 영안이 열리기를 기다린다면 영안은 열리지 않습니다. 말씀을 삶에 적용하면서 하나님을 따라갈 때 영안이 밝히 열리는 것입니다. 우리가 하나님에게 집중하지 않고 하나님의 역사를 따라가지 않으면 절대로 축복을 받을 수가 없습니다. 영안을 열어 하나님의 역사를 따라가기를 바랍니다. 하나님께서 자신과 함께하시는 것을 믿게 하기 위하여 레마를 받아 움직일 때 반드시 보이는 기적의 역사가 일어납니다.

충만한 교회는 말씀과 성령으로 성도들의 내면세계를 깨워서 지금 천국과 아브라함의 복을 누리며 군사로 쓰임 받다가 주님이 오라고 하시면 영원한 천국에 입성하는 성도되는 것을 목표로 훈련합니다. 하나님께서 부여하신 권능을 사용하여 세상을 장악하게 합니다. 그래서 주일날도 내면을 강하게 하고 강한 성령의 역사가 일어나는 역동적인 예배를 드립니다. 예배 시간은 1부 11:00-/ 2부 13:30-입니다. 영적인 눈이 열리고 사고가 영적으로 변하는 말씀을 준비하여 교재로 제공하고 설교를 합니다. 기도를 40분 이상 히면서 담임 목사가 일일이 안수하여 성령으로 충만 받도록 합니다. 자신의 영을 자신이 지킬 수 있는 강한 성도가 되게 훈련하고 있습니다.

9장 기적은 담대한 믿음으로 체험한다.

(롬 4:17-24)"기록된바 내가 너를 많은 민족의 조상으로 세웠다 하심과 같으니 그가 믿은바 하나님은 죽은 자를 살리시며 없는 것을 있는 것으로 부르시는 이시니라. 아브라함이 바랄 수 없는 중에 바라고 믿었으니 이는 네 후손이 이 같으리라 하신 말씀대로 많은 민족의 조상이 되게 하려 하심이라. 그가 백세나 되어 자기 몸이 죽은 것 같고 사라의 태가 죽은 것 같음을 알고도 믿음이 약하여지지 아니하고, 믿음이 없어 하나님의 약속을 의심하지 않고 믿음으로 견고하여져서 하나님께 영광을 돌리며, 약속하신 그것을 또한 능히 이루실 줄을 확신하였으니 그러므로 그것이 그에게 의로 여겨졌느니라. 그에게 의로 여겨졌다 기록된 것은 아브라함만 위한 것이 아니요. 의로 여기심을 받을 우리도 위함이니 곧 예수 우리 주를 죽은 자 가운데서 살리신 이를 믿는 자니라"

하나님의 말씀을 믿으면 하나님의 영광을 봅니다. 기적적으로 영육의 질고를 치유 받습니다. 귀신이 떠나갑니다. 문제를 해결받습니다. 성령의 권능을 받습니다. 하나님은 전능하신 분이십니다. 죽은 자도 살리시고, 천지 만물을 말씀으로 창조하시기도 하셨고, 놀라운 기적의 역사를 행하셨습니다. 하나님은 무엇이든지 하십니다. 그렇지만 히브리서 6장 17-18절에 하나님은 거짓말만은 하실 수 없다고 했습니다. 하나님의 입에서 나온 약속의 말씀은 틀림없이 믿는 자에게 다 이루어진다고 했습니다. 이 성경은 하나님의 약속이고 하나님의 말씀입니다. 하나님의 약속을 소유하는 것 자체가 바로 믿음입니다. 하나님께서 말씀하신 것은 모두 이루신다는 것을 알고 믿으니까 순종하는 것입니다. 순종하는 사람은 하나님과 같은 영적인 사람입니다. 하나님을 사랑하는 사람입니다. 순종하니 하나님께서 기적을 행하시는 것입니다. 기적을 체험하려면 순종이 중요합니다

첫째, 하나님의 약속을 소유하라. 하나님께서 하신다는 이 약속의 말씀을 소유하지 않고 그냥 교회에 와서 "주여 믿습니다!" 한다고 해서 믿는 것이 아닙니다. 하나님의 약속을 자신이 소유하는 것입니다. 자신의 심령과 영혼 속에 소유할 때 그것이 믿음이 되는 것입니다. 본문에는 하나님은 약속하신 것을 변개 하지 않으시고 능히 이루실 줄을 아브라함은 믿었다고 했습니다.

하나님은 그 아브라함의 믿음을 의로 여기시고 즉 인정해 주시고 100살 때 아들이삭을 낳게 하신 것입니다. 아브라함이 하나님의 약속은 확실하게 이루어질 것을 믿었기 때문에 하나님께서 그 믿음을 보시고 아브라함에게 귀한 응답을 주신 것입니다. 그러므로 우리의 믿음은 하나님의 약속을 소유하는 것입니다. 저는 그런 약속을 소유하고 있습니다.

"병든 자에게 손을 얹은즉 나으리라." 하는 약속을 갖고 있습

니다. 그래서 그대로 하나님의 말씀으로 믿고 병든 사람에게 손을 얹었더니, 저의 믿음을 하나님께서 기쁘게 여기시고 고쳐주시고 계십니다. 병든 사람에게 손을 얹었을 때 하나님께서 저의 믿음을 보시고 성령으로 역사하셔서 병을 고쳐주셨습니다.

저는 말씀대로 오늘도 기적이 일어난다. 그 믿음을 갖고 있습니다. 성경에는 삼만 이천 오백여 가지의 약속이 있다고 합니다. 예수가 오심으로써 삼만 이천 오백여 가지의 약속이 다 이루어졌습니다. 그런데 "예수가 다시 오리라."하는 것만 안 이루어졌습니다. 지금도 하나님은 믿는 자들에게 그분의 약속을 이루어주시고 있지만 "내가 다시 오시리라, 예수가 다시 강림하리라, 재림하리라." 하는 약속만은 이루어지지 않고 있습니다. 그것도 반드시 이루어질 것을 믿으셔야 합니다.

우리가 어린 아이 같은 믿음만 가지면 위대한 능력이 나옵니다. 성경은 전부 믿는 자에게 약속했습니다. 안 믿는 자에게 역사하지 않습니다. 소용없습니다. 이 책을 읽는 분들도 말씀을 듣고 불같은 성령을 체험하고, 잘 배우면 기적적인 병 고치는 능력이 나옵니다. 하나님은 병을 고쳐주기를 원하시는 치유의 하나님이시기 때문입니다.

우리는 마른 막대기 같은 인생입니다. 먼지와 티끌에 불과합니다. 우리는 진흙에 불과합니다. 진흙 한 덩어리에 무슨 역사가 일어납니까? 그러나 마른 막대기에도 하나님의 능력의 말씀이 임했기 때문에 아론의 지팡이에서 싹이 나고, 꽃이 피고, 살구 열매를 맺었습니다. 아론의 지팡이는 살구나무 지팡이였기 때문에 살구 잎이 나오고, 살구꽃이 피고, 살구 열매가 맺은 것입니다. 믿음을 어렵게 생각하지 말아야 합니다. 우리는 마른 막대기 같은 인생이고 진흙에 불과한 인생이지만, 하나님의 약속을 소유할 때 우리에게서 성령으로 능력이 나타나는 것입니다.

마가복음 9장 23절에 "할 수 있거든이 무슨 말이냐 믿는 자에게는 능치 못할 일이 없느니라." 했습니다. 믿음을 가진 자는 능력이 있습니다. 믿음이 무엇입니까? 하나님의 약속을 믿고 소유하는 것입니다. 하나님의 약속을 믿고서 병든 사람에게 손을 얹으면 낫는다고 했습니다. 손을 얹어 병을 고치는 기적을 일으킬 수가 있습니다.

둘째, 말씀에 기록된 기적을 믿어야 한다. 우리는 기적을 믿는 사람들입니다. 우리는 무조건 믿는 사람들이 아닙니다. 그러므로 믿음을 가진 사람들이 능력 있는 것입니다. 예수께서 어떻게 일을 하셨습니까? 예수께서 자기의 지혜와 자기의 능력으로 일을 하셨습니까? 마태복음 4장에 마귀가 예수께 와서 "배고프지? 돌멩이가 떡이 되게 해서 먹어봐라."하고 유혹을 했습니다. 그때 예수께서는 "너 마귀야, 이놈아! 너 내 능력을 모르냐? 내 지혜를 모르냐? 내 권세를 모르냐? 이놈아 물러가라." 하고 말씀한 것이 아니라, 성령의 인도를 받으며 성경에 기록된 하나님의 말씀 곧 "기록되었으되 사람이 떡으로 살 것이 아니요. 하나님의 입에서 나온 말씀으로 살리라."하신 말씀으로 마귀를 물리치셨습니다.

자기의 지혜와 자기의 능력으로 하신 것이 아니라, 신명기 8장 3절의"기록되었으되 사람이 떡으로만 살 것이 아니요. 하나님의 입에서 나온 말씀으로 살 것이다."하는 말씀으로 물리치신 것입니다. 마태복음 4장 4절에 기록돼 있는 말씀은 이미 구약성경 신명기 8장 3절에 기록된 말씀입니다. 예수께서는 말씀에 의해 마귀가 물러갈 것을 믿었기 때문에"사람이 떡으로만 살 것이 아니요. 하나님의 입에서 나온 말씀으로 살 것이다."하고 말씀하신 것입니다. 또 마귀가 유혹했을 때 예수께서는 "사단아 물러가라 기록되었으되 다만 하나님께 경배하고 그를 섬기라 하였느니라." 하고 물리치셨습니다.

우리는 자기의 지혜를 전하는 것이 아닙니다. 우리의 이성과 지식과 힘을 자랑하는 것이 아닙니다. 기록된 하나님의 약속의 말씀을 우리가 소유하는 것이 능력입니다. 말씀을 듣고 심령에 새기고 성령의 감동에 따라 선포하니 자신 속에서 능력이 나와서 문제들이 해결되는 것입니다. 안수 받아서 될 것 같으면 안수 한 번 해주고 말 것입니다. 책을 읽는 분에게 능력이 나오라고, 곧 믿음을 가져서 생수의 강물이 흘러나라고 이 책을 쓰는 것입니다.

믿음이 능력입니다. 예수께서 기록된 말씀으로 마귀를 물리쳤으니 우리도 기록된 약속의 말씀을 내 것으로 소유하기 위해서 성경도 많이 보고, 하나님의 말씀을 듣고 믿음을 소유해야 합니다. 능력이 다른 게 아닙니다. 하나님의 약속의 말씀은 어디로 들어갑니까? 어떤 사람들은 "목사님 저는 머리가 나쁜가 봐요. 목사님이 설교한 것을 돌아서면 잊어버려요." 하고 말을 합니다.

성경에 나오는 것 다 기억하는 사람은 머리 터져 죽습니다. 하나님이 우리에게 지식적으로 기억하지 못하게 하신 것이 얼마나 축복입니까? 억울한 일 당한 일부터 시작해서 지금부터 30년 40년 50년 살면서 있었던 일을 전부 기억한다면 밤에도 잠자지 못합니다. 그러다가 불면증에다가 우울증까지 걸립니다. 한 가지 추가하여 말씀을 드리면 불면증이나 우울증이 있는 분들을 치유할 때는 본인의 믿음의 분량을 가늠하고 잠재의식의 상처를 치유하고 축사를 해야 합니다. 믿음이 자랄 때까지 인내하며 기다려야 합니다. 본인이 예배나 집회에 참석하여 말씀을 듣고 스스로 기도하여 믿음이 생겨야 치유가 되기 시작하는 것입니다. 성급하게 빨리 낫게 한다고 믿음이 되지 않았는데 축사만하면 더 심해집니다. 기다리시기를 바랍니다. 자꾸 와서 말씀 듣고 안수 받으면 성령으로 장악이 되기 시작하는 것입니다. 말씀과 성령으로 장악이 되면 불면증과 우울증은 떠나갑니다. 성급하게 축사하지 말아야 합니다. 성령이 장악하면 자연스럽게 귀신이 떠나가고 치유가 됩니다. 안수기도를 해달라고 하면 그냥 축복안수기도만 해주어야 합니다. 환자가 성령을 체험하고 말씀을 듣고 믿음이 자라는 만큼씩 치유가 되는 것입니다. 환자나 보호자는 빨리 치유가 되기를 원하지만 절대로 하나님의 뜻은 다릅니다. 바르게 알아야 합니다. 제가 많이 실수를 해보아서 알려드리는 것입니다.

세상 지식은 머리 안에 기억이 됩니다. 그러나 하나님의 영적 지식은 우리의 영혼 속에 들어가는 것입니다. 성령께서 우리 심령에 기록하시는 것입니다. 성경 구절 달달 외우는 것은 지식적으로 하는 것입니다. 그러므로 성경을 읽은 후 지식적으로는 잊어버렸을지라도 영혼은 먹습니다. 먹고서 보이지 않는 믿음이 자꾸 성장하는 것입니다. 콩나물시루에 물을 주면 물은 밑으로 빠져나가도 콩나물은 크듯이 우리의 영혼은 지식적으로는 말씀을 기억하지 못해도 믿음은 쭉쭉 크는 것입니다.

믿음은 바로 약속을 소유하는 것입니다. 요한복음 15장 7절에 "너희가 내 안에 거하고 내 말이 너희 안에 거하면 무엇이든지 원하는 대로 구하라 그리하면 이루리라" 했습니다. "너희가 내 안에 거하고, 내 말이 너희 안에 거하면" 하는 말씀은 "나의 약속을 너희가 소유했거든." 하는 말입니다. "내 약속을 네가 소유했다면 무엇이든지 원하는 대로 구하라 그리하면 이루리라." 하는 것입니다. 자기감정과 기분으로 기도하는 것이 아닙니다. 약속에는 보장이 있습니다. 하나님의 약속에는 응답 받는 보장이 있습니다. 그래서 요한복음 15장에 "너희가 내 안에 거하고."하는 것은 "예수 믿고."하는 것이고, "내 말이 너희 안에 거하면"하는 것은 "내 약속을 소유했거든." 하는 뜻입니다. 약속을 소유하고 기도해야 합니다. 그럴 때 기적을 체험하게 됩니다. "내 말이 너희 안에 거하면 무엇이든지 원하는 대로 구하라 그리하면 이루리라." 하는 것은 "약속을 가진 자만 응답 받는다."하는 것입니다. "내 약속을 너희가 소유했거든 무엇이든지 원하는 대로 구하라 그리하면 이루리라." 하신 말씀을 믿으셔야 합니다.

많은 사람들이 믿음을 갖지 않고 있기 때문에 신앙생활을 실패하고 신앙의 집을 자꾸 무너뜨리는 것입니다. 믿음을 갖고 있지 않으면 성장하는 것 같으면서도 바람 풍파만 조금 불어도 흔들리고 창수가 나서 무너지는 것입니다. 믿음이 하나님의 약속 위에 든든히 기초를 하지 못하고 있기 때문에 자꾸 흔들리는 것입니다.

그래서 조금만 시련이 와도 교회 안 간다고 하고 예수 믿지 않겠다고 말을 하는 것입니다. 왜 그렇습니까? 말씀의 약속이 없기 때문입니다. 성령의 은혜가 없기 때문입니다. 기도의 응답도 약속을 가진 사람이 받는 것입니다. 약속을 소유하지 못한 사람도 열심은 냅니다. 그러나 그들의 열심과 노력을 하나님은 인정해 주지 않습니다. 그것은 자기 의이기 때문입니다. 그래 놓고서 "나는 열심히 하고 정성을 드렸는데 왜 응답이 없느냐?" 하고 말을 하지만, 약속이 없이 자기 정성을 드렸기 때문에 응답이 없는 것입니다.

열심히 했는데 응답이 없으면 "하나님 믿어도 헛것이네. 하나님 없는가봐." 하고 말을 합니다. 그러나 우리는 성경대로 약속을 소유해야 합니다. 성령의 인도를 받아 열심을 내야 합니다. 모든 것을 예수 이름으로 해야 합니다. 하나님에게 영광을 돌려야 합니다. 병이 어떻게 고쳐지는 것입니까? 성령의 감동을 받고 순종하면 성령님께서 믿음을 보시고 기적같이 고치시는 것입니다.

셋째, 영혼을 살리는 것이 기적이다. 기적적인 치유라고 해서 육신의 병만 고치자는 것이 아닙니다. 영혼에 믿음이 없던 사람이 믿음이 생긴다면 그 영혼이 치료받고 있다는 증거입니다. 말씀을 듣고서 상쾌하다면 심령이 치료받고 있는 것입니다. 마음의 상처가 치유 받고 있는 것입니다. 우리의 육신을 성령께서 하나님의 말씀으로 고치는 것입니다. 믿음으로 되는 것입니다. 병은 죽이는 것입니다. 병들면 점점 사망의 길로 가게 됩니다. 병은 사망의 시초입니다. 도적이 오는 것은 도적질하고 죽이고 멸망시키는 것이라고 요한복음 10장 10절에 말씀했습니다. 마귀는 병을 일으켜서 죽이고, 도적질하는 자로서 멸망시키는 자입니다. 병이라는 것은 사망의 시초입니다.

그래서 아프면 빨리 기도하고, 안수를 받아야 합니다. 나중에 병이 깊어져서 내장 기능이 파괴되고, 오장육부의 기능이 파괴된 다음에 안수 받고 기도를 할지라도 때는 늦은 것입니다. 귀신과 악령이 떠나갈지라도 파괴돼버리면 회복을 못하고 죽게 됩니다.

그런 경우가 종종 있습니다. 그래서 조금 병들었을 때 귀신이 집을 짓지 못하게 빨리 해결하는 것이 현명합니다. 병이라는 것은 사망의 시초요, 죽이는 것입니다. 마귀는 도적질하고 죽이고 멸망시키는 자입니다. 그러나 말씀은 생명으로서 살리는 것입니다. 말씀의 약속을 소유하면 생명이 있고 살게 되는 것입니다.

그래서 요한복음 6장 63절에 "살리는 것은 영이니 육은 무익

하니라. 내가 너희에게 이른 말이 영이요 생명이라" 했습니다. 주님의 말씀이 영이요, 생명입니다. 약속을 소유하면 우리 속에 생명이 있습니다. 병은 파괴하는 일을 하지만 약속의 말씀을 소유하면 생명이 생기기 때문에 살 수 있는 것입니다. 생명의 말씀을 우리가 약속으로 받으면 생명이 솟아나서 병을 집어삼키는 것입니다.

병은 죽이는 것을 뿌려놓는 일을 하지만 생명은 죽이는 것을 집어삼키는 일을 합니다. 말씀은 생명이기 때문에 생명의 힘이 사망의 세력을 내어 쫓는 것입니다. 고린도전서 15장 54-55절을 봅시다. "이 썩을 것이 썩지 아니함을 입고 이 죽을 것이 죽지 아니함을 입을 때에는 사망이 이김의 삼킨바 되리라고 기록된 말씀이 응하리라 사망아 너의 이기는 것이 어디 있느냐 사망아 너의 쏘는 것이 어디 있느냐" 했습니다.

사망이 성령의 생명에게 삼켜져서 우리에게 치유, 생명, 능력이 나타나는 것입니다. 병은 죽이는 것이고, 사망의 시초이지만 우리에게 약속의 말씀이 생명이 되면 병을 집어삼키는 것입니다. 그래서 "사망이 이김의 삼킨바 되리라." 한 것입니다. 생명력이 없으면 죽습니다. 일찍 죽는 것은 사망이 들어온 것을 이길 만한 생명력이 없기 때문입니다. 억울하지 않습니까?

하나님이 주신 생명가지고 살아야 하는데 무너져 버린다면 어떻게 되겠습니까? 열심히 봉사하고 충성하는 것은 하늘나라에서 받을 상급과 면류관을 준비하는 것입니다. 우리가 건강하려는 이유가 뭡니까? 육체가 살아 있는 동안에 봉사하고, 전도하고, 충성하고 헌신한 것들이 장차 하나님 앞에 가서는 영원한 상급이 되기 때문입니다. 그 상급을 위해서 열심히 영적 투쟁하는 것입니다.

예를 들어서 예수 믿고 구원을 받았는데 일찍 죽었다 합시다. 그래서 영원한 나라에 갔다고 합시다. 그런데 일찍 죽어서 일 한 것이 없다면 상급이 없습니다. 마귀와 귀신이 자꾸 병을 주어서, 사망을 갖다 주는 것은 일찍 죽여서 봉사를 못하게 하려는 것입니다. 시편 23편에는 "사망의 음침한 골짜기로 다닐지라도 해를 받지 아니하며, 원수의 목전에서 상을 얻으리라." 했습니다. 원수가 나를 따라다니고 괴롭히면서 몸을 주저앉혀서 봉사하지 못하게 하고, 상을 타지 못하게 합니다.

그럴지라도 나는 성령의 인도를 받으면서 상을 타기 위해서 봉사하고 충성하고 헌신해야 한다는 마음을 가지고 병을 뿌리치고 나가서 봉사했더니 따라오던 마귀가 못 따라오고 하나님이 나에게 상을 주더라 하는 것입니다. 상을 주시니 원수가 얼마나 억울하겠습니까? 병을 주고 문제를 일으켜서 상을 못 받게 하려고 했는데 우리가 상을 받으면 마귀가 얼마나 억울하겠습니까? 억울해하는 원수의 목전에서 상을 베푸신다는 것입니다.

마귀는 우리를 봉사 못하게 하고, 상 못 타게 하려고 쫓아옵니다. 그러나 우리가 믿음으로 기도하고 말씀을 생명으로 소유하고, 약속을 붙들면 원수는 축 늘어지게 돼 있습니다. 병이라고 하는 것은 사망의 시초요, 도적질하고, 멸망시키는 것입니다. 그러나 우리는 약속을 믿음으로 소유해서 능력이 있는 것입니다. 그 말씀은 생명입니다. 요한복음 6장 63절에 "살리는 것은 영이니 육은 무익하니라. 내가 너희에게 이른 말씀이 영이요 생명이라" 했습니다. 그래서 약속을 가지고 있는 자에게는 생명이 사망을 집어삼키는 것입니다. 그것이 기적 같은 치유입니다. 사망을 집어삼키는 말씀의 능력, 약속의 능력이 기적치유입니다.

출애굽기 10장 10-11절에 모세가 바로 앞에 하나님의 보내심을 받아서 갔다고 했습니다. 모세의 손에는 지팡이가 있습니다. 하나님께서 모세에게 "모세야, 바로 왕 앞에 가서 하나님이 살아계신 것과 내가 너를 보냈다는 것을 저들에게 보여줘라." 했습니다. 그래서 모세가 하나님의 말씀을 믿고 약속을 가지고 바로 앞에 갔습니다. 지팡이가 중요한 것이 아닙니다.

모세가 "하나님이 나를 여기 보내셨다. 하나님이 내 백성을 보내라고 했다."하고 말을 할 때 바로 왕은 콧방귀를 뀌었습니다. 그래서 하나님이 살아 계신 것을 보여주려고 지팡이를 던졌더니 뱀이 됐습니다. 그런데 바로 왕의 술객들도 지팡이를 던지자 뱀이 됐습니다. 바로는 "모세야, 네가 던진 것만 뱀이 됐냐? 내 부하 마술사들이 던진 지팡이도 뱀이 됐다." 하고 큰 소리를 쳤습니다. 그러나 모세의 뱀이 바로의 술객들이 던져서 만들어진 뱀을 집어삼켜 버렸습니다.

이것은 술객들의 이적은 거짓 이적이라는 것을 의미합니다. 마귀와 귀신들이 우리에게 병을 뿌렸지만, 하나님이 우리에게 주신 생명의 능력, 말씀의 능력에 의해 마귀의 사망을 집어삼킨다는 것입니다. 하나님의 약속의 말씀으로 된 뱀이 바로의 술객들이 던진 지팡이가 된 뱀을 집어 삼켰다는 것은 하나님의 능력, 생명이 마귀의 사망을 집어삼킨다는 것을 의미합니다.

우리에게도 이와 같은 믿음이 있어야 합니다. 치유라고 하는 것은 죽음을 이기는 것입니다. 사람들은 죽음을 두려워합니다(히 2:15). 그 죽음을 부활이 집어 삼켰기 때문에 우리가 영원히 사는 것입니다. 하나님의 말씀과 성령의 역사로 말미암아서 우리에게 부활의 능력이 있는 것입니다. 그러면서 기적치유가 자연스럽게 되는 것입니다.

넷째. 기적은 환경이 중요하다. 교회의 공적인 예배 때 하나님은 기뻐하십니다. 우리는 예배에 자꾸 참석해야 합니다. 성령의 역사가 있는 치유집회에 계속 참석해야 합니다. 모이기를 힘써서 치유의 환경을 조성해야 합니다. 안수하고 병을 고쳐 주려면 치유의 환경을 만들어야 합니다. 무턱대고 하는 것이 아니라, 찬송하고, 기도하고, 말씀을 읽고 가르쳐서 그 사람이 믿음을 갖도록 해야 합니다. 기적치유는 다른 것이 아니고 믿음을 갖게 하는 것입니다. 그런 믿음을 갖게 하고 치유의 환경을 조성할 때, 하나님이 기뻐하시고, 성령이 역사 하시는 것입니다. 그래서 교회에 일찍 와서 준비하는 것이 중요합니다. 다시 말씀드리지만, 영적인 것과 정신적인 것과 육체의 환경과 병들을 고치는 것 전부가 치유입니다. 육신의 병만이 아닙니다.

그래서 우리가 주일에 교회에 오는 것도 치유를 경험하러 오는 것입니다. 세상에서 찌들고 답답한 것과 영적으로 믿음이 떨어진 것들을 하나님께 찬송하고, 기도하고 예배드리고, 말씀을 들을 때 치유가 일어나는 것입니다. 성령의 역사에 의하여 세상 것들이 떠나가는 것입니다. 우리 교회에 오는 사람 중에 집에서는 괜찮았는데 교회 와서 예배드리니까 머리가 아프다 하는 사람이 있습니다. 그리고 다른 교회에서 왔던 사람들이 돌아가면서 "우리 교회에서는 머리가 안 아픈데. 충만한 교회 오니까 골 아프네?" 하고 말을 하고, "이 교회는 나하고 안 맞나봐." 하고 말을 합니다.

안 맞는 것이 아니고 그 사람에게 진짜로 맞는 것입니다. 왜 그렇습니까? 우리 교회 예배에 치유의 환경 곧 말씀과 생명과 기도가 있고 성령의 역사가 있기 때문에 병이 드러나는 것입니다. 시골에서 물이 흐르는 진흙탕에 배터리로 충격을 주면 미꾸라지나 붕어나 송사리가 쭉 뻗어서 올라옵니다. 전기가 들어갔기 때문에 올라오는 것입니다. 이와 같이 하나님의 성령의 능력이 전기처럼, 그 사람 속에서 나타나기 때문에 그 속에 숨어 있던 병이 나오는 것입니다. 하나님의 능력이 들어갔기 때문에 그 속에 숨어 있는 것이 나오는 것입니다. 살아있는 성령의 역사가 일어난다는 부증입니다.

그래서 하나님의 성령의 능력을 우리 인간은 자꾸 받아먹어야 살 수 있습니다. 그러나 똑같은 은혜, 능력, 사랑, 권능일지라도 마귀와 귀신이 받으면 치명상이 되는 것입니다. 우리가 하나님의 자녀이기 때문에 하나님의 사랑을 받고, 예배를 드리고, 주일에 하나님의 말씀을 들으면 믿음이 자라고 부유해지고 하나님의 복을 받지만, 속에 숨어 있던 귀신의 역사와 병은 치명상을 받기 때문에 자꾸 골이 아프고 심장이 두근두근 거리는 것입니다. 이것을 알아야 합니다.

"어째 집에서는 괜찮은데 교회 갔더니 머리가 아프고, 가슴이 두근두근 뛰고, 두렵고, 나가고 싶고, 그런데 집에 오면 편안해, 내 체질에는 교회가 안 맞나보다."하고 말하는 사람은 어리석은 사람입니다. 하나님의 성령이 인간의 체질에 맞도록 오셨습니까?

어떤 사람은 "손뼉 치고, 통성 기도를 하는 교회는 내 체질에 안 맞아."하고 말을 합니다. 성경에는 손뼉 치고 찬송을 힘차게 하라고 했습니다(시47:1). 체질에 안 맞는 것이 아닙니다. 애당초 하나님이 우리 체질에 맞게 오신 것이 아닙니다. 우리가 하나님입니까? 우리는 하나님 앞에 나와서 잘못된 우리의 체질을 부수고 하나님의 체질에 맞는 신부가 돼야 합니다.

성령은 우리 체질에 맞게 오신 분이 아닙니다. 우리의 체질을 하나님 앞에 복종시키고 순종하여 나갈 때 구원이 있고 역사가 있는 것입니다. 우리의 체질을 복종시켜야 합니다. 저는 우리 교회 치유 집회에 오신 분들에게 자신의 체질을 성령께 복종시키도록 인도 합니다. 그럴 때 성령의 역사가 나타나고 기적적인 치유의 역사가 일어납니다.

3부 하나님은 오늘도 기적을 일으킨다.

10장 기적적으로 내면세계를 정화하셨다.

(고전 2:11-12)"사람의 일을 사람의 속에 있는 영외에 누가 알리요 이와 같이 하나님의 일도 하나님의 영외에는 아무도 알지 못하느니라. 우리가 세상의 영을 받지 아니하고 오직 하나님으로부터 온 영을 받았으니 이는 우리로 하여금 하나님께서 우리에게 은혜로 주신 것들을 알게 하려 하심이라."

하나님은 크리스천들이 내면세계의 중요함을 알고 관리하기를 원하십니다. 내면세계를 알아내기 위하여 우리는 현재의식을 잘 분별해야 합니다. 현재의식은 잠재의식에서 올라오는 경우가 많기 때문입니다. 하나님은 애굽에서 430년 동안 종살이하던 이스라엘인들에게 젖과 꿀이 흐르는 가나안 땅을 약속해 주셨습니다. 큰 기대와 기쁨으로 모세를 따라 그들이 험한 광야를 천신만고로 지나면서 가나안 땅을 바라보고 국경지대인 가데스바네아까지 왔습니다. 그러나 결국 그들은 약속의 땅에 들어가지 못하고 도로 광야로 쫓겨나가 40년 동안 방황하다가 20세 이상 애굽에서 나온 모든 사람들은 다 죽고 말았습니다. 왜 그들은 가나안 땅에 들어가지 못했을까요?

바로 현재의식의 결과입니다. 인간의 마음은 감각기관을 통해서 보고 듣고 말하고 느끼는 현재의식과 현재의식의 여러 가지

경험을 토대로 하여 움직이는 잠재의식이 있습니다. 현재의식은 "한다. 안한다. 좋다 나쁘다."등을 생각하고 이성적으로 판단하고 결정할 수 있습니다. 잠재의식은 그 사람의 느낌(감정)을 만들어 내는 일을 합니다. 사람의 생각과 느낌은 서로 다른 마음의 영역에서 만들어지는 것으로서, 그 사람의 인간된 모습을 외부에 있는 사람들에게 전달해 주는 역할을 합니다. 시어머니에게 상처를 많이 받고 살아가는 며느리가 시어머니와 비슷한 사람이 자신에게 싫은 말을 하면, 잠재의식이 자기도 의식하지 못하는 순간 분노와 혈기가 나오게 하는 것입니다. 현재의식에서 만들어지는 생각이 사람의 의지에 의해서 만들어지는 것이라면, 잠재의식에서 만들어 지는 느낌(감정)은 사람의 의지와는 전혀 상관없는 잠재의식이 만들어냅니다.

그리고 현재의식의 밑바닥에 있는 잠재의식은 인간이 태어난 이후 모든 행복하고 불행하고 기쁘고 슬프고 잘하고 못하고 등의 모든 인생 경험이 컴퓨터에 입력되듯 기록되고 있습니다. 잠재의식은 현재의식의 내부에 깊숙이 숨겨진 엄청난 능력입니다. 어린아이가 태어나면 무엇이 선하고 악한지 옳고 틀린지를 모릅니다. 그의 가장 가까이에서 말하고 행동하는 사람이 누구냐에 따라 그의 잠재의식은 형성됩니다. 이들이 애굽에서 어렸을 때 애굽 사람들에게 받는 잠재의식의 상처가 현재의식(느낌과 감정)에 작용하여 하나님의 눈으로 가나안 땅을 바라보지 못하게 했기 때문입니다.

그래서 인생을 성공적으로 살아간 사람들은 모두 내면세계를 잘 관리한 사람들입니다. 내면세계가 성령으로 장악이 되어야 인생을 성공할 수가 있습니다. 몇 년 전 10월경에 지방에서 목회하시는 목사님이 사모님과 함께 딸을 데리고 오셨습니다. 이유는 딸이 정신적이고 영적인 문제가 발생하여 정상적인 생활을 못하여 치유 받고자 온 것입니다. 필자가 딸의 상황을 보니 잠재의식의 영적이고 정신적인 상처가 현재의식을 장악하고 있는 상태였습니다. 상황을 물어보니 이렇게 대답을 했습니다. 자신의 집에서 고등학교까지 다니다가 대도시에 대학을 들어가게 되었습니다. 교회에서 운영하는 원룸텔을 새벽기도에 참석하는 조건으로 입주하여 기거하게 되었습니다. 혼자 자취를 하는데 먹는 것과 부실하고 스트레스를 받아 체력이 떨어지니 잠재의식에 숨어있던 영적이고 정신적인 문제가 현재의식을 장악하여 슬슬 문제가 발생한 것입니다. 잠을 자다가 가위눌림을 당하고, 정신적인 문제가 생겨서 학업을 더 이상 할 수가 없었습니다.

1학기를 마치고 방학기간 동안 집에 와서 사모님에게 사정을 이야기 한 것입니다. 사모가 사정을 듣고 내면세계에 무지한 탓으로 전주에 있는 어떤 기도원에 데리고 갔다는 것입니다. 기도원에서 20일 금식을 했다는 것입니다. 체력이 떨어져서 영적이고 정신적인 문제가 발생했는데 금식을 시키니 불난 곳에 부채질을 한 것입니다. 완전하게 잠재의식의 영적이고 정신적인 문제가 딸을 장악한 것입니다. 사람이 이상히게 되어버린 것입니다. 그래서 필자가 목사님에게 이렇게 말했습니다. 딸은 엄마뱃속에서부터 문제를 가지고 태어난 것입니다. 분명하게 초등학교나 중학교 다닐 때에 이상 현상이 나타났을 것입니다. 그랬더니 사모님이 하시는 말씀이 초등학교 3-4학년 시절, 어느 날은 머리를 쥐어 뜯어서 한쪽이 다 빠져가지고 학교에서 돌아왔다는 것입니다. 그래서 본인에게 물어보니 친구 집에서 오양의 비디오를 봤다는 깃입니다. 그 후 눈만 감으면 그 환영이 보여서 괴로워서 머리를 쥐어뜯었다는 것입니다. 이 때 좋지 못한 영이 태어날 때부터 상처가 있었던 잠재의식을 장악하여 문제를 일으키기 시작을 한 것입니다. 대학을 다니면서 원룸텔에서 자면서 가위눌림을 당할 때에 성폭행 당하는 가위눌림도 당했다는 것입니다. 어렸을 때(초등학교 3-4학년) 사모님이나 목사님이 내면세계에 지식이 있었더라면 충분하게 예방을 할 수가 있었을 것입니다. 그런데 내면세계도, 영적으로도 무지하여 그냥 지내다가 딸이 사람 노릇을 제대로 할 수 없을 지경에 이르게 한 것입니다. 내면세계를 정리하면서 살아가는 것은 참으로 중요합니다. 그런데 내면세계에 대하여 알고 관심을 갖아야 예방이 가능한 것입니다. 잠재의식의 상처를 성령으로 치유했더라면 이런 불미스러운 일을 당하지 않았을 것입니다.

만약에 이런 경우를 당하면 당황하거나 조급해 하지 말고, 주변에 필자와 같이 내면세계를 치유하는 전문사역자를 찾아야 합니다. 하루 이틀 지난다고 큰일이 나는 것이 아닙니다. 전문성이 없으면 내면세계를 치유할 수가 없습니다. 병원에 입원하여 심리치료를 하는 것도 마찬가지입니다. 필자와 같은 전문성이 있는 사역자를 만나는 것이 중요합니다. 만약에 이 자매가 처음에 필자는 찾아 왔더라면 3주에서 2달이면 완전 정상으로 회복이 가능했습니다. 부모가 내면세계와 영적인 면에 무지하여 딸에게 평생 씻을 수 없는 치명상을 입힌 것입니다.

내면세계를 입체적으로 자세하게 설명 드립니다. 읽어보시고 왜 성령의 역사로 영적인 치유만이 근본 치유가 가능하다는 것을 이해하시기를 바랍니다. 하나님과 같은 영적인 상태에서 치유의 잠재력이 흘러나오는 것입니다. 그러므로 사람의 내면세계의 심령 구조를 이해하는 것이 중요합니다. 사람의 심령구조를 분석하여 설명하면 이렇습니다. 중요함으로 바르게 이해바랍니다. 사람의 심령은 크게 3가지로 구분할 수가 있습니다. 첫째로 현재의식 기능은 ○ 1단계는 육체 조직의 지각영역, ○ 2단계는 육체 조직의 의식단계, ○ 3단계는 본능적 의식단계로 잠재의식과 현재의식의 전이 접합 점입니다. 둘째로 잠재의식의 기능은 ○ 4단계는 표면적 의식단계, ○ 5단계는 개인적 잠재의식 단계, ○ 6단계는 혈통적 잠재의식 단계로서 가족이나 혈통의 발자취가 저장된 곳입니다. 셋째는 초자연적인 영의 기능입니다. ○ 7단계는 집합적 잠재의식 단계, ○ 8단계는 영의 직관적 의식 단계, ○ 9단계는 영적 지각영역으로서 성령으로부터 권능이 흘러나오는 곳입니다. 보시는 바와 같이 잠재의식과 혈통의 문제 치유는 9단계에서 성령의 권능이 흘러나와야 가능한 것입니다. 좀더 세부적으로 설명하면…

첫째로 현재의식의 기능입니다. 1-2-3단계로서 의식으로 느끼고 나타나는 것을 볼 수 있는 기능입니다. 내면에 있던 어떤 현상이 성령님에 의하여 의식으로 나타나 진동을 한다든지, 울음이 나온다든지, 소리가 질러진다든지, 몸이 흔들린다든지, 등의 현상을 본인이 느낄 수가 있고 다른 사람의 눈에 보이는 가시적인 현상이 나타나는 것입니다. ○ 1단계는 육체 조직의 지각영역으로 물질세계와 접촉점입니다. 모든 신체조직상의 변화와 자극을 느끼고 나타나는 곳입니다. ○ 2단계는 육체 조직의 의식단계로서 육체의 자극이 신경반응으로 전환하는 곳입니다. ○ 3단계는 본능적 의식단계로서 혼과 육체의 전이 접합 점입니다. 육신의 생각은 사망이라(롬8:6). 잠재의식이 현재의식으로 나타나기 시작하는 단계입니다.

둘째로 잠재의식의 기능입니다. 잠재의식의 단계로서 4-5-6단계입니다. 인간의 마음속에 머무르면서 그 사람의 마음의 세계를 관리하는 심리기제인 현재의식과 잠재의식은 서로 맡은 바 역할이 다릅니다. 현재의식은 사람의 생각을 만들어 내는 일을 합니다. 잠재의식은 그 사람의 느낌(감정)을 만들어 내는 일을 합니다. 사람의 생각과 느낌(감정)은 서로 다른 마음의 영역에서 만들어지는 것으로서 그 사람의 인간된 모습을 외부에 있는 사람들에게 전달해 주는 역할을 합니다. 현재의식에서 만들어지는 생각이 사람의 의지에 의해서 만들어지는 것이라면, 잠재의식에서 만들어 지는 느낌(감정)은 사람의 의지와는 전혀 상관없는 잠재의식이 만들어냅니다. 그래서 내면세계를 강화하여 잠재의식을 성령으로 정화하여 바꾸라고 강조하는 것입니다. 잠재의식을 단계별로 설명하면 이렇습니다. ○ 4단계는 표면적 의식단계로서 이성적 의식이 본능적 의식으로 변화되거나 영으로 잠복된 경험이 생각이나 행동으로 표출되는 곳입니다. ○ 5단계는 개인적 잠재의식 단계로서 개인의 의식과 경험의 발자취가 저장되는 곳입니다. 말씀의 능력이나 접촉된 영적인 세력이 잠복되어 있는 곳입니다. ○ 6단계는 혈통적 잠재의식 단계로서 가족이나 혈통의 발자취가 저장된 곳입니다. 나로부터 3-4대 전의 조상의 우상숭배나 하나님을 사랑한 것이 후손(나)에게 영향을 끼치게 됩니다(출20:5).

셋째는 영의 기능입니다. 영의기능은 7-8-9단계로 나누어집니다. 영의 기능에는 자신이 추구하는 종교의 영과 영적인 체험들이 저장되어 있는 것입니다. 인간적인 노력으로는 알 수도 치유할 수도 없는 단계입니다. ○ 7단계는 집합적 잠재의식 단계로서 영과 혼의 전이 접합 점으로 인류의 역사의 발자취가 저장되며, 혼, 육의 자극이 생명이나 사망으로 전환(양심)되는 곳입니다. 태중의 경험은 모두 이곳에 저장되어 있습니다. 태중이 사람에게 굉장히 중요합니다. 깊은 곳에 잠재하여 있기 때문입니다. 반드시 성령의 도움이 있어야 알아낼 수 있습니다. ○ 8단계는 영의 직관적 의식 단계로서 영적 지각이 영감으로 나타나거나 양심의 느낌으로 전환되어지는 곳이며, 살아있는 양심이 알게 하는 곳입니다. ○ 9단계는 영적 지각영역으로서 영적 세계와의 접촉점(행11:5)으로 모든 영적 변화가 지각되어지는 곳이며, 성령으로부터 오는 신호를 듣는 곳입니다.

사람의 심령은 이와 같이 깊습니다. 그래서 옛날 속담에 열길

물속의 속은 알아도 한 길 사람 속은 알 수가 없다는 말이 있는 것입니다. 심령구조 설명에서 보면 우리가 살아오면서 받은 상처는 5단계에 들어 있습니다. 그리고 혈통에 대물림되는 영육의 문제는 더 깊은 6단계에 형성되어 있습니다. 태중에서 침입한 엉적존재와 경험한 일들은 7단계에 형상되어 있습니다. 그리므로 내적치유나 질병의 치유나 혈통의 대물림의 치유는 성령으로 심령이 장악되어 9단계에서 성령의 능력이 안에서 밖으로 흘러나와서 치유해야 정확하고 깊은 치유가 되는 것입니다. 치유의 능력은 9단계에서 올라오는 것입니다. 그러므로 치유의 능력은 생명의 말씀과 성령으로 깨울 수가 있는 것입니다. 사람의 기교와 수련과 기술로는 사람을 잠재의식을 치유할 수가 없습니다. 자신의 깊은 심령을 보는 영안이 열리시기를 바랍니다.

앞의 심령 구조 설명에서 보면, 성령의 역사가 영적 세계(9단계)에서 일어나면, 그 힘과 영향이 8단계의 영의 직관의 영역에서 우리 직관력은 그것을 분별하게 됩니다. 그러면 7단계의 깊은 우리의 잠재의식은 그것을 느끼게 됩니다. 이 느낌이 어떠한 장애도 받지 않고, 4단계 이성적 의식이 본능적 의식으로 변화되거나 영으로 잠복된 경험이 생각이나 행동으로 표출되는 영역에게 전달되어지면, 여러 가지 보이는 육체적인 현상으로 밖으로 표출이 됩니다. 영적인 현상이 혼적인 현상으로 전이가 일어나게 되어 감동을 받거나 비판을 하거나 결단을 일으킵니다. 이렇게 성령의 능력이 9단계에서 1단계로 막힘없이 흐르는 사람이 성령의 지배를 받아 내면세계가 강한 사람입니다. "너희 안에서 행하시는 이는 하나님이시니 자기의 기쁘신 뜻을 위하여 너희에게 소원을 두고 행하게 하시나니."(빌2:13).

이와 같이 성령의 능력이나 영향력이 9단계에서 1단계로 전이되는 상태를 성경에서는 성령의 기름부음(요1:20)이라, 하는 말로서 표현하고 있습니다. 이를 성령께서 주시는 치유의 능력이라고 말해도 되는 것입니다. 영적 의식의 단계에서 일어난 사건이나 변화를 혼의 직관력이 인식하게 됩니다. 그래서 하나님의 뜻이나 계시를 받아드리게 되거나, 깨닫기도 합니다. 그리고 감동이 오기도 합니다. 성령의 힘을 얻어 충만하게도 됩니다. 여러 가지 육체적인 현상까지 동반하게 되어, 영육의 치유가 일어나기도 합니다. 진동이 오기도 하고, 영안으로 영적세계가 순간적으로 보이기도 하고 떠나가기도 합니다. 이 기름부음의 결과로 성령이 영과 혼과 육신을 흘러 외부로 나타나는 현상을 성령의 나타남(고전2:1, 12:7)이라 합니다. 영과 혼과 육신에 장애요소가 없는 심령 상태는 심령이 가난한 상태요, 하나님의 신령한 축복을 누릴 수 있는 준비된 심령 상태입니다. 이러한 상태에서 성령의 기름 부음이 심령에 차고 넘치게 되면 바로 성령이 충만한 상태이며, 주님을 사랑하는 마음의 상태입니다. 성령님으로부터 치유의 능력이 흘러나오는 상태입니다.

성령으로 영적인 상태에 들어가면 성령으로 말미암아 죄를 깨닫고, 눈물을 흘리며 회개하기도 합니다. 성령의 능력으로 잠재의식의 상처가 치유됩니다. 성령이 권능으로 귀신이 쫓겨 나가기도 합니다. 영육의 질병이 치유됩니다. 넘어지거나 성령 안에 사로잡히는 상태나 영에 완전히 몰입된 상태(입신이라고도 함)가 되는 현상도 일어나게 됩니다. 그렇기 때문에 말씀과 성령으로 충만하여 영의 통로가 열리고, 체험적인 신앙이 되어야 합니다. 성령으로 기도하여 하나님과 같은 영적인 상태가 들어갈 수가 있어야 합니다. 영적인 상태에 들어가면 치유의 능력과 성령의 권능이 흘러나오니 귀신들이 잡념을 주어 영적인 상태에 들어가지 못하도록 기를 쓰고 방해하는 것입니다.

그래서 필자가 기도할 때 잡념이 생기거든 대적하지만 말고 자기 안에 계신 하나님을 찾아서 성령으로 충만한 영적인 상태가 되어야 한다고 강조하는 것입니다. 그래야 영에서 올라오는 성령의 초자연적인 권능으로 방해하는 세력들이 물러가는 것입니다. 모든 영적인 원리가 자신 안에 있는 성전으로부터 초자연적인 권능이 올라오게 하는 것입니다. 성령의 권능으로 치유도 되고, 성령으로 하나님의 뜻도 깨달을 수가 있고 영에서 알려주는 정보를 혼(마음)이 인식하고 믿어 육이 순종하면 밖으로 보이는 여러 성령의 역사가 일어나는 것입니다. 이 7단계의 인식 단계는 성령으로 정화된 민감도에 따라 차이가 있게 되는데, 영적인 심령의 준비상태에 따라 차이가 있게 됩니다. 성령님이 전인격을 장악하는데 시간이 걸리기 때문입니다. 많은 목회자와 성도들이 금방 영적인 사람이 되어 영육의 문제를 치유 받으려고 하지만 장악하는데 시간이 걸리는 것입니다. 시간을 많이 투자하면 좀 도 빨리 장악이 되고 시간을 적게 투자하면 시간이 많이 걸립니다. 심은 대로 거두는 법칙입니다.

그래서 내면세계에서 성령으로부터 올라오는 치유의 잠재력을 이끌어내려면 생명의 말씀과 성령으로 충만하여 하나님과 같은 영적인 상태에 들어갈 수가 있어야 되는 것입니다. 이는 한 번의 성령체험으로 될 수가 없고 지속적인 말씀을 듣고 깨달을 수 있어야 합니다. 말씀을 깨닫는 다는 것은 그만큼 심령이 성령의 지배를 받기 때문입니다. 내면세계에 있는 성령으로부터 올라오는 치유의 잠재력을 깨우려면 부단하게 기도하고 말씀을 묵상하여 마음속에 있는 성전이 견고하게 지어져야 합니다. 모두가 생명의 말씀과 성령으로 되기 때문입니다. 내면세계를 정확하게 이해해야 기적적인 치유를 체험하고, 치유의 역사를 일으킬 수가 있습니다.

내면세계의 비정상적인 밸런스로 영적이고 정신적인 문제로 정상적인 생활을 하지 못하다가 기적적으로 치유 받은 정이라는 자매의 이야기입니다. 이 자매는 우리 교회에 오기 전에 잠재의식의 상처와 영적인 세력들의 영향으로 정신적인 문제가 발생하여 치유를 받으러 온 것입니다. 그러면서 저에게 이렇게 말했습니다. 목사님 저는 영적인 문제에 시달리다가 충만한 교회에 오게 되었습니다. 영적인 문제는 다름이 아니고 자꾸 눈에 악한 영들이 보이고, 밤에는 아예 잠을 자지 못할 정도로 불면증과 악한 영의 괴롭힘에 일 년 반을 시달렸습니다. 그리고 심한 우울증으로 일 년을 고생을 히였습니다. 이곳지곳 능력이 있다는 곳에 다 다녔어도 치유 받지 못했습니다. 그래서 제가 이렇게 말했습니다. 자매님 하나님은 못하시는 것이 없으신 권능의 하나님이십니다. 제가 말하는 것을 믿고 매일 저희 교회에 치유집회에 참석하세요. 그러면 분병하게 치유가 될 것입니다. 그러니까. 이 자매의 얼굴에 화색이 생기면서 알았습니다. 감사합니다. 그러면서 지속적으로 다니면서 치유를 받았습니다. 이분의 아버지가 저에게 하는 말이 아파트 문을 열고 들어가면 아빠 여기 귀신이 있어요, 하고 놀라고, 또 저기도 귀신이 있어요, 하며 놀라고, 자다가도 귀신이 나타났다고 소리를 질렀다는 것입니다.

그러면서 저에게 하는 말이 목사님 한번 생각해 보세요. 잘 길러서 미국 유학을 7년이나 다녀와 영어를 그렇게 잘하던 딸이 연속적으로 스트레스를 많이 받다가 그만 스트레스가 쌓여서 저렇게 순간적으로 변해 버리니 아버지의 마음이 찢어집니다. 지난 일 년 반 동안 못 해본 것 없이 다해보았습니다. 목사님 저희 딸을 예수 이름으로 치유하여 종전같이 회복 되도록 도와주세요. 그래서 제가 이렇게 대답을 했습니다. 예수님은 못하시는 것이 없습니다. 의지를 가지고 제가 하라는 대로 순종하고 연속적으로 집회에 참석하여 말씀 듣고 불같은 성령을 체험하고 안수기도 받으면 정상으로 회복이 됩니다. 하고 안심을 시켰습니다.

본인의 말로는 무당 옷을 입은 귀신은 밤에 많이 나타나고, 흉측하게 생긴 귀신은 낮에도 아파트 문을 열면 나타나 놀라게 했다는 것입니다. 그래서 이곳저곳을 헤매며 돌아다니면서 치유 받으려고 하다가 도저히 해결 받지 못하고 어느 분의 소개를 받고 충만한 교회에 다니면서 치유를 받게 된 것입니다. 아버지와 어머니 모두 등록을 하고, 매주 마다 영적인 말씀을 듣고 영성 훈련을 하며, 매시간 목사님의 안수를 받으면서 악한 영들이 때로는 울면서 떠나가고, 어떤 때는 악을 쓰면서 떠나가고, 어떤 때는 얼굴과 몸이 뒤틀리다가 떠나가고, 그리고 떠나가면서 각각 형상으로 보여주면서 떠나갔습니다. 그렇게 한 달 정도 치유를 받으니까, 나를 놀라게 하고 괴롭히던 악한 영들이 서서히 보이지를 않았습니다.

영적인 깊은 말씀을 듣는 중에도 하품을 통해서 말도 못하게 떠나갔습니다. 하루에 화장지 한통이 들어갈 정도로 많은 더러운 것들과 상처들이 치유되었습니다. 어느날은 환상 중에 성령님이 엄마가 저의 머리채를 잡고 흔드는 것도 보여주시면서 잠재의식을 치유하셨습니다. 목사님께 저도 모르게 목사님! 지금 엄마가 저의 머리채를 잡고 흔들고 있어요. 하면서 소리를 질렀습니다. 그때 저의 생각에 잠재의식의 상처가 저를 이렇게 고통을 당하게 했다고 생각을 했습니다. 강 목사님이 강의 시간에 하시는 말씀대로 내면세계의 잠재의식은 성령님만이 치유하실 수가 있다는 것을 이해하게 되었습니다. 지난 세월 전문성이 없는 사람들에게 현재의식만 치유 받으려고 하니 근본적인 치유가 될 수가 없었다는 것을 체험적으로 알게 되었습니다. 내면세계가 잘 정리되어야 인생을 성공할 수가 있다는 것도 이해가 되었습니다. 한 두 달이 지나니까, 잠이 잘 오고 불면증도 서서히 사라졌습니다. 그리고 악한 것들도 보이지 않고 밤에도 조용하게 잠을 잘 수 있었습니다. 그러나 우울증의 현상은 완전히 없어지지 아니하고 여전히 남아서 저를 괴롭혔습니다. 그래서 끝까지 치유 받아 정상적인 생활을 하려고 계속 다녔습니다. 4개월이 지나고 5개월 중간쯤 되니까, 마음이 상쾌해지고 삶에 생기가 돌고 우울증이 사라지는 것이었습니다.

　그리고 목사님의 말씀이 꿀같이 달게 들려 졌습니다. 성경을 읽으면 옛날에는 하나도 보이지 않았는데, 눈에 쏙쏙 들이오는 것을 보니 영안도 열린 것이 분명합니다. 그래서 저는 이렇게 생각합니다. 하나님이 못 고칠 질병이 없고 못 떠나보낼 악한 영이 없다, 그리고 눈에 악한 영이 보인다고 자랑하는 사람들은 정신적으로 영적으로 조금 문제가 다는 것을 체험적으로 알게 되었습니다. 왜냐하면 그렇게 낮이나 밤이나 눈에 보이면서 괴롭히던 귀신들이 이제 봄 햇살에 하얀 눈이 녹아 없어지듯이 없어졌기 때문입니다. 저에게 이렇게 간증하는 것입니다. 예수를 믿으면서도 이런 영적이고 정신적인 문제로 고통을 당하는 분들이여, 쓸 데 없는 고통당하지 말고 시간 여유를 가지고 저같이 치유를 받고 참 평안과 주님의 은혜를 체험하시기를 바랍니다. 우리가 잘못 알면 이렇게 고통을 당하기도 합니다. 내면세계가 정리가 되어야 완치가 될 수가 있습니다.

　충만한 교회에서는 매주 목요일 밤 19:30-21:30 성령 ,은사, 내적 치유집회를 정기적으로 진행하고 있습니다. 성령세례와 체험을 원하시는 많은 분들이 찾아오셔서 성령세례를 받고, 성령은사를 받으며, 질병과 마음의 상처를 치유 받고, 귀신들을 떠나보내고 있습니다. 담임목사가 일일이 1시간이상 안수하여 성령으로 기도하며 성령의 강력한 역사가 일어나서 오시는 분들이 많은 은혜를 받고 있습니다.

11장 기적적으로 마음의 상처를 치유하셨다

(히 12:14-15)"모든 사람과 더불어 화평함과 거룩함을 따르라 이것이 없이는 아무도 주를 보지 못하리라. 너희는 하나님의 은혜에 이르지 못하는 자가 없도록 하고 또 쓴 뿌리가 나서 괴롭게 하여 많은 사람이 이로 말미암아 더럽게 되지 않게 하며"

하나님은 인간이 살아오면서 받은 잠재의식의 상처를 기적적으로 치유하여 하나님께서 살아계심을 나타내십니다. 하나님은 살아 역사하시는 기적의 하나님이시기 때문입니다. 크리스천들이 하나님의 은혜로 마음의 상처를 치유 받고 강건하게 살기를 원하십니다. 상처의 치유도 중요하지만, 쉽게 상처받지 않는 내성도 길러야 합니다. 강건함, 담대함, 기쁨, 감사함, 온유함, 하나님의 은혜로 채워놓음으로 내성이 키워집니다. 마음을 이런 것으로 채워놓으면, 늘 상처로부터 자유하게 됩니다. 자신도 자유하고 다른 사람에게도 상처를 주지 않게 됩니다. 치유 받은 마음을 늘 이런 것으로 가득 채워놓으세요. 우리가 마음을 이러한 것으로 채워놓지 않으면 악한 것들이 미움, 시기, 질투, 욕심, 정욕, 불안, 염려, 두려움과 같은 온갖 더러운 것으로 우리의 마음을 채워버립니다.

그리고 거기서 쓴 뿌리가 나고, 쓴 열매가 올라옴으로 삶이 고통스럽게 됩니다. 이러한 것을 쏟아내고 성령님이 주시는 것으로 내 속을 채워놓으면, 온갖 좋은 것이 속에서 올라오게 됩니다. 기쁜 일이 없어도 기쁨이 솟아 올라옵니다. 어려움이 찾아와도 평강으로 문제를 해결할 수 있는 지혜가 속에서 솟아오르게 됩니다. 이렇게 하는 것이 바로 내적치유입니다.

메시야의 하실 일은 마음이 상한 자를 고치시는 것입니다. 현시대는 마음이 상한 자들로 가득하고, 내 마음도 상처로 가득합니다. 세상이 썩은 것은 마음이 썩었다는 것입니다. 이러한 상한 심령에 성령 하나님이 오셨습니다. 성령 하나님이 오신 것도 역시 똑같은 사역, 즉 마음이 상한 자를 고치시기 위하심입니다. 왜냐하면 그렇게 치유를 받아야 하나님의 일을 하며, 그래야 고통에서 벗어나며, 기쁨을 누리며, 근심에서 벗어나며, 하나님께 영광을 돌릴 수 있게 되기 때문입니다. 상한 마음은 다른 사람의 마음을 상하게 합니다. 상한 마음을 가지고 있으면서 하나님의 일을 하려고 하면 오히려 방해하게 됩니다.

구원을 받고 나서 우리가 무엇인가 하려고 노력할 가장 급한 것은 우리 자신의 상한 마음을 고치는 것입니다. 그래야 하나님의 뜻이 내게 이해되고, 하나님의 일을 이해하고, 하나님의 일에 동참하고 동행하고 기도하고 찬양할 수 있게 됩니다. 하나님의 뜻을 분별하게 됩니다. 그러므로 무슨 일을 하려고 덤비지 말고 마음을 먼저 고쳐야 합니다. 마음이 새롭게 되기를 소원하시기를 바랍니다. 상한 마음을 고치게 되면 내가 무슨 일을 하는 것이 아니라, 내안에 하나님을 모심으로 그분이 나를 통해서 무슨 일이든지 하시기 때문입니다. 영적인 일을 하려고 하는 것보다 마음을 고치려고 해야 합니다. 그래야 하나님이 쓰십니다. 하나님이 일을 시키십니다. 하나님께서 기적을 일으키십니다.

성령님을 붙잡고 늘어지세요. 성령님을 찾으세요. 성령님을 붙잡으세요. 성령님도 우리를 붙잡기를 원하십니다. 그래서 동행하기를 원하십니다. 성령님이 우리의 마음을 고치셔야 우리와 동행하고 일을 함께 하실 수 있기 때문입니다. 마음이 상하면 자신과 사람과 하나님을 오해함으로 제대로 아무런 일도 못하게 됩니다. 오해하는 상황에서는 하나님의 일을 바르게 못합니다. 편법을 쓰게 됩니다. 내가 잘되기 위해서 거룩함과 순결함을 버립니다. 내가 잘되기 위해서 남이 어떻게 되던 관심이 없게 됩니다. 그러면 하나님이 쓰실 수가 없습니다.

마음이 상하는 것은 감정이 상하는 것입니다. 감정이 상처를 받으면 이성을 잃게 됩니다. 감정이 좁아지면 정신을 자주 잃습니다. 감정이 이제 나의 조절을 받지 않게 되는 것입니다. 내가 감정의 지배를 받게 되는 것이요. 이성을 잃게 되는 것입니다.

상처를 입게 되면 거기서 나오는 분노의 감정을 통하여 더 깊은 상처를 입고 남에게도 상처를 입히게 됩니다. 상처를 치유 받지 못한 사람에게도 물론 성령님이 내재하시지만, 성령을 체험하기는 하지만, 성령님이 상처받은 마음속에 갇히게 됩니다. 성령이 활발한 활동을 하실 수가 없게 됩니다. 상처로 인하여 우리의 마음이 굳어지고, 강퍅해짐으로, 우리 속의 성령님이 역사 하실 수가 없게 됩니다. 상처는 우리 속에 계신 성령님이 역사 하시지 못하도록 마음의 문을 닫아버리게 만듭니다. 상처가 있는 한, 마귀는 더욱 강하게 역사하고, 성령님은 점점 더 갇히게 되는 것입니다.

이것을 자신의 대에서 끊어야 합니다. 자녀에게 흘러 들어가지 못하게 해야 합니다. 다른 사람에게 상처 주는 일을 끊어야 합니다. 다른 사람들에게 치유를 주어야 합니다. 예수님도 제자들의 마음을 고치심으로 제자를 만드셨습니다. 그들의 마음의 변화를 통하여 인생을 변화시켰던 것입니다. 사람들의 마음을 고쳐야합니다. 그러면 세상을 바꿀 수 있습니다. 하나님의 은혜는 마음을 통해서 주어집니다. 마음에 주어집니다. 마음을 통과해야 하나님의 은혜가 전파됩니다. 마음이 닫히고 굳어지면 하나님의 은혜, 은총이 막히게 됩니다. 성령님의 사역에는 은사주심, 병을 고치심도 있으나, 성령님은 무엇보다도 먼저 심령을 고치시기를 원하십니다. 이것을 하려고 간구하시기를 바랍니다. 이것에 관심을 가져야합니다. 이것을 위해서 늘 성령께 목말라하시기를 바랍니다. 간구하시기를 바랍니다. 성령의 충만을 간구하시기를 바랍니다. 모든 고통의 문제를 밖에서 해결하려고 하지 말고, 안에서, 성령의 도우심으로 해결하려고 간구하시기를 바랍니다.

상처의 치유도 중요하지만, 쉽게 상처받지 않는 내성도 길러야 합니다. 내면세계에 강건함, 담대함, 기쁨, 감사함, 온유함 등의 하나님의 은혜로 채워놓음으로 내성이 키워집니다. 마음을 이런 것으로 채워놓으면, 늘 상처로부터 자유하게 됩니다. 자신도 자유하고 다른 사람에게도 상처를 주지 않게 됩니다. 치유 받은 마음을 늘 이런 것으로 가득 채워놓으세요. 우리가 마음을 이러한 것으로 채워놓지 않으면 악한 것들이 미움, 시기, 질투, 욕심, 정욕, 불안, 염려, 두려움과 같은 온갖 더러운 것으로 우리의 마음을 채워버립니다.

그리고 거기서 쓴 뿌리가 나고, 쓴 열매가 올라옴으로 삶이 고통스럽게 됩니다. 이러한 것을 쏟아내고 성령님이 주시는 것으로 내 속을 채워놓으면, 온갖 좋은 것이 속에서 올라오게 됩니다. 기쁜 일이 없어도 기쁨이 솟아 올라옵니다. 어려움이 찾아와도 평강과 문제를 해결할 수 있는 지혜가 속에서 솟아오릅니다. 이렇게 하는 것이 바로 내적치유입니다.

내안에 계신 성령님은 나 하나만을 치유하기 위해서 내 속으로 들어오신 분입니다. 나를 위한 전속 심령의사이십니다. 이분의 도움을 받으세요. "내속에서 용서의 마음이 일어나게 도와주세요. 치유해주세요." 하고 요청간구하시기를 바랍니다. 성령님은 도움을 요청한 만큼, 우리가 그분에게 다가선 만큼 우리에게 다가오시고 치유하십니다. "모태에서의 상처, 유아기에서의 상처, 성장기에서의 상처, 장년기의 상처를 치유해주세요. 나의 어그러진 성품의 원인을 기억나게 하시고, 치유해주세요." 하고 자꾸 성령님에게 자신을 열어드리세요. 성령님에게 의지하시기를 바랍니다. 조그만 것이라도, 있는 그대로 솔직하게 나타내 보여드리시기를 바랍니다.

꼬치꼬치 다 풀어놓고 도움을 요청하시기를 바랍니다. 이것이 상처를 치유 받는 유일한 길입니다. 아무리 성령님은 우리보다 우리를 더 잘 아시지만, 우리가 풀어놓고 도움을 요청하지 않으면 치유하지 못하십니다. 풀어놓고 치유 받으면서 성령님과 친해집니다. 그러면서 차츰 성령님과 연합이 됩니다. 하나님이 쓰시게 됩니다. 하나님과의 교제와 연합은 이론이 아니라, 치유를 통한 실제입니다. 전인격으로 하나님을 체험해야 합니다.

그러므로 상처가 많다는 것은 축복입니다. 상처의 치유를 통하여 주님과 내가 하나가 되고, 내가 그분 안에, 그분이 내안에 연합하게 됩니다. 치유를 위하여 하나님에게로 나아가기만 하면 상처가 많다는 것은 축복의 조건이 됩니다. 상처를 품고 마귀에게 가면 저주와 아픔이지만, 주님께 나가면 엄청난 축복이요 기쁨입니다. 그러므로 늘 성령님을 찾으시기 바랍니다. 성령님에 대하여 목마르시기를 바랍니다. 성령님에게 치유를 부탁 하십시오. 상한 마음을 씻김 받으세요. 성령으로 매일매일 새로워지는 역사를 체험하십시오. 더더욱 성령님을 사모하십시오.

마음을 치료받는 것은 새 생명을 얻는 것과 마찬가지로 중요합니다. 그만큼 새로워지고, 그만큼 변화되는 것입니다. 이를 위하여 성령님께 깊이 묻혀야 합니다. "내 안에 계신 성령님, 나와 함께 계신 성령님, 내가 성령님에게 안깁니다. 썩은 내 마음을 치료하시기 위해서 오신 성령님께 맡깁니다." 성령님이 오신 것은 나에게 위대한 축복입니다. 내 모든 과거는 비록 아프더라도, 비록 아팠더라도 이제 성령님의 치유하심으로 이 모든 것이 위대한 자산이 될 것입니다. "성령님 상처가 많은 것을 감사합니다. 그만큼 깊이 성령님의 손길을 받게 하심을 감사합니다. 내 안에 계신 성령님 감사합니다. 연약한 나를 고치기 위해서 하나님이신 당신이 나에게 오셨습니다. 감사합니다. 성령님, 사랑합니다." 그리고 하나님의 움직임을 느끼세요. 내 속에서 또 다른 인격체가 움직임을 느끼세요. 내 마음속에 역사하시는 분을 느끼세요. 성령님의 역사를 전인격으로 느끼려고 하십시오.

첫째, 성령의 도움으로 내면의 상처를 치유하라. 내 속에 깊숙한 곳에 계신 성령 하나님의 도우심으로 우리 밑에 쌓여 있는 잠재의식을 치유할 수 있습니다. 그러므로 우리는 엎지른 물을 다시 담을 수 없지만, 하나님은 하실 수 있습니다. 하나님의 도우심으로 우리는 할 수 있는 것입니다. 날마다 성령의 도움을 받아서 인간의 가장 깊은 부분인 영에 쌓여 있는 과거의 상처를 치유하는 것이 내적치유입니다. 아무리 급해도, 가지에 영양주사를 놓아서는 좋은 열매를 맺지 못합니다. 뿌리로부터 올라오는 영양으로 맺은 열매가 좋은 열매입니다. 자연스럽게, 단계적으로 나오는 열매를 맺게 해야 하는 것처럼 인간의 치유도 내적 치유로부터 시작되어야 합니다. 깊은 영적생활을 하려는 성도는 반드시 내적치유를 받아야 합니다. 우리에게 과거는 지나간 것처럼 보이지만, 하나님에게는 과거나 현재나 미래나 다 같이 바로 앞에 있는 것입니다. 우리는 과거를 건드릴 수 없지만, 우리의 가장 깊은 곳에 계신 성령님은 과거를 건드릴 수 있습니다. 깊은 곳에 계신 성령님은 과거를 이끌어내어 치유할 수 있습니다.

주님이 보실 때, 과거는 사라진 것이 아니라, 계속 우리 속에 들어 있는 것입니다. 주님은 과거를 고치실 수 있습니다. 내적치유는 오직 하나님이 하시는 것이고, 우리는 치유의 과정에 내가 내 자신을 드러냄으로 하나님을 도와드리는 것입니다.

둘째, 잠재의식을 치유해야 건강한 미래가 건설된다. 성령으로 잠재의식을 치유해야 건강한 미래를 건설할 수 있습니다. 성령으로 거듭난 우리는 시간을 초월하는 존재가 된 것입니다. 과거를 바로 세울 수 있는 존재입니다. 좋은 열매를 맺기 위해서 뿌리를 바로 세울 수 있는 것입니다. 과거의 쓰라린 기억을 포함한 정서적, 심리적인 상처들은 우리 자신이 저지른 죄, 또는 다른 사람들이 저지른 죄로 인한 피해 때문에 마음에 생기게 되며, 시간이 흐르면서 기억에서는 사라지지만 무의식, 잠재의식에 남게 됩니다. 세상의 상담에서는 "과거는 흘러간 것입니다. 긍정적인 생각으로 앞으로 가자!"고 합니다. 그러나 아무리 그렇게 해도 잠재의식 속에 있는 상처가 건강한 미래로 가는 길을 막는 장애물이 됩니다. 잠재의식은 엄청난 능력, 맹목적인 능력입니다. 인간이 가진 진정 놀라운 능력이 여기에 감추어져 있습니다. 육체도 상처나 아픔을 기억합니다. 감정도 기억이 있습니다. 감정의 기억은 나무의 나이테처럼 이성의 기억보다, 이성이 기억하고 있는 것보다 더 많이, 더 깊이 기억하고 있습니다. 예를 들어 과거의 사건은 정확히 기억하지 못하지만, 그 때의 감정은 기억하고 있는 것입니다. 그러나 영의 기억 용량은 이런 것보다 훨씬 더 큽니다.

셋째, 잠재의식의 상처의 기적적인 치유.

① 마음이 평안한 상태가 되어야 합니다. 마음이 외부의 영향을 받지 않는 상태(성령 임재로 평온한 상태)가 되어야 합니다. 치유에 집중하는 마음 상태가 되어야 깊은 곳에 숨겨진 상처를 성령님의 도우심으로 치유 받을 수 있습니다. 외적 침묵과 내적 침묵이 되어야합니다.

② 성령님의 임재를 간구합니다. 영에서 마음으로, 이성으로 임재가 나타나시도록 간구합니다. 성령님의 도우심으로 자신의 과거로 돌아가서 과거에 받았으나 묻혀 있는 크고 작은 상처의 기억을 떠올리며, 상처와 함께 그때 겪었던 당황함, 부끄러움을 회상한 후, 하나씩 그 상처를 주님께 드립니다.

③ 당시에 받았던 상처로 말미암는 감정이 내면에 떠오르거나 감정이 되살아나면(수치감, 답답함, 분노, 좌절감, 깊은 슬픔, 두려움 등) 억제하거나 감추지 말고 의식수준으로 표현하십시오.

그리고 그것을 주님에게 드리세요.

④ 이 때 자신의 상처와 관련된 사람을 용서하는 작업을 해야 합니다. 용서하지 않고 단순히 감정만 처리하는 것은 상처의 근원은 그냥 두고 감정만 치유하는 것이며, 이러한 치유는 후에 다시 재발됩니다. 큰 사건, 큰 상처일수록 이 부분에 세심한 주의를 기울여야 하며, 세심한 치유를 했어도 같은 감정이 오면 몇 번이고 계속해서 치유해야합니다. 자신의 마음에 상처를 준 사람을 용서하지 않으면 진정한 치유가 되지 않습니다. 어두움과 저주의 세력에게 자신을 묶어놓고 있는 것입니다. 용서는 하나님께 일일이 토설하는 것입니다.

⑤ 성령님의 능력으로 치유 받은 후에는 마음에 평안함을 느끼게 됩니다. 계속하여 이 평안을 유지하는 것은 자신의 책임입니다. 오래된 상처나 깊은 상처는 일회적인 치유보다 장기적이고 지속적인 치유를 해야 합니다.

⑥ 성령님과 교제를 통하여 악한 생각이 나지 않도록 기도생활을 해야 합니다. 진정한 치유란 지속적인 성령 하나님과의 동행입니다. 늘 마음에 하나님을 느끼고, 하나님과 동행하고 하나님을 의지하여야 합니다. 그리함으로 늘, 점점 마음이 맑아지고, 자유해지고, 평안해지는 삶을 살아야 합니다.

넷째, 내면의 상처를 기적적으로 치유 받는 간증. 필자는 항상 이렇게 말합니다. 예수를 믿고 교회에 들어와 기도하면서 성령의 세례를 받아 성령의 인도를 받는 성도는 변하게 되어 있다는 것입니다. 변하지 않는다면 무엇인가 문제가 있으니 찾아서 해결하라고 권면을 잘 합니다. 성도는 변해야 합니다. 저를 변하게 하신 하나님께 영광을 돌립니다. 제대로 성령을 체험하지 못하고 입만 가지고 믿음 생활을 했습니다. 한 마디로 교회는 다니지만 상처가 많아 하나님과 영의통로가 꽉 막힌 것입니다. 상처로 인하여 영의통로가 막히니 심령이 치유되지 못한 것입니다. 치유 되지 못한 마음 깊은 곳에 저도 잘 모르는 응어리 분노의 상처가 미움이란 탈을 쓰고 나타나 남편을 사랑하지 못했습니다. 미움만 주고받아 늘 평안함 보다 부부의 불화가 더 많았습니다. 강요셉 목사님이 상처치유를 위하여 안수하실 때 가슴을 뜯어내는 성령의 강하고 깊은 불세례를 체험하였습니다.

생전처음 그렇게 뜨거운 불의 역사를 체험 했습니다. 성령의 불이 임하니 기침을 하면서 분노의 영들이 떠나갔습니다. 손과 발, 사지가 꼬이면서 귀신들이 떠나가는 체험을 했습니다. 괴성을 얼마나 질렀는지 모릅니다. 정말 창피한 줄도 모르고 괴성을 사정없이 질렀습니다. 이것이 다 내 안에 잠재해있는 분노의 상처들인 것입니다. 강 목사님의 강한 치유 안수기도 중 가슴이 뜯기는 아픔과 함께 기침으로 어떤 뭉치 같은 것이 쏟아졌습니다. 그다음부터 제가 스스로 축귀를 했습니다.

목사님이 알려 주신대로 호흡을 들이쉬고 내쉬면서 성령의 임재를 요청하여 성령의 임재가 충만해지면 옛날 상처를 받던 모습을 영상기도를 했습니다. 영상기도를 하면서 회개와 용서를 했습니다. 그러면서 마음으로 명령을 했습니다. 나에게 들어와 혈기를 발하게 하는 귀신은 예수 이름으로 명하노니 떠나가라. 명령을 했습니다. 그러니 아랫배가 아프면서 하품이 말도 못하게 나왔습니다. 또 성령께서 분노의 영을 축귀하라고 하셨습니다. 나에게 들어와 분노하게 하는 귀신은 예수 이름으로 명하노니 떠나가라. 명령을 했습니다. 그러니 기침이 사정없이 나오면서 귀신들이 떠나갔습니다. 속에서 악을 쓰는 소리가 나면서 귀신들이 기침으로 떠나갔습니다. 갑자기 우리 부부관계가 나빠진 것도 귀신의 역사라는 생각이 들었습니다.

그래서 나에게 들어와 부부관계를 파괴하는 귀신은 예수 이름으로 명하노니 떠나가라. 명령을 했습니다. 가슴이 터질듯이 아프더니 재채기를 통하여 귀신이 떠나가는 것입니다. 이렇게 날마다 기도를 하면서 축귀를 하고 나니 남편을 향한 미움이 없어지는 것이었습니다. 차츰 하나님의 사랑이 차면서 다툼도 거의 없으며, 똑같은 상황인데도 전에는 말대꾸하고 마음이 상했는데, 이제는 저도 모르게 속에서 온유의 마음으로 대하게 되니 집안에 다시 평안이 감돌고 있습니다. 예수님을 믿고 나서 용서와 사랑을 배웠지만 실천이 되지 않아 늘 갈등했는데 성령님의 강한 역사로 귀신들이 떠나간 날부터 남편을 대하는 저의 마음이 눈에 띄게 변해 갔습니다. 남편이 저에게 하는 말이 이제야 예수를 믿는 사람답다는 것입니다. 확실한 체험으로 몸의 증거를 주시면서 미움을 몰아내니 미워하려야 미워 할 수가 없으니 참으로 신기하고 감사합니다.

이젠 마음이 부드러운 사람으로 변하게 해달라는 말씀으로 목사님이 기도해 주실 때 그 말씀 붙잡고 몸부림치는 저를 하나님께서 불쌍히 여기사 치료해 주실 줄 믿습니다. 마음이 넉넉해지고 하나님의 사랑이 가득하게 되면 모든 일에 자신감이 있고 누구든지 감쌀 수 있는 넉넉한 사람이 되고 싶은 것이 저의 소망이었는데 이제야 이루어지고 있습니다. "예수님의 새 계명 내가 너희를 사랑한 것같이 너희도 서로 사랑하라"를 지킬 수 있으니 얼마나 감사한지요, 가장 힘든 가까운 남편을 도구로 사용하신 하나님 내가 얼마나 부족했으면 남편하나 용납하고 섬기지 못하였으나 끝까지 참으시고 나를 훈련시키시고 사랑의 사람이 되게 하신 하나님께 감사드립니다. 영의통로가 열려 마음에 평안을 느끼게 하신 하나님께 영광을 돌립니다.

충만한 교회는 지방에 계시는 분들을 위하여 성령치유 집회 CD와 교재를 33종류를 비치하고 있습니다. 과목별 CD는 12시간을 녹음하여 12개입니다. 가격은 한 세트 당 3만원입니다. 교재는 과목당 만원입니다. 필요하시면 주문하여 영성을 깊게 하실 수가 있습니다. 교재를 보며 CD를 들으면 현장에서 집회를 참석한 것과 같은 효과가 있습니다. CD를 들으면서 치유를 체험했다고 간증하는 분들이 많습니다. 전화는 02-3474-0675. 신청은 번호를 알려주시면 됩니다. 상세한 것은 홈페이지 www.ka0675.com 활용하세요.

12장 기적적으로 불치병을 치유하셨다.

(행 8:6-8)"무리가 빌립의 말도 듣고 행하는 표적도 보고 한마음으로 그가 하는 말을 따르더라. 많은 사람에게 붙었던 더러운 귀신들이 크게 소리를 지르며 나가고 또 많은 중풍병자와 못 걷는 사람이 나으니 그 성에 큰 기쁨이 있더라"

영육의 문제를 기적적으로 해결 받고, 기적을 일으키기 위하여 권능을 받으려는 분들이 바르게 알아야 할 것이 있습니다. 예수님께서 공생애 기간 동안은 예수님이 직접 문제가 있는 곳에 가셔서 문제를 기적적으로 해결하셨습니다. 갈릴리 호수의 풍랑 이는 바다를 잔잔하게 하였습니다. 귀신들린 자를 구원하셨습니다. 나병환자를 깨끗하게 하였습니다. 시각장애인을 보게 하셨습니다. 죽은자를 살렸습니다. 병든자를 고쳐주셨습니다. 성령님께서 예수님 안에 계셨기 때문입니다. 성령의 인도를 받는 완전한 분이셨기 때문입니다.

그런데 예수님은 십자가에서 해를 받으시고 부활하시어 40일 동안 보이시다가 승천하셨습니다. 오순절 마가의 다락방에 기도할 때 성령께서 기도하는 사람들 안에 임재 하셨습니다. 이제 우리가 영육의 문제를 해결하기 위하여 기도할 때에 예수님께서 직접 찾아오셔서 문제를 해결하시지 않습니다. 크리스천들이 기적을 체험하면서 기적을 행하면서 살아가기 위하여 우리가 바르게 알고 믿음 생활을 해야 하는 중요한 한 가지 개념이 있습니다. 바로 "성전 개념"입니다. 우리는 예배당을 가리켜서 성전이라고 말하는 크리스천이 많습니다. 그러나 그 성전의 의미는 예수 그리스도에 와서 그 옛날 눈에 보이는 성전의 개념에서 눈에 보이지 않는 성령으로 성전의 개념으로 옮겨갔습니다. 예수님이 먼저 그 성전의 개념을 자신의 육체에다 적용시키셨습니다. "예수께서 대답하여 이르시되 너희가 이 성전을 헐라 내가 사흘 동안에 일으키리라(요 2:19)" 그리고 그리스도를 주님으로 영접한 우리를 성령이 거하시는 성전으로 말씀하셨습니다.

그래서 성전을 더럽히는 자를 하나님이 멸하실 것이라고 말씀하셨습니다. "너희는 너희가 하나님의 성전인 것과 하나님의 성령이 너희 안에 계시는 것을 알지 못하느냐(고전 3:16)" 성령의 전이므로 이 몸으로 하나님께 영광을 돌리라고 말씀하십니다. "너희 몸은 너희가 하나님께로부터 받은바 너희 가운데 계신 성령의 전인 줄을 알지 못하느냐 너희는 너희 자신의 것이 아니라. 값으로 산 것이 되었으니 그런즉 너희 몸으로 하나님께 영광을 돌리라(고전 6:19-20)" 그리스도인들이 진짜 빛이 되는 것은 이 성전 의식이 자신에게 있을 때 확실히 이루어집니다. 자신 안에 성령을 모시고 살아가는 사람, 그래서 그 성령의 음성을 들으면서 살아가는 사람, 이런 사람은 걸어 다니는 성전으로서의 삶을 감당할 수 있습니다.

그래서 이제 우리 안에 임재하신 성령님을 통하여 영육의 문제를 해결하십니다. 우리가 영육의 문제를 가지고 기도할 때 성령으로 레마를 주시고 순종할 때 믿음을 보시고 치유하십니다. 그렇기 때문에 영육의 문제가 있을 때 예수님이 직접 찾아오셔서서 기적적으로 해결하여 주신다는 생각을 하면 안 평생 문제를 해결 받지 못할 수도 있습니다. 날마다 기적을 체험하고 일으키기 위하여 자신 안에 계신 예수님께 기도하여 해결방법을 알아내야 합니다. 하나님께 기도하여 알려준 방법대로 순종할 때 믿음을 보시고 해결하여 주시는 것입니다. 어떤 분들은 능력 있는 목사가 자신의 문제를 해결하여 주는 것으로 착각하고 있습니다. 능력 있는 목사가 문제를 해결하여 주는 것이 아닙니다. 능력 있는 목사를 통하여 자신 안에 계신 하나님과 관계를 열어 성령께서 알려주시는 레마대로 순종할 때 문제가 해결되는 것입니다.

영육의 문제를 해결 받기 원하는 크리스천들이 바르게 알아야 할 것이 있습니다. 마치 예수님이 거라사인의 지방에 귀신들린자를 안수하여 정상으로 화복시킨 것과 같이 능력 있는 목사님이 안수하면 단번에 해결된다는 생각을 가지고 안수만 받으러 다니면 치유 받지 못할 수도 있다는 것입니다. 능력 있는 목사를 통하여 자신 안에 계신 하나님과 관계를 여는 것이 급선무입니다. 자신 안에 하나님의 나라가 이루어져야 하나님의 나라의 권능으로 문제가 해결되기 시작하는 것입니다. 영육의 문제를 해결 받으려면 환자가 먼저 하나님과 관계를 열어야 합니다. 하나님의 역사가 마음 안에서 일어나야 하나님의 권능으로 문제가 해결이 되는 것입니다.

성령의 권능을 받는 것도 마찬가지입니다. 권능 있는 사람에게 안수를 받아 권능을 받는 것이 아니고, 자신 안에 임재하신 하나님과 관계를 열어 하나님으로부터 권능이 흘러나와야 자신에게 권능이 나타나는 것입니다. 절대로 권능 있는 목사에게 안수한번 받아서 권능을 받으려는 생각을 버리고 자신이 말씀과 성령으로 변하되어 자신 안에 계신 하나님과 관계를 열어야 합니다. 불치병을 기적적으로 치유 받고 치유하려면 이렇게 해야 합니다. 합리적이고 세상적인 의식을 가지고는 불치병을 치유 받을 수도 없고, 치유할 수도 없습니다.

첫째로 의식이 달라져야 합니다. 병원에서 의사가 불치병이라고 하면 하나님께서도 불치병이라고 생각하면 치유 받을 수 없습니다. 하나님은 만병의 의시이십니다. 하나님은 사람을 창조하신 분입니다. 하나님의 말씀에는 불치병을 고치지 못하다고 되어있지 않습니다. 이렇게 불치병에 대한 의식이 바뀌어야 기본적으로 기적적으로 치유 받을 수 있는 자격이 되는 것입니다. 의사가 말한 이병은 의술로 치유된 기록이 없습니다. 의사의 말에 암시가 걸려있으면 절대로 불치병이 치유되지 않습니다. 왜냐하면 자신의 병은 의사가 고치지 못하는 불치병이니까, 하나님께 나와서 고치려고 시도하지 않기 때문입니다. 그렇지만 하나님은 고치지 못하는 질병이 없다. 하나님은 나의 질병도 고치실 수가 있다고 하면서 마음을 열고 하나님께 나와야 합니다.

필자가 몇 년 전에 이런 권사를 기적적으로 치유한 체험이 있습니다. 필자는 집회를 인도할 때 기도시간에는 모든 분들은 안수기도를 합니다. 기도하기 전에 자신의 문제를 적어놓고 기도하라고 합니다. 그래서 적어놓은 대로 안수기도하면서 선포를 하고 치유를 명령합니다. 그날따라 우울증에다가 좌골 신경통으로 다리가 꼬여서 제대로 걷지 못하는 권사를 앞으로 나오게 하여 안수기도하여 걸어 다니는 것을 모든 분들이 보게 했습니다. 이분이 한번 안수기도 받고는 걷지 못하다가 두 번 안수기도를 받고 걸어 다닙니다. 그러자 다른 권사님이 목사님! 저도요. 하는 것입니다. 그래서 아니 권사님! 권사님이 적어놓은 대로 다 안수기도 해드렸지 않아요. 아닙니다. 목사님 한 가지가 빠졌습니다. 저에게 불치병이 있습니다. 그래서 나오게 하여 안수 기도하여 3분 만에 불치병이 치유가 되었습니다.

　그러자 권사님이 이렇게 간증을 한 것입니다. 가장 중요한 것은 충만한 교회에 와서 저의 육신의 불치병이 치유되었습니다. 5년 전부터 팔이 아프기 시작해서 귀 위까지는 올리지 못하다가 치료를 받았으나 팔꿈치 안쪽이 아프고 때로는 손에 힘이 빠져서 약간 떨림으로 커피를 타려면 손이 떨리게 됩니다. 세수할 때면 세면대에 팔을 받치고 얼굴을 갖다 대며 씻었습니다. 뒷목부분은 한쪽으로 팔꿈치를 받쳐 들고 목을 씻었습니다. 성경가방(무거운 물건)을 들고 한참 걷다가 손을 들려면 팔꿈치를 받쳐 들어야 하고 설거지를 좀 많이 하고 나면 한참씩 팔꿈치 안쪽이 아팠습니다.

병원진단 병명으로는 테니스 앨보로서 못 고치는 불치병이라고
했습니다.

그래서 포기하고 지내다가 충만한 교회에 와서 내적치유를 통
해 은혜 받고 목사님이 안수하시면서 "팔은 올라갈지어다. 정상
으로 회복될지어다. 팔을 잡고 있는 더러운 영들을 떠나갈지어
다." 하고 대적하며 안수기도 받은 다음부터 팔이 올라가고 팔에
힘이 생겼습니다. 이제 머리도 마음대로 손질하고, 세면도 하고
무거운 물건도 들 수 있도록 팔에 힘이 생겼습니다. 주님을 찬양
합니다. 사랑합니다. 만약에 당신도 이런 고통을 당한다면 찾아
오셔서 기적적인 치유의 은혜를 몸으로 체험하기를 바랍니다.

이렇게 의사가 고치지 못한다는 암시를 풀어야 불치병을 기적
적으로 치유 받을 수 있는 기본적인 조건이 되는 것입니다. 불치
병이라는 암시가 풀리지 않으면 질병을 기적적으로 치유할 수 없
다는 것입니다. 필자는 목회자들에게 불치병이다, 난치병이라는
생각을 버려야 개척교회를 할 수가 있다고 말합니다.

둘째로 성령으로 세례를 받아야 합니다. 성령으로 세례를 받아
야 성령님의 권능으로 불치병을 치유 받을 수 있는 조건이 되는
것입니다. 그런데 일부 성도들은 성령세례는 알지도 못하고 병만
고치려고 합니다. 성령으로 세례 받지 않으면 불치병이 치유될 수
있는 조건이 되지 못합니다. 아예 시작을 말아야 합니다.

셋째로 영적인 상태에 들어가야 합니다. 불치병의 기적치유가
일어나는 생명의 말씀을 듣고 성령으로 장악되어야 치유가 이루

어집니다. 신유의 은사가 있는 목회자나 성도가 신유의 역사를 일으키는 것이 아닙니다. 성령께서 신유의 역사를 일으키십니다. 그러므로 성령께서 환자를 장악하도록 해야 합니다. 치유 사역자는 환자를 성령으로 장악되게 하는 비밀을 깨달아 적용할 줄 알아야 합니다. 물론 자신도 성령의 깊은 임재에 들어갈 줄 알아야 합니다. 환자가 성령으로 장악이 되면 불치병의 치유의 역사는 일어나기 마련이기 때문입니다. 좌우지간 성령께서 환자를 장악하게 해야 합니다. 이를 위하여 사역자는 자신 안에 계신 성령님과 인격적인 관계를 맺어야 합니다.

환자가 불신자라면 환자는 무엇보다도 예수를 믿어야 합니다. 반드시 예수를 영접시켜야 합니다. 예수를 믿어 내면으로 들어오신 하나님의 영은 인간의 능력을 초월하여 나타나는 영적 능력으로 역사하시기 때문입니다. 그래서 사람은 할 수 없으나 할 수 있는 하나님의 영력(형상)이 나타나서 성령이 충만하게 되고, 환자를 장악하니 불치의 질병이 치유가 되는 것입니다. 불치 질병의 치유가 되는 영력은 나타나는 상태와 조건을 만들어야 나타납니다.

그 조건과 상태는 여러 가지이지만 환자가 치유 받겠다는 의지를 발동시켜야 합니다. 마음을 열도록 숨을 깊게 들이쉬고 내쉬면서 예수님을 찾게 해야 합니다. 필자는 말씀을 전하고 불치병 치유 사역을 합니다. 환자들에게 처음에는 숨을 깊게 들이쉬고 내쉬라고 합니다. 조금 지나면 숨을 아랫배까지 들이쉬고, 내쉬면서 자연스럽게 주여! 를 하게 합니다. 이렇게 하는 이유는 마음의 문이 열리도록 하기 위함입니다. 마음의 문이 열려야 성령님이 장악하실 수가 있기 때문입니다. 이렇게 하다가 성령의 역사가 일어나기 시작하면 시키지 않아도 주여! 주여! 주여! 를 잘합니다.

조금 지나면 성령님이 장악하시니 성령의 세례가 나타나기 시작합니다. 처음에는 하품을 하다가 조금 지나면 사람에 따라서 진동을 하거나 몸을 흔들거나 기침을 하기 시작합니다. 이제 비로소 성령의 세례가 임하고, 영의 통로가 뚫리기 시작한 것입니다. 희망이 있습니다. 이렇게 계속 마음으로 기도하게 하거나 주여! 를 하게 하거나 하여 장악이 되면 질병에게 명령합니다. 성령께서 장악을 하셨으니 질병이 치유되기 시작합니다.

하나님은 성도들의 불치병을 치유하여 주시기를 원하기 때문입니다. 문제는 자신이 영적인 상태에 들어가느냐 못 들어가느냐가 중요한 것입니다. 하나님의 은혜로 불치병을 기적적으로 치유받으려면 성령으로 세례를 받고 영육을 치유하여 영적인 상태에 들어가야 합니다. 이것이 불치병의 기적적 치유에 제일 중요한 요소입니다. 하나님의 은혜로 불치병을 기적적으로 치유 받고 치유하려면 항상 영의 상태에서 하나님의 임재의식을 가져야 합니다. 임재의식이란 무의식적으로 하나님을 찾는 것을 말합니다.

성령의 깊은 임재에 들어가지 못하면 불치병의 기적치유는 기대할 수가 없습니다. 어지하든지 성령으로 자신이 장악이 되려고 의지적인 노력을 해야 합니다. 그래서 불치병을 치유 받으려면 이곳저곳을 돌아다니려고 하지 말고 성령의 역사가 있는 한 장소에서 자신이 성령으로 장악이 될 때까지 기다려야 합니다. 절대로 성령께서 장악하지 않으면 불치병을 치유는 시간이 점점 길어지는 것입니다.

넷째로 인내해야 합니다. 시간이 많이 걸릴 수가 있습니다. 아니 세상 병원에서 고치지 못하는 질병을 치유하는데 몇 번 집회 참석했다고 치유가 되겠습니까? 몇 달이 걸릴 수가 있습니다. 하나님은 질병을 치유하는 것에 목적이 있는 것이 아니고 영적인 사람으로 바꾸는 데 목적이 있으십니다. 불치병을 통하여 하나님께서 원하시는 영적인 수준이 되기를 원하시는 것입니다. 그렇기 때문에 안수한 두 번 받아 불치병을 치유 받으려는 생각은 아예 접는 것이 좋습니다. 몇 년 전에 지방에서 오른쪽 어깨가 마비되어 정상적인 생활을 하지 못하는 목사님이 치유를 받으러 오셨습니다. 한의원에 다니면서 침을 맞아도 치유되지를 않았습니다. 정형외과에 가서 물리치료를 6개월 이상 받아도 차도가 없었습니다. 그러다가 사모님이 저희 교회 소문을 듣고 올라가시라고 하여 오셔서 치유를 받기 시작을 했습니다. 원래 어깨나 통증이나 근육이 뭉친 것이나 오십견이나 막론하고 성령님이 장악을 해야 순간 치유가 됩니다. 목사님이 얼마나 강하게 묶였던지 성령님이 장악을 하시지를 못하는 것입니다. 그렇게 배에서 나오는 소리로 주여! 주여! 하면서 기도를 해도 좀처럼 성령께서 장악을 하지 못합니다. 그때 당시는 월-화-수-목 4일 동안 하루에 3번 집회를 했습니다. 1달이 지나도 장악을 하시지 못합니다. 다행스럽게 서울에서 대학을 다니는 아들이 있어서 자취하는 방에서 기거를 하시면서 다니니까, 가능했습니다. 이분이 중도에 포기할 수도 있었는데 워낙 고생을 오래하여 하나님께 매달린 것입니다. 3달이 지나니까, 성령께서 장악을 하시어 기도할 때 기침이 나오고 통증이 서서히 없어지기 시작을 했습니다. 성령께서 보증하여 주신 것입니다. 그렇게 8개월을 다니니까, 마비된 오른쪽이 완전하게 풀렸습니다. 2년을 넘게 한의원과 정형외과를 다녀도 치유되지 않던 불치의 병이 8개월 만에 완치가 되었습니다. 지금도 가끔 오셔서 집중치유를 받고 가십니다. 불치병을 치유 받으려면 인내해야 합니다. 성령님께서 장악을 하는데 시간이 걸리기 때문입니다. 불치병의 치유는 전적으로 성령께서 하시기 때문입니다. 필자는 불치병은 없다고 생각하고 믿고 말하고 있습니다. 성령님이 장악하시면 모두 순간 치유가 됩니다. 의사들의 말에 충격을 받고 치유를 포기하지 말아야 합니다. 하나님은 자신의 불치병을 통하여 아브라함과 같이 전인적인 복을 받으면서 살아가는 성도가 되게 하십니다. 지금 불치병이 있다고 낙심하거나 원망하지 마시기를 바랍니다. 하나님은 이렇게 말씀하십니다. "우리가 알거니와 하나님을 사랑하는 자 곧 그의 뜻대로 부르심을 입은 자들에게는 모든 것이 합력하여 선을 이루느니라(롬 8:28)" 지금은 괴롭지만 지나고 보면 전화위복이 된다는 것입니다. 신앙의 간증거리가 된다는 것입니다. 포기하지 마세요. 절망하지 마세요. 하나님은 불치병을 순간 기적적으로 고치십니다.

불치병을 기적적으로 치유 받은 간증입니다. 충북 제천에 사는 박옥자 집사님의 남편이 술을 많이 먹어서 알코올 중독으로 인사불성이 돼서 사람구실을 못했습니다. 그래서 병원에 입원을 시켰지만 강하게 날뛰기도 했습니다. 이곳저곳을 다니면서 치유를 받으려고 했으나 치유 받지 못하고 우리 충만한 교회 소문을 듣고 왔다고 합니다. 왔는데 내가 보니까, 자기의 의지가 완전하게 귀신에게 넘어간 상태였습니다. 병원에서는 알코올에 너무 중독이 됐기 때문에 고쳐도 올바른 사람이 될 수 없다는 진단을 했다고 합니다. 그런 사람을 붙들고서 기도한들 무슨 효과가 있겠습니까? 그러나 한 편으로는 힘이 없이 축 늘어져 있기 때문에 기도하기는 참 좋았습니다. 머리에 손을 얹고 기도를 하니 아무런 현상도 나타나지 않았습니다. 옆에서 부인 집사가 울면서 애통해 하고 있었습니다. 남편이 그런 상태에 있을 때 가장 슬퍼할 사람은 부인입니다. 그래서 다시 부인 집사를 붙들고 안수기도를 했습니다. 나는 그 집사님에게 "아내 속에서 숨어서 역사하는 귀신아! 왜 남편 알콜 중독에 걸리게 하여 인사불성을 만들었느냐. 내가 예수 이름으로 명하노니 정체를 밝혀라." 했더니, 귀신이 말을 하는 것입니다. "나 이년 친정아버지다." 그러는 것입니다. 그래서 다시 그 집사님에게 "아내 속에서 숨어서 역사하는 귀신아! 왜 남편 알콜 중독에 걸리게 하여 인사불성을 만들었느냐. 내가 예수 이름으로 명하노니 떠나가라." 했더니, 그 집사의 입술에서 "나가면 되잖아. 더럽게 귀찮게 하네." 하고 귀신이 소리를 지르는 것입니다.

내가 입 다물고 나와라. 명령을 했더니 앉은 자세에서 앞으로 꼬꾸라졌습니다. 그렇게 두 번을 기도해줬습니다. 이 여자 집사에게 물어보았습니다. 친정아버지가 어떻게 지냈느냐고 말입니다. 그랬더니 "목사님 우리 친정아버지도 알코올중독자 이었습니다. 친정아버지에게 술 때문에 몸서리가 처지도록 상처를 받았는데 시집을 오고 조금 지나서부터 남편이 술을 먹기 시작을 하다가 알코올중독자가 되었습니다. 목사님 저의 남편을 고쳐주세요." 그래서 친정아버지가 살아 계시냐고 물었더니 삼 년 전에 돌아가셨다는 것입니다. 돌아가시고 나서 남편이 더욱 심하게 되었다는 것입니다. 그래서 내가 다시 여자 집사님의 머리에 손을 얹고 혈통으로 대물림되는 알코올중독의 줄은 끊어질지어다. 알코올중독 귀신은 떠나갈지어다. 했더니, 막 이 여자가 소리를 지르다가 울다가 하면서 한동안 넋두리를 하더니 기침을 사정없이 하면서 귀신이 떠나갔습니다. 그 후 여자 집사 남편의 건강 회복이 굉장히 빨랐습니다. 술을 먹으면 자꾸 토했다는 것입니다. 내가 몇 개월 더 다니면서 치유를 받으라고 권면하여 몇 개월을 더 다니면서 치유를 받아 정상으로 회복이 돼서 감사헌금까지 했습니다. 이렇게 부인의 영향으로 남편이 알코올 중독자가 될 수도 있습니다. 우리는 바르게 분별하고 치유를 해야 불필요한 고생을 하지 않습니다.

성령의 역사가 일어나면 치유되지 않을 병이 없습니다. 안된다고 속단하고 포기하지 말고 믿음을 가져야 합니다. 성령의 임재가운데 들어가려고 노력해야 합니다. 성령의 임재 가운데 들어가 지식의 말씀을 구해야 합니다. 불치병의 근본원인이 무엇인지 알아내라는 것입니다. 성령님은 모든 것을 알고 계시기 때문입니다. 하나님의 말씀에는 불치병이 없습니다. 불치병은 세상 의사들이 만들어낸 용어일 뿐입니다.

성령님께서 감동하시어 불치병을 치유 받을 장소나 사람을 만났다면 장소나 사람이 하는 말에 순종해야 합니다. 성령의 감동을 받고 필자의 교회와 저에게 찾아오는 분들이 있습니다. 그런데 일부는 필자가 하는 말에 순종을 하지 않습니다. 그러면 백이면 백 해결이 안 됩니다. 예를 든다면 이렇습니다. 모계에 무당의 내력이 있어서 자녀가 영적이고 정신적인 문제가 발생했습니다. 그러면 어머니와 함께 치유를 받아야 합니다. 그런데 어머니가 치유를 받으러 오면 한동안 성령의 역사로 힘들게 됩니다. 며칠만 견디면 되는 데 하루 오고 안 옵니다, 자녀만 보냅니다. 근본의 해결이 될 수가 없습니다. 윗물이 맑아야 아랫물도 맑다고 하지 않습니까? 또 다른 경우는 시간이 걸리고, 물질이 들어가면 계산속에 빠져서 순종을 하지 않습니다. 자기 생각대로 합니다. 아니 나아만 장군이 문둥병을 해결 받았는데 자기 생각대로 해서 해결 받았습니까? 엘리사가 하라는 대로 일곱 번 요단강에 몸을 담그니까, 문둥병이 해결이 되었습니다. 그러니까, 성령의 감동을 받고 장소나 사람을 만났다면 조언하는 말에 순종하는 것이 중요합니다. 순종하지 않으면 백이면 백 모두 해결이 되지 않습니다. 세상 적이고 인간적인 생각을 쫓아가니 성령님이 장악을 하지 못한 연고입니다. 무엇보다 순종이 중요합니다.

일부 목회자와 직분 자들이 영육의 현실 문제를 자기고 고생하는 성도들에게 이렇게 말합니다. 하나님을 의지하고 맡기라고 합니다. 하나님을 의지하고 맡기라는 말을 바르게 이해해야 합니다. 하나님을 의지하라는 말은 하나님의 말씀대로 순종하라는 것입니다. 말씀대로 순종하고 해결 되는 것은 하나님께 맡기라는 것입니다. 아니 여리고 성이 하나님을 의지하고 맡긴다고 가만히 앉아서 무너지기만을 기다렸다면 무너졌겠습니까? 하나님의 말씀대로 순종하니까, 순종하는 믿음을 보시고 하나님께서 여리고 성을 무너지게 한 것입니다.

충만한 교회는 매주 다른 과목을 가지고 매주 화-수-목 (11:00-16:30)집회를 인도합니다. 무료집회입니다. 단 교재를 구입해야 입장이 가능합니다. 매주 다른 과목으로 집회를 합니다. 그래서 많은 분들이 교수 과목에 대하여 질문을 많이 합니다. 즉, 성령의 불세례 받는 집회는 언제 합니까? 내적치유는 언제 합니까? 신유집회는 언제 합니까? 귀신축사는 언제 합니까? 기도 훈련은 언제 합니까? 성령은사 집회는 언제 합니까? 재정축복집회는 언제 합니까? 등등 질문을 하십니다. 충만한 교회 집회는 어느 집회에 오시더라도 기본적인 영성치유인 "성령의 불세례, 내적치유, 귀신축사, 신유, 성령의 은사 전이, 깊은 영의기도"를 체험하고 치유 받을 수 있습니다. 오시면 성령의 9가지 은사와 15가지 질병과 문제도 모두 치유 받습니다.

13장 기적적으로 현실 문제를 해결하셨다.

(요일 2:27)"너희는 주께 받은바 기름 부음이 너희 안에 거하나니 아무도 너희를 가르칠 필요가 없고 오직 그의 기름 부음이 모든 것을 너희에게 가르치며 또 참되고 거짓이 없으니 너희를 가르치신 그대로 주 안에 거하라"

하나님은 현실 문제를 통하여 성도들이나 목회자를 영적으로 바꾸십니다. 현실문제에 봉착하면 당황하지 말고 하나님께 기도해야 합니다. 하나님께 기도하여 해결방법을 질문해야 합니다. 자신이 당하는 모든 문제의 해결방법은 하나님께서 가지고 계시기 때문입니다. 우리들이 인생길을 걸어 나아갈 때 우리 스스로 해결할 수 없는 문제들이 많이 있습니다. 사람들은 문제를 만나면 먼저 마음이 무너집니다.

제가 현실문제가 있을 때 성령의 감동을 받고 행하면 이루어진다는 믿음을 갖게 된 계기가 있었습니다. 필자가 공직에서 나와서 신학대학원을 다니기 위하여 안산에 올라왔습니다. 올라와서 보니까, 신도시가 조성이 되고 있었습니다. 아파트 분양이 한창 되고 있었습니다. 우리가 안산에 10월초에 올라오게 되었는데 익년 2월 26일에 입주하는 아파트가 있었습니다. 분양 사무실에 가보니 좋은 층은 다 분양이 되고 1층과 5층만 남아있었습니다. 5층을 분양을 받았습니다. 일단 안산에서 전세를 얻어서 살았습니다. 살림이 많아서 주인 세대를 전세금 사천만원을 주고 살았습니다. 그런데 문제가 발생을 했습니다. 안산에 세를 들어 사는 사람들이 시화에 아파트 분양을 받아서 이사를 가니 안산에 있는 집이 나가지를 않는 것입니다. 잘 알다시피 아파트는 입주 날자가 되면 입주를 하든지 안하든지 분양대금은 모두 지불을 해야 합니다.

만약에 지불하지 못하면 이자를 내야 합니다. 안산에 있는 집이 나가야 분양대금을 지불하고 들어가는데 부동산이란 부동산 모두에 집을 내놓고 기다려도 전화가 한 통화도 오지를 않는 것입니다. 이제 입주 날자가 20일 밖에 남지 않았습니다. 주변에 여러 사람들이 하는 말이 집이 나가려면 육 개월 이상 걸릴 것이라 말합니다. 주변 상황이 그렇게 어려웠습니다.

그래서 어떻게 합니까? 내가 하나님에게 기도하며 매달리는 수밖에 없는 상황에 처했습니다. 돈을 벌지 않으면서 이자를 내다가 보면 퇴직금 받은 것 다 날아가게 생겼습니다. 새벽마다 가서 하나님에게 기도를 했습니다.

"하나님 어떻게 해야 합니까? 집이 나가야 이사를 가고, 물질에 손해가 없습니다. 내가 다른 일 하겠다고 여기에 왔습니까? 하나님의 일을 하겠다고 여기에 와서 아파트를 분양받는데 이집이 안 나가면 물질의 손해가 너무 막심합니다. 하나님! 어떻게 해야 합니까?" 하면서 계속해서 4일을 기도를 했습니다. 응답이 없습니다. 이제 16일 밖에 남지 않았습니다. 5일째 되는 날 기도하니 이렇게 감동을 하시는 것입니다. "A4지에 상황을 적어서 20장을 만들어서 전봇대와 나무에 붙여라." 그리고 "집이 나가라고 선포하라. 악한 영의 역사가 방해하지 못하게 대적하라." 그래서 집에 오자마자 20장을 만들어서 전봇대와 나무에 붙였습니다. 붙이면서 선포했습니다. "이전단지를 보고 집이 나갈지어다. 더러운 영들은 방해하지 말지어다." "천사들아 새로운 주인을 모시고 올지어다." "집이 나가는 기적이 일어날지어다." 그렇게 하고 오전이 지나고 오후 두시가 되었습니다. 전화가 왔습니다. 집을 보러 오겠다는 것입니다. 당장 와서 보라고 했습니다. 집을 보러 와서 하는 말이 2월 26일 날 집을 비워줄 수가 있느냐는 것입니다.

2월 26일은 아파트 입주하는 날입니다. 자기가 와서 집을 보니 집도 깨끗하고 자기가 찾던 집이라는 것입니다. 그래서 계약하고 2월 26일 날 전세금 받아서 이사를 했습니다. 아무도 집이 나갈 수 있다고 말한 사람은 아무도 없습니다. 심지어 집주인이 계약서를 작성하러 와서 나에게 하는 말이 기적 같은 일이 일어났다는 것입니다. 자기는 한 일 년이 지나야 나갈 줄로 생각하고 있었다는 것입니다. 내가 이렇게 말했습니다. "하나님이 알려주신 대로 순종했더니 집이 나갔습니다. 하나님은 살아계십니다. 주인 아저씨도 예수를 믿으세요." 담대하게 하나님이 하셨다고 불신자에게 말하도록 해주셨습니다. 할렐루야! 하나님이 하셨습니다. 기적을 체험하게 하셨습니다.

하나님은 무에서 유를 창조하는 하나님이십니다. 기적의 하나님 이십니다. 사람이 모두 안 된다고 해도 포기하지 말고 직접 하나님에게 물어보면서 하나님이 하라는 감동대로 순종하세요. 그러면 하나님께서 믿음을 보시고 기적같이 응답하여 주십니다. 믿음을 가지세요. 하나님은 기적의 하나님 이십니다.

예수를 믿고 성령의 인도를 받아 교회에 나온 크리스천은 하나님의 방법으로 문제를 해결해야 합니다. 자신의 문제를 해결하려고 이리 뛰고, 저리 뛰고 해도 해결되지 않습니다. 세상방법으로 해결이 된 다해도 임시요법에 불과한 것입니다. 다시 재발한다는 말입니다. 하나님의 자녀의 문제는 하나님의 방법으로 해결을 해야 합니다. 문제가 생겼을 때 불필요한 시간 낭비 마시고 주님만이 나의 모든 문제의 해결 자가 되십니다. 주여! 나를 도와주옵소서. 나를 불쌍히 여겨 주옵소서. 하고 주님께 나와 기도하면 방법을 알려주시고 순종하면 해결하여 주십니다.

한 가지 알아야 할 것은 툭하면 하나님께 "의뢰합니다. 맡깁니다." 합니다. 맡기고 의뢰한다는 의미를 잘 알아야 합니다. 맡기고 의뢰한다는 것은 하나님께 기도하여 하나님의 지혜를 구하는 것입니다. 하나님께서 주시는 지혜대로 순종하면 문제가 해결이 되는 것입니다. 자기가 마음대로 저질러 놓고 하나님께 맡긴다고 해결이 되겠습니까? 우리가 알아야 할 것은 크리스천은 예수를 믿는 순간에 자신은 죽고 예수로 태어난 사람입니다. 죽은 사람이 문제를 해결할 도리가 없습니다. 다시 사신 예수님이 문제를 해결해야 합니다. 그래서 예수님께 기도하여 알려주시는 지혜대로 순종하는 것입니다. 그러면 믿음을 보시고 성령께서 해결하시는 것입니다. 시편 46편 10절에 이와 같이 말씀합니다. "이르시기를 너희는 가만히 있어 내가 하나님 됨을 알지어다" 가만히 있어라. 왜 안절부절못하고 입을 열어서 원망과 불평을 하고 아이고 나 죽네! 부정적인 소리를 쏟아놓느냐? 가만히 좀 있어라. 입다물고 내가 어떻게 일하는지 좀 살펴보고 믿음으로 지켜보고 주님 역사하심을 살펴보아라. 시편 46편 10절 말씀 다시 기억합니다. "이르시기를 너희는 가만히 있어 내가 하나님 됨을 알지어다. 내가 뭇 나라 중에서 높임을 받으리라. 내가 세계 중에서 높임을 받으리라 하시 도다. 이 놀라운 일 가운데 내가 하나님의 은혜와 기적을 나타내서 모든 사람들 가운데 모든 나라 가운데 영광을 받을 것이다. 높임을 받을 것이다. 그러므로 너희는 가만히 있어라." 가만히 있으라는 표현이 성경에 여러 곳 나오는데 그 대표적인 하나가 홍해가 막혀있고 뒤에는 바로의 군대가 쫓아와서 430년 만에 애굽에서 탈출한 이스라엘 백성이 원망과 불평을 쏟아놓을 때 가만히 있으라는 말이 나옵니다. 출애굽기 14장 11절을 보면, 그들이 입을 열어 불평합니다. "그들이 또 모세에게 이르되 애굽에 매장지가 없어서 당신이 우리를 이끌어 내어 이 광야에서 죽게 하느냐 어찌하여 당신이 우리를 애굽에서 이끌어 내어 우리에게 이같이 하느냐" 430년 동안 저들이 노예 생활을 하던 애굽에서 해방 받아서 저들이 약속의 땅 가나안으로 가는데 불과 얼마 지나지 않아서 그 기쁨은 사라져버리고 앞에 홍해가 막히고 뒤에 군사가 쫓아오니까 우리를 차라리 종살이 하게 내버려두지 왜 우리를 건져내갖고 여기서 죽게 하느냐? 우리를 묻을 묘지가 없어서 이곳에 까지 끌고 나오느냐? 다 입을 열고 불평합니다. 문제를 만났을 때 제일 먼저 우리가 하는 것이 불평입니다.

원망입니다. 남의 탓입니다. 모세를 탓하고 하나님을 원망했어요. 문제가 생겼을 때 내가 문제가 무엇일까? 내 자신을 살펴봐야 하는데 당신 때문에 그렇소… 당신 때문에 그렇소… 원망하면 문제가 더 커져버립니다. 모세가 하나님이 함께 하신다는 음성을 듣고 담대히 말씀 했습니다. 출애굽기 14장 13절, 14절 말씀을 봅니다. "모세가 백성에게 이르되 너희는 두려워하지 말고 가만히 서서 하나님께서 오늘 너희를 위하여 행하시는 구원을 보라 너희가 오늘 본 애굽 사람을 영원히 다시 보지 아니하리라 하나님께서 너희를 위하여 싸우시리니 너희는 가만히 있을 지니라" "하나님께서 우리를 위하여 대신 싸우실 것이므로 너희는 가만히 있을 것이라. 잠잠하고 조용하고 불평하지 말고 가만히 있어라. 그저 주님께서 하라는 대로 순종하고 맡기고 주님 앞에 감사하며 찬양하며 나아갈 것이라." 이것이 바로 하나님이 하실 것을 믿는 살아있는 믿음입니다. 예수님 믿고 믿음의 사람으로 살아야지 예수님 믿고 신앙생활을 한지 10년이 지나고 20년 지났는데도 문제만 생기면 불평하고 '당신 탓이오.. 당신 탓이오.'하고 싸우고 부정적인 얘기들을 쏟아 놓고 있으니 얼마나 부끄러운 구원을 받은 우리들 입니까? 하나님은 항상 내가 문제라고 말하는 성도를 좋아하십니다. 항상 자신이 문제입니다.

그 이스라엘 백성하고 우리하고 다른 게 뭐가 있어요? 출애굽 사건의 B. C 1400년에, 그러니까 3400년 전에 이스라엘 백성들이 불평을 하는 거나 우리가 예수 믿고 불평하는 거나 불평의 내용은 비슷한 것입니다. 주여! 우리의 입술이 불평, 원망, 부성석인 얘기를 쏟아 놓는 입술이 아니라 감사, 찬양의 입술로 바꾸어지게 하옵소서. 기도해야 합니다. 그 다음에 되어 질 일들이 우리가 다 잘 알고 있습니다. 출애굽기 14장 21절에, "모세가 바다 위로 손을 내밀매 하나님께서 큰 동풍이 밤새도록 바닷물을 물러가게 하시니 물이 갈라져 바다가 마른 땅이 된지라"

모세가 하나님의 음성을 듣고 순종하여 바다 위로 손을 내미니까, 이 바다가 갈라져서 육지 같이 된 곳을 남자로만 60만 명, 여자와 아이를 합하여 약 300만 명 가까이 되는 이스라엘 백성들이 그 홍해를 육지처럼 건너갑니다. 하나님은 일찍이 홍해 밑에 다가 길을 만들어 두셨습니다. 크리스천이 성령의 인도를 받고 천성을 향해서 가는 길에 일어나는 모든 문제는 하나님께서 모두 아십니다. 문제를 해결할 방법도 만들어 두셨습니다. 하나님께 기도하여 해결할 방법을 알아내고 순종하면 해결이 되는 것입니다. 믿음을 가지시기를 바랍니다.

이스라엘 백성이 이 홍해를 절대로 가르지 못합니다. 이스라엘 백성의 힘으로는 그 물길이 절대로 갈라질 수 없습니다. 그 많은 사람들이 당장 배를 만들 수도 없는 것이고 그중에 헤엄을 잘 쳐서 그 바다를 건너갈 사람이 몇 사람이 되겠습니까? 그러니까 하나님 말씀이 '가만히 있어라. 불평하지 말라. 원망하지 말라. 부정적인 이야기를 쏟아놓지 말아라. 내가 도와줄 것이다.'

하나님은 성도들이 문제를 만나 하나님께 기도하여 해결하면서 하나님께서 동행하신다는 것을 체험적으로 알아가게 하시는 것입니다. 하나님은 살아계신 하나님이시기 때문입니다. 성도들이 하나님이 살아계신 다는 것을 믿게 하기 위하여 문제를 만나 하나님의 역사로 해결되는 것을 체험하게 하십니다. 그렇게 하면서 세상을 이길 수 있는 담대한 성도를 만들어 가십니다.

바울이 고린도 교인들에게 이렇게 말합니다. "너희는 아직도 육신에 속한 자로다. 너희 가운데 시기와 분쟁이 있으니 어찌 육신에 속하여 사람을 따라 행함이 아니리요"(고린도전서 3:3). 우리가 알거니와 고린도 교인들에게는 신령한 은사가 넘쳤습니다. 외견으로 보면, 매우 신령한 것 같고 영적인 것 같습니다. 그럼에도 불구하고 그들이 하는 행동은 바람직하지 못했습니다. 이처럼 우리 가운데에도 신앙생활은 오래 했지만 여전히 육에 속한 사람들이 있다고 말할 수 있습니다.

바울은 뒷부분에 그런 사람들은 인간의 방식대로 살고 있다고 언급합니다. 세속적인 삶의 방식을 따라서 살아가는 오늘날의 성도들의 영적 수준이 그렇습니다. 그러므로 "신령한 것이 먼저가 아닙니다. 자연에 속한 것이 먼저요, 그 다음이 신령한 것입니다"(고전:15:46)라고 언급한 말씀처럼 우리는 먼저 육체로 태어납니다. 그러므로 육적인 삶이 우선이고, 그 다음이 영적인 삶이 있게 되는 것입니다. 이것이 자연의 이치이지만, 신앙생활을 하면서 영적 단계로 전혀 옮아가지 못하는 사람들이 있는 것입니다. 앉은뱅이로 육신에 속한 채로 살아간다는 것입니다.

하나님은 우리 모두가 레마를 듣고 순종하는 영적인 사람이 되기를 원하십니다. 그래야만 하나님의 뜻을 제대로 알게 되고 올바르게 응답할 수 있기 때문입니다. 육에 속한 사람은 그리스도 안에서 어린아이와 같다고 정의합니다. 이런 사람은 하나님의 일을 알지 못한다고 합니다. 비록 신앙생활을 많이 하고 성경공부를 많이 해서 박식하고 자신은 영적 만족을 누리지만, 그 모든 것이 하나님의 뜻을 이루어내는 일에는 별로 기여하지 못합니다. 그래서 하나님은 어린 아이에서 벗어나 영적으로 성숙된 사람이 되도록 우리 삶 가운데 육체적 시험을 둡니다. 육에 속한 사람은 육신적 문제를 만나게 됩니다. 물론 영에 속한 사람이라고 해도 완전이 육체의 소욕에서 자유로울 수는 없습니다. 우리는 육체를 벗어나서는 이 세상에 존재할 수 없는 존재이기 때문입니다. 항상 하나님을 의지해야 하는 나약한 존재입니다.

우리는 육체의 문제를 통해서 하나님을 알아가게 됩니다. 고통스런 문제가 있어야 우리는 비로소 하나님을 깊이 생각하게 되며, 그 문제가 해결되는 과정에서 하나님의 뜻을 발견하게 되는 것입니다. 문제를 통해서 하나님을 경험하고 알아가는 것은 육체에 속한 사람이라는 증거입니다. 계속적인 육신의 문제로 괴로워하는 사람은 영적으로 바뀌기 위하여 관심을 쏟아야 합니다. 육체의 문제는 영적 성숙을 위한 하나님의 은혜입니다. 육체의 문제를 해결해 가는 과정에서 단순히 문제의 해결에만 관심을 쏟으면 그 문제를 주신 배경을 이해하지 못하게 됩니다. 그 문제를 통해서 얻게 될 하나님의 속성을 발견하지 못하면 육체의 문제는 계속 이어질 수밖에 없는 것입니다. 육체의 문제를 해결하려면 반드시 하나님에게 기도해야 해결이 되는 것입니다. 성령으로 기도하면서 하나님의 해결방법을 받아서 순종하면 해결이 되는 것입니다. 그래서 육체의 문제를 해결하다가 보면 자연스럽게 하나님을 체험하며 알아가는 것입니다.

우리에게는 계속되는 육체의 문제를 하나님께 기도하여 해결하는 과정을 통해서 영적 눈을 뜨게 되고, 하나님이 문제를 다루시는 진정한 의도를 파악하여 보이지 않는 하나님을 보는 것 같이 인식하고, 응답받기 위하여 기도하는 것입니다. 이런 것이 영적 성숙에 이르는 자세이며, 이런 과정을 통해서 우리는 하나님이 자신에게 다가오는 발소리를 듣게 되고, 하나님의 부름에 즉각 바르게 응답할 수 있는 능력을 기르게 되는 것입니다. 자연에 속한 사람(육체에 속한 사람)은 하나님의 레마를 듣고 순종해야 하는 영에 속한 일을 받아들이지 못합니다. 자신의 주변에서 일어나는 일을 단순히 자연적 시각으로만 인식하기 때문입니다. 그런 사람들은 자연적인 일들 가운데 있는 하나님의 뜻을 전혀 발견할 수도 없고 이해할 수도 없는 것입니다(고전 2:14). 성령으로 거듭난 성도는 현실문제에는 하나님의 섭리와 해결방법이 있다고 믿고 기도합니다. 성령으로 거듭난 성도들과 목회자에게는 그래서 문제가, 문제가 되지 못하는 것입니다.

비록 목회자라고 해도 육의 수준을 제대로 벗어나지 못한 목회자는 주로 세상의 일에 관해서만 이야기합니다. 하나님의 말씀을 전하더라고 인간의 방식으로 전하게 됩니다. 주로 철학적이고 세속적인 내용을 다룹니다. 물론 이런 부분을 다루어야 하는 까닭은 모든 성도가 다 영에 속한 사람이 아니기 때문에 부득불 육에 속한 이야기를 해야 합니다. 바울도 고린도 교인들에게 영에 속한 이야기를 하지 못하는 것은 그들이 모두 육에 속하여 그리스도 안에서 어린 아이 같았기 때문입니다. 그런데 바울처럼 영에 속하여 하나님의 신비한 세계를 깊이 경험하고 알고 있음에도 불구하고, 성도의 영적 수준으로 인해 부득불 육신적인 방법으로 이야기를 해야 하는 경우에는 문제가 없겠으나, 그렇지 못하고 자신도 육에 속해서 자신이 지금 하고 있는 말이 오직 세상의 기준에만 의존한 것이라면 문제가 있는 것입니다.

허구한 날 오로지 세상을 살아가는 이야기만 한다면 이것은 심각합니다. 비록 성경을 인용한다고 하더라도 그 말씀은 엄격히 하나님과는 별로 상관이 없는 세상에 속한 이야기일 뿐입니다. 겉으로는 영적인 것처럼 보이지만, 그 속은 여전히 세속적입니다. 이런 이야기는 세속적인 사람의 강연이나 세미나와 다를 바가 없는 것입니다. 하나님은 통탄하고 계십니다. 그런데 하나님의 경고를 이해하지를 못합니다. 영이 깨어나지 못하고 성숙하지 못했기 때문입니다. 하나님은 이런 목회자나 성도들을 영적으로 바꾸기 위하여 현실 문제를 사용하시는 것입니다.

고린도 교인들이 겉으로는 신령한 것 같이 보였지만, 사실 그들은 여전히 세속적 기준의 삶을 살아가고 있는 것과 같은 것입니다. 이런 형태의 육에 속한 사람은 끊임없이 육신의 문제로 고통을 당하게 됩니다. 육체의 문제는 육에 속한 사람을 영에 속한 사람으로 바꾸기 위한 하나님의 배려입니다. 문제를 통해서 자신의 결점을 발견하고 하나님에게 철저히 회개하며, 육신의 일에 몰두했던 어리석음을 깨닫고 하나님에게 기도하여 하나님의 뜻에 따라 사는 삶으로 변화되어야 하는 중요한 고비인 것입니다. 그래서 성도는 날마다 깊은 영의기도를 하면서 자신을 성찰해야 합니다. 하나님의 음성을 들어 문제를 사전에 알고 예방하는 것입니다. 육에 속한 사람은 영에 속한 일을 경험하지 못했으므로 그는 오로지 사람의 일에만 관심이 있고 그런 것들만 언급하고 그렇게 가르칩니다. 그래서 세상의 일에 대처하는 방법이 매우 현실적이고 합리적이어서 육에 속한 사람에게는 실질적으로 유익하고 탁월해 보입니다. 그래서 육신에 속한 사람들에게 인기가 많습니다.

세속적 성공을 추구하는 사람은 신령한 세계에 대한 경험이 전무하기 때문에 그렇습니다. 자신이 경험한 세계는 오직 보이는 육의 세계이기 때문에 이것이 전부인 것입니다. 이런 사람들이 신령한 세계의 귀중한 것들을 볼 수만 있다면 아마도 그것을 얻으려고 엄청난 노력을 할 것입니다. 왜냐하면 세상의 귀한 것을 얻기 위해서 이토록 약삭빠른 데, 하물며 하나님의 나라의 그 귀하고 소중한 것들을 경험한다면 가만히 앉아 있겠습니까? 모르기 때문에 엉뚱한 것들을 얻으려고 기를 쓰는 것입니다. 사람은 영적인 존재이기 때문에 누구나 신비한 것을 체험하면 관심을 집중하게 되어있습니다. 세상의 것들은 없어질 것들이지만 하나님의 나라의 것들은 없어지지 않습니다. 육체의 시험을 통해서 영적인 세계로 들어갑니다. 육체의 문제를 통해서 우리는 부르짖게 되고, 그 부르짖음을 통해서 주님의 영역 안에 들어가는 길이 열리게 되는 것입니다.

그런데 문제는 목회자들 가운데 일 년 내내 비록 성경 말씀을 언급하지만, 그것은 겉치레일 뿐 세상에 있는 것들을 이야기하고, 세상에서 살아가는 방법들을 이야기하고, 내 생각 내 판단으로 이야기하고, 하나님이 직접 지시하시는 그 음성을 들어본 기억조차도 없고, 어쩌다 한 번 들은 것 같은 희미한 기억만을 간직하고 있다면 이는 얼마나 서글픈 일입니까?

이런 분들은 날마다 우리 가운데 일어나는 놀라운 일들이 그저 강 건너 불처럼 남의 일로 여깁니다. 실상은 육체의 문제를 통해서 주님을 만납니다. 우리는 현실의 문제, 즉 육체의 일들을 통해서 하나님을 알아가고 체험하는 것입니다. 하나님은 영이시기 때문입니다. 주님을 체험하면 우리 현실문제 가운데 그분의 역사하심이 나타나 해결하십니다. 우리는 그 나타남을 증거 하는 자들입니다. 우리의 지식과 경험과 경륜과 성취는 모두 주님 발아래 내려놓아야 하는 것들입니다. 주님의 나타나심은 우리가 구해야 하는 가장 귀한 은혜입니다. 주님은 그를 믿고 따르는 자를 통해서 그분을 드러내기를 바랍니다. 우리는 어디에 있던지 주님이 나타나 주님의 방법과 역사로 문제를 해결하시도록 하는 도구가 되어야 할 것입니다.

사람들은 자기 자신을 나타내기 좋아합니다. 자꾸 자기 자신을 나타내려고 해요. 그러면 하나님의 은혜가 멈춰버려요. 모든 영광 하나님께…. 필자는 죽을병에 걸린 사람을 살리고도 하나님께서 저를 통하여 치유하셨기 때문에 하나님께서 하신 것입니다. 하나님께서 치유하셨습니다. 필자는 보조자입니다. 항상 하나님께 영광을 돌립니다. 모든 크리스천이 그렇게 되면 하나님께서 하늘의 문을 여셔서 쌓을 곳이 없이 부어 주십니다.

영적으로 깨닫고 보면 지금 고난이, 지금 문제가, 지금의 어려움이 장차 다가올 축복의 전주곡입니다. 하나님은 현실 문제를 통하여 기도하게 하시고 믿음을 견고하게 하십니다. 절대로 낙심하지 마시기를 바랍니다. 로마서 8장 18절에, "생각하건대 현재의 고난은 장차 우리에게 나타날 영광과 비교할 수 없도다" 그래서 이스라엘 백성들이 홍해를 육지처럼 건너고 난 다음 하나님을 찬양하는 장면이 출애굽기 15장 1절에서 2절에 나옵니다. "이 때에 모세와 이스라엘 자손이 이 노래로 여호와께 노래하니 일렀으되 내가 여호와를 찬송하리니 그는 높고 영화로우심이요 말과 그 탄자를 바다에 던지셨음이로다. 여호와는 나의 힘이요 노래시며 나의 구원이시로다 그는 나의 하나님이시니 내가 그를 찬송할 것이요 내 아버지의 하나님이시니 내가 그를 높이리로다" 우리가 호흡이 살아있는 동안 이 땅에서 가장 힘써야 할 것이 무엇이냐. 주님을 찬양하는 것입니다.

예수 믿고 나서 달라져야 합니다. 생각이 달라지고 말이 달라지고 행동이 달라져야 합니다. 부정적인 생각과 부정적인 말로 살았던 과거의 모습을 내던져 버리고 절대긍정, 절대감사로 무장해서 찬양과 감사로 나아갈 때 하나님의 기적과 축복이 임하게 되는 것입니다. 우리를 예수님의 피 값으로 사셨으니, 이제는 감사와 찬양을 돌리는 삶을 살아야 합니다.

"자꾸 걱정하는 크리스천들은 믿음이 약하고 영이 약하고 성령이 충만하지 못해서 그런 것입니다. 자꾸 불평하는 사람들은 믿음이 약해서 그렇습니다. 자꾸 아무것도 아닌데 마음속에 쓸데없이 염려, 근심, 걱정해서 마음이 무너지고 "아이고, 나 죽네." 하는 사람들은 믿음이 약해서 그런 것입니다. 믿음이 약하다는 것은 매사를 자신의 생각으로 하려고 한다는 것입니다. 자신이 하려니 걱정과 근심을 하는 것입니다. 하나님께서 하신다는 강한 믿음의 용사들이 되기를 바랍니다. 나약해져서 늘 무너지는 모습으로 상처투성이가 되어 그렇게 살지 마시고 가슴피고 당당하게 기뻐하고 감사하며 사시기를 바랍니다."

14장 기적적으로 우울증을 치유하셨다.

(시 42:11) "내 영혼아 네가 어찌하여 낙심하며 어찌하여 내 속에서 불안해 하는가 너는 하나님께 소망을 두라 나는 그가 나타나 도우심으로 말미암아 내 하나님을 여전히 찬송하리로다."

삶을 성공적으로 이끈 사람들은 모두 자신의 내면세계를 잘 관리한 사람들입니다. 그래서 내면세계 관리가 중요한 것입니다. 자신의 마음 밭을 잘 관리하여 풍성한 옥토로 만들지 못하면 어떤 시도, 도전, 노력을 하여도 수도관이 새는 것과 같은 결과를 얻게 됩니다. 2015년 3월 24일 독일 여객기가 추락한 사고를 낸 부기장이 우울증 환자였다는 것입니다. "독일 추락 여객기 부기장 안드레아스 루비츠의 전 여자 친구 마리아(가명·26)는 한 독일 매체와의 인터뷰에서 "그가 악몽에 시달렸으며 '떨어진다(We are going down)'는 비명을 지르며 깨어난 적도 있었다"고 전했다." 우울증은 이렇게 다른 사람에게 큰 피해를 입게 하는 것입니다. 우울증은 개인의 문제를 넘어 사회적인 문제입니다.

우리는 성장 과정에서 많은 어려운 일을 겪고 많은 부정적이며, 자신에게 상처 주는 말을 듣고, 보고, 경험했던 사건들이 잠재의식 안에 형성되어 있습니다. 돌, 가시덤불, 너는 못났다. 바보다. 귀찮다. 저리 가라. 쓸모가 없다. 너는 아무 것도 못할 거야.

너는 되는 일이 없어. 이번에도 실패 할 것이다. 차라리 죽어 버려라. 이러한 부정적이고 비관적인 언어가 우리의 마음에 깊이 심겨져 있습니다.

말은 단순히 말로 그치지 않고 마음에 깊이 남게 됩니다, 그리고 그 사람의 인생에 큰 영향을 주게 됩니다. 말은 자신과 가까운 상태의 사람의 말은 깊이 무의식에 심겨 집니다. 어머니, 아버지의 말은 아이는 그대로 믿고 그 말을 받아들입니다. 우울증과 그리스도인이란 두 단어는 서로가 성립되지 않는 말들이고 함께 어울릴 수 없는 말들입니다. 진정으로 성령님에 의해 거듭난 체험을 하고 확실히 성령의 충만함을 경험한 사람이라면 절대로 우울증에 빠지는 일이 있을 수 없습니다. 이 말이 맞습니까? 그렇지 않습니다. 크리스천도 성령으로 기도하지 않고 예배를 등한히 하여 성령으로 충만하지 못하면 우울증이 찾아 올 수가 있습니다.

첫째, 우울증이 발생하는 환경적인 원인. 생활환경이 갑자기 변할 때 충격으로 발생하기도 합니다. 실직, 부도, 심한질병, 가정문제, 직장에서의 은퇴 했을 경우에 발생하기도 합니다. 심하게 놀라거나 죽음을 목격한 경우에 발생하기도 합니다. 자녀들이 출가하여 다 떠났을 때(빈둥지) 발생합니다. 인간은 삶에 순환, 사이클이 있어야 합니다.

밥을 먹고 소화를 시키고 일을 하고 휴식을 취하고(긴장-이완-긴장-이완)가 규칙적으로 일어나야 합니다. 그러나 긴장만 있어서도 안 되고, 이완만 있어서도 안 됩니다. 긴장이나 이완된 상태에서 계속될 때, 심리적인 문제가 생깁니다. 다음에 질병이 찾아오게 됩니다. 그러므로 항상 성령이 충만한 믿음 생활로 내면관리를 해야 하는 것입니다. 무엇보다도 예방 신앙이 중요합니다. 제가 치유사역을 하다 보면 막연하고 안일하게 신앙생활을 하다가 질병이 발생한 다음에 후회하는 분들이 있습니다.

둘째, 우울증의 대표적인 현상. ① 앞으로 아무런 희망도 없다고 느껴질 때 우울증을 의심해 보아야합니다. ② 차라리 죽는 것이 낫다고 생각될 때 우울증을 의심해 보아야합니다. ③ 세상에 나 혼자라고 느껴질 때 우울증을 의심해 보아야합니다. ④ 그대로 있으면 무슨 일을 저지를 것 같을 때 우울증을 의심해 보아야합니다. ⑤ 괴로움을 혼자 견디기 힘들 때 우울증을 의심해 보아야합니다. ⑥ 불면증에 시달릴 때 우울증을 의심해 보아야합니다. ⑦ 체중의 감소 혹은 증가가 심할 때 우울증을 의심해 보아야합니다. ⑧ 지나친 죄책감에 시달릴 때 우울증을 의심해 보아야합니다. ⑨ 병원에서 진찰을 받은 결과 몸에 이상이 없다고 하는데도 몸이 계속 아프거나 심각한 병이 있다는 생각에 빠져들 때 우울증을 의심해 보아야합니다. ⑩ 누가 자신을 놀리거나 남들이 나에게 피해를 주고 있다는 생각 때문에 괴로울 때 우울증을 의심해 보아야합니다. ⑪ 주위에 아무도 없는데 사람의 목소리가 들리는 경험을 할 때 우울증을 의심해 보아야합니다. ⑫ 아무 일도 하기 싫어 주부가 집안일을 못하거나 직장인이 업무를 제대로 못하거나 학생이 공부를 할 수가 없어 성적이 떨어지는 경우에 우울증을 의심해 보아야합니다. ⑬ 말수가 줄어들거나 짜증이 늘어나는 등 성격이 변한 것 같은 경우에 우울증을 의심해 보아야 합니다. ⑭ 술, 담배, 기타 여러 약물(진통제 등)을 상습적으로 복용 또는 남용하는 경우에 우울증을 의심해 보아야합니다. ⑮ 고혈압, 당뇨 등 신체적인 질환이 있는 사람이 우울해 할 때 우울증을 의심해 보아야합니다. 의사의 말을 믿을 수 없을 때 우울증을 의심해 보아야합니다. 자신의 상태를 누구에게 물어봐야 할 지 모를 때 우울증을 의심해 보아야합니다. 나는 이상이 없다고 생각하는데 남들이 병원에 가 보라고 권할 때 우울증을 의심해 보아야합니다. 병원에 가야 하는 것을 알면서도 병원에 가기 싫을 때 우울증을 의심해 보아야합니다.

여기에 추가적인 우울증의 증상은 이렇습니다. 우울증 환자 90%가 신체 통증을 호소한다는 것입니다. 대한우울·조울병학회에서는 여의도성모병원과 서울아산병원 등 13개 병원에서 치료중인 우울증 환자 393명을 대상으로 역학조사를 한 결과 우울증 환자 대부분이 가슴이 답답하거나 호흡이 곤란한 신체증상을 동반하는 것으로 나타났다고 2010년 3월 18일에 밝혔습니다. 조사결과에 따르면 응답자의 90%(340명)는 머리와 가슴, 목, 어깨 등의 부위에서 통증을 느끼고 있는 것으로 분석됐습니다. 부위별로는 두통을 호소하는 환자가 71.4%(275명)로 가장 많았으며, 목이나 어깨 통증 67.8%(262명)명, 근육통 48.9%(188명), 가슴 통증 46.9%(180명), 요통 46.1%(177명) 순으로 흔했습니다.

성별로 보면 남성이 여성보다 허리통증을 더 많이 느꼈으며, 우울증이 심하다고 응답한 사람일수록 신체 통증을 더 많이 느끼는 것으로 조사됐습니다. 응답자 중에는 자살을 생각해 본 적이 있는 응답이 40%에 달했으며, 이중 8% 정도는 실제 자살을 시도했던 것으로 집계됐습니다. 학회에서는 "우울증 환자에게 나타나는 통증은 우울증을 더욱 깊게 만들고, 이는 더욱 심각한 통증 및 다른 신체 증상으로 이어지는 악순환으로 작용한다"면서 "우울증 환자가 조속한 시간 내에 적절한 치료를 받을 수 있는 시스템과 교육이 필요하다"고 말했습니다.

그래서 우리 그리스도인에게 기쁨과 평안은 필수적입니다. 그러나 우리의 내면이 그렇지 못합니다. 요즈음 우리는 우울한 소식이 많이 들립니다. 그리스도인들도 우울해질 수 있습니다. 다윗은 지금 자신의 감정을 시로 표현합니다. 이는 믿음의 사람 다윗이 낙심하며 매우 불안해하고 있다는 증거이기도 합니다. 우울증은 특정한 사람이 걸리는 심리적인 병이 아닙니다. 여자, 마음이 약한 사람, 내성적인 사람, 믿음이 약한 사람, 특정한 사람이 걸리는 병이 아니라 누구든지 걸릴 수 있는 질환입니다. 심리적인 질환에서 가장 우리나라 사람에게 많이 있는 병입니다.

공통적인 질병은 감기입니다. 감기는 어린아이부터 성인에까지 걸리기 쉬운 병입니다. 병중에 가장 기본적인 병이나 모든 병을 일으키는 근원이 되며, 가장 치사율이 높은 병입니다. 감기처럼 우울증도 역시 모든 정신적인 질환에서의 기본적인 병입니다. 감기는 언제 잘 걸립니까? 환절기 기온의 차이가 많을 때, 몸의 상태가 나쁠 때, 과로할 때 많이 걸립니다.

우울증 역시 환절기에 많이 걸립니다. 기분의 차가 심할 때. 복잡한 일이 있을 때. 기온의 차이가 심할 때. 영적인 상태가 약할 때에 잘 나타납니다. 이러한 현상은 누구에게나 찾아올 수 있습니다. 환절기에 감기에 걸리는 것처럼 말입니다. 골리앗을 쓰러트린 담대한 다윗이 우울증에 빠졌던 경우가 있었습니다(시 57:1-2). 갈멜산에서 850명의 이방신 제사장들과 싸워 이긴 엘리야도 우울증에 시달렸습니다(왕상19:4). 요나와 같은 선지자들도 어려움에 빠져 심리가 불안정하게 되었던 경우가 있었습니다(욘4:3). 자만하지 말고 예방하는 신앙이 중요합니다.

셋째, 치유를 위한 노력과 태도. 성령으로 세례를 받고 내면세계를 치유하여 마음의 밭을 옥토로 만들어야 합니다. 어떻게 옥토로 만듭니까? 말씀과 성령의 역사로 내면세계를 정화하면서 만듭니다. 왜 마음을 옥토로 만들어야 합니까? 마음이 넓으면 상처를 덜 받으니까? 그래서 하나님은 우리에게 "항상 기뻐하라. 쉬지 말고 기도하라. 범사에 감사하라"고 하시는 것입니다. 성령 충만한 믿음생활을 하면 우울증은 나타나지 않습니다. 성경 말씀은 모두 우리를 위하여 하나님이 주신 것입니다. 우리는 성령으로 충만하여 항상 기뻐해야 합니다. 항상 기뻐하면 건강에도 좋습니다. 우리가 기뻐할 때 몸에서 엔도르핀이 나옵니다. 그래서 육체에 활력을 주어서 건강을 유지하게 됩니다. 그것뿐만이 아니라 마음이 열리게 되므로 성령으로 충만하게 되는 것입니다. 그러나 반대로 혈기를 내거나 분노할 때는 아드레날린이 분비됩니다. 그래서 우리의 뼈와 뼈 사이에 들어가 뼈로 마르게 합니다.

모든 질병은 자율신경의 계통의 흐름과 부조화로 생깁니다. 모든 질병의 대부분이 자율 신경의 부조화에서 나오는 경우가 많습니다. 그렇기 때문에 내 영이 무거운 죄 짐이나, 불평이나, 원망의 무서운 독소에서 자유 함이 있어야 합니다. 자율 신경의 조화는 주로 마음의 평안과 영의 기쁨을 항상 유지하게 됩니다. 자율 신경의 교감신경은 불안, 좌절, 분노 등의 결과를 유발합니다.

부교감 신경은 주로 기쁨, 화평, 감사, 용서, 사랑, 절제, 인내, 자비와 양선과 충성과 온유함을 주관합니다. 그래서 하나님은 "주 안에서 항상 기뻐하라 내가 다시 말하노니 기뻐하라(빌4:4)" 하시는 것입니다. 포도나무의 가지가 원줄기에 붙어 있어야 하듯이, 우리의 영적 생명과 성령의 역사는 생명의 근원 되시는 예수님에게 붙어 있어야 합니다. 그래서 영적 신령한 생명이 계속 공급을 받아서 끊임없이 흘러나오거나 솟아나야 합니다. 그런데 우리가 분노하거나 혈기를 내면 육성으로 돌아가기 때문에 이런 영적 생명이 공급되지 못하는 것입니다. 그래서 우리는 자신의 건강을 위해서라도 분노하거나 혈기를 내면 안 되는 것입니다. 성도는 마음에 보복의 칼을 품어서는 안 됩니다.

　이는 자신의 영성관리와 정신건강을 위해서 삼가야 합니다. 그래서 우리는 항상 마음에 평안을 유지하려고 의지적인 노력을 해야 하는 것입니다. 그래야 내 안에 계신 성령으로부터 영적생명이 흘러나오는 것입니다. 이러한 생명의 흐름이나 성령의 흐름이 성경에서는 기름부음이라는 표현으로 설명되고 있습니다. 이러한 예수의 생명이 흘러넘치는 역사가 충만하기 위해서는 속사람(영)이 강건해야 합니다. 이 속사람은 자율신경의 부교감 신경에 주로 영향을 받게 됩니다. 자율 신경이 조화를 이루지 못하고, 분노나 불안이나 좌절 등을 일으키면 육성으로 돌아가 기도가 막히게 됩니다. 그래서 성령의 역사를 소멸하게 되는 것입니다.

　성령을 소멸하게 되니 자신도 모르는 사이에 마귀가 틈을 타서 마귀가 역사하는 것입니다. 거기다가 건강에도 영향을 미쳐서 위장, 간, 심장, 폐, 등 오장육부의 혈관 정맥, 근육 등에 뻗어 있는 자율 신경에 자극을 주게 되어, 신체에 이상을 일으키고 정신적인 질병을 유발시키는 것입니다.

　모든 쓰라림과 원한은 첫째 분노로부터 시작, 이것이 신체에 공급되는 아드레날린을 지나치게 분비시킵니다. 신체는 분비된 아드레날린의 초과량을 흡수할 수 없습니다. 결과적으로 그것은 신장으로 가지만 그러나 신장은 이 초과량을 수용할 수 없습니다. 그 결과로 그것은 신체의 관절에 모여 관절염을 일으킵니다. 또 근육통을 일으킵니다. 관절염을 앓는 사람은 자신의 삶을 성찰하고, 혹 다른 사람에 대한 쓴 뿌리와 용서하지 않는 마음을 품고 있는지 여부를 알아보라고 성심성의로 충고하시기 바랍니다.

그러므로 분노나 혈기는 성령을 소멸하게 됩니다. 성령을 소멸하니 자신의 영 안에서 생명이 올라오지 못하므로 자신의 영적인 생활에도 지대한 영향을 줍니다. 우리는 자신의 건강과 성령의 충만함을 위해서라도 혈기나 분노는 다스려야 합니다. 그래서 자신의 영을 자신이 지키는 것은 자신의 힘으로는 불가능하고 성령으로 충만하여 성령의 인도가 있어야 하는 것입니다.

성령으로 충만하고 성령의 인도를 받기 위해서 마음의 평안을 유지해야 합니다. 마음의 평안은 성령으로 기도하고 말씀과 성령으로 심령이 치유되어 안정한 심령이 될 때 가능한 것입니다. 우리 말씀과 성령으로 충만하여 마음을 평안하게 유지합시다. 그래서 항상 내 안에서 성령의 기름부음(생수)이 올라오게 해야 합니다. 제가 지금까지 성령치유 사역을 하면서 우울증이나 정신적인 문제가 있는 분들을 상담한 결과 모두 불안과 두려움으로 고생을 하고 있었습니다. 마귀는 우리가 성령의 깊은 임재 가운데 들어가지 못하게 하려고 두렵게 하는 것입니다. 그래서 성령을 소멸하게 하는 것입니다. 성령으로 기도를 생활화 해야 합니다.

마귀는 어떻게 해서라도 우리가 성령으로 충만하지 못하게 하려고 기를 쓰는 것입니다. 이렇게 불안과 두려움과 우울증으로 고생하는 분들이 저의 교회에 오셔서 말씀과 성령으로 내적치유를 받으면 모두 말 못할 평안을 찾았다고 간증을 합니다. 그러므로 성령이 우리를 장악하면 평안해지는 것입니다. 성령의 속성은 평안이기 때문입니다. 반대로 불안하거나 두려움은 마귀가 주는 것입니다. 그래서 우리는 두려움을 성령의 역사로 몰아내야 합니다. 성령의 임재 가운데 두려움에게 명령해야 합니다.

넷째, 우울증의 기적적인 치유. 저는 우울증이 심하여 사람구실을 못하고 살았습니다. 그러다가 서울 모처에 있는 치유상담센터에서 하는 내적치유 세미나에 참석했습니다. 거기서 충만한 교회에서 치유 받고 부부의 첫 사랑이 회복된 성도를 만나게 되었습니다. 그 성도를 보니 얼굴이 너무나 평안해 보였습니다. 그래서 나는 사역자 인줄로 착각을 했습니다. 서로 대화가 되어 이야기하다 보니 나하고 처지가 같았다가 치유를 받은 것이었습니다. 그래서 여기는 어떻게 왔느냐고 물어보았습니다. 그랬더니 이곳은 어떻게 치유사역을 하고 있는지 보기 위해서 왔다는 것입니다. 그러면서 저에게 이렇게 말하는 것입니다. 당신은 이런 곳에서 치유할 수가 없다는 것입니다. 좀 더 집중적으로 치유를 받아야 한다는 것입니다. 제가 그분에게 집중적으로 치유 받을 수 있는 곳이 어디냐고 물었습니다. 그분이 알려준 곳이 바로 충만한 교회입니다.

그러면서 가지고 있던 국민일보 광고를 주는 것입니다. 그래서 잘 간직한다고 치유 센터에서 준 봉투에 넣어 두었습니다. 치유를 마치고 그곳에서 대절한 관광버스를 타고 서울로 왔습니다.

그런데 그만 내리면서 봉투를 관광버스에 놓고 내린 것입니다. 집에 가서 봉투를 찾으니 없는 것입니다. 그래서 서울에 있는 치유센터에 전화를 해서 혹시 차안에서 놓고 내린 물건이 있는지를 알아보았습니다. 대답은 없다는 것입니다. 그래서 제가 서울로 올라갔습니다. 가서 등록된 이름을 보고 그 집사님을 찾았습니다. 전화를 해서 충만한 교회 위치와 전화번호를 알아냈습니다.

그리고 다음 주에 아는 전도사님과 함께 충만한 교회를 갔습니다. 첫날부터 성령의 체험을 했습니다. 나의 무의식의 상처가 드러나기 시작했습니다. 서러움이 올라와서 엉엉 울기를 며칠을 했습니다. 나는 그때까지 나에게 우울증이 찾아 온 것은 남편 때문이라고 생각하고 있었습니다. 그런데 치유를 받으면 받을수록 어린 시절에 받은 상처가 생각났습니다. 강요셉 목사님이 안수를 집중적으로 해주셔서 서서히 상처가 치유되기 시작했습니다. 나중에 깨닫고 보니 어려서 아버지에게 받은 상처로 인하여 내가 지금 남편이 조금만 섭섭하게 하면 상처를 받은 것이라는 것을 깨달았습니다. 내가 차츰 변하니 남편이 시간을 내어 함께 치유를 받았습니다. 남편도 영안으로 자신을 보고 자신에게 문제가 있다는 것을 인정하면서 변하기 시작했습니다. 평소에는 조그마한 소리도 못하게 하던 남편이 성격이 너그러워지는 것입니다. 이렇게 되니 우리 가정은 점점 행복한 가정이 되었습니다.

제가 치유 받으면서 느낀 것을 잠깐 말씀드립니다. 치유기도 시간에 기도하면 성령께서 상처를 치유하여 주셨습니다. 치유하실 때 가슴에서 집게로 상처를 끄집어내십니다. 얼마나 고통이 심했는지 모릅니다. 그래서 강 목사님에게 문의를 했습니다. 그랬더니 이렇게 대답을 해 주셨습니다. 원래 하나님은 자신이 상처 때문에 지금까지 고생했다는 것을 인정하게 하십니다. 그리고 상처 받을 당시의 고통을 느끼게 하면서 치유 해주십니다. 그러니까 본인들이 치유 받으면서 고통을 당하는 것입니다. 이는 하나님이 치유 해준다는 것을 본인들이 깨닫게 하기 위해서입니다. 그래서 내가 치유를 받으면서 그렇게 고통을 당한 것입니다. 좌우지간 며칠을 치유 받고 나니 마음이 날아갈 것만 같은 시원함과 평안함이 나를 감싸 주었습니다. 우울증도 다 떠나가 버렸습니다. 어느날은 잠을 자다가 오 이 기쁨이라는 찬양을 부르기도 해서 남편을 웃기기도 했습니다. 봄날에 눈이 녹는 것같이 나의 마음의 상처가 치유된 것입니다.

그러니 자연히 부부가 화목해지고 가정이 평안해졌습니다. 무엇보다도 남편이 변했습니다. 저도 변했습니다. 그렇게 남편 하는 꼴이 보기 싫다가 남편이 사랑스러워졌습니다. 지금 생각나는데 나같이 상처가 많은 사람은 한주 씩 하는 집회에 몇 십 만원 주고 내적치유 세미나에 참석 한다고 치유되지 않는다는 것입니다. 충만한 교회 같이 집중 치유를 해야 한다는 것입니다. 그래야 깊은 곳의 상처가 치유된다는 것을 알았습니다. 정말 예수님의 사랑으로 저는 오십이 넘어 새로운 삶을 살게 되었습니다. 사랑의 예수님 감사합니다.

15장 기적적으로 불면증을 치유하셨다.

(시127:2)"너희가 일찍이 일어나고 늦게 누우며 수고
의 떡을 먹음이 헛되도다 그러므로 여호와께서 그의 사
랑하시는 자에게는 잠을 주시는 도다."

불면증은 잠이 쉽게 들지 못하고 잠을 자도 자주 깨며 이른 아
침에 깨는 특징을 갖는 증상을 일컫는 말입니다. 불면증은 밤에
잠을 잘 이루지 못하는 불편뿐 아니라, 낮 시간의 활동에도 영향
을 미쳐서 주의집중의 저하나 피로감으로 작업장에서 재해의 원
인이 되기도 하고, 졸림으로 인한 교통사고의 위험이 증대되기
때문에 이에 대한 사회적 관심이 증가되고 있는 추세입니다. 국
제수면협회의 자료에 의하면, 일 년 동안 인구의 27%에서 일시
적인 또는 간헐적인 불면증상을, 인구의 9%에서는 만성적인 불
면증을 보인다고 하였습니다.

불면증은 편의상 6개월 이상 지속되는 만성 불면증과 4주 미
만동안 지속되는 급성 또는 단기불면증으로 나누고, 임상적으로
는 흔히 최소한 3-4주 이상 지속적인 불면 증상을 보이는 경우
치료 대상으로 삼습니다. 만약 불면증이 6개월 이상 지속이 되
는 경우는 흔히 여러 가지 소인(예 : 불안증)과 촉발인자(예: 새
로운 직업), 영구화시키는 인자(예: 술 혹은 수면제 남용)를 가지
고 있기 때문에 아주 복잡한 양상을 띠게 됩니다. 이때는 수면제

의 지속적인 복용, 불면과 수면제에 대한 두려움, 붕괴된 수면의 각성리듬과 아주 나빠진 수면 위생으로 치료가 더욱 어렵게 됩니다. 이러한 불면증은 반드시 원인에 대한 정확한 평가가 이루어져야 제대로 치료를 받을 수 있기 때문에 이런 경우 꼭 정신과 의사나 가정의를 찾아보길 권합니다.

첫째, 불면증 증상. 불면증 증상은 여러 가지가 있습니다.

1) 불면증 증상과 불면증의 심각한 증상.

① 수주 이상 거의 밤마다 잠이 들기 어려울 경우는 불면증입니다. ② 잠이 들기 어렵기 때문에 불안하여 잠자리에 들기가 무서울 경우는 불면증입니다. ③ 낮 동안 몹시 피곤하고 제대로 집중하거나 활동할 수 없을 경우는 불면증입니다. ④ 잠을 자기 위해 술이나 약물에 의존할 경우는 불면증입니다.

2) 수면의 기능에 대해

수면의 기능은, 잠을 못 자게 했을 때 나타나는 현상을 보고 짐작할 수 있습니다. 사람에게 잠을 못 자게 하면 결국엔 자아붕괴, 환각, 망상이 나타납니다.

동물실험에서 수면박탈은 음식섭취증가, 체중감소, 체온저하, 피부장애 그리고 사망까지 초래함을 보였습니다. 꿈을 못꾸게 해도 과민성, 피로가 나타납니다.

질병, 과로, 임신, 스트레스, 정신기능 과다 등이 있을 때 수면 요구가 많아집니다. 잠이 적은 사람이 잠이 많은 사람보다 능률적이고 야심적이며, 만족해한다고 합니다.

3) 수면은 크게 5가지 기능을 갖는다.

① 낮 동안 소모되고 손상된 부분(특히 중추신경계)을 회복시켜 주는 기능이 가장 중요한 수면기능중의 하나입니다.

② 발생학적 기능인데 그래서 급속안구운동수면(REM 수면)은 특히 성장이 활발한 신생아에서 더욱 활발합니다.

③ 인성학적 기능으로 수면은 낮 동안의 생존기능과 본능적 보존 기능을 잘 할 수 있도록 준비시키고 조절 연습하도록 합니다.

④ 인지적 기능으로 특히 급속안구운동수면이 낮 동안 학습된 정보를 재정리하여 불필요한 것은 버리고 재학습 및 기억시키는 기능을 합니다. 급속 안구운동, 수면 중 단백질 합성이 증가되는 것은 학습된 정보를 기억으로 저장시키는 과정이기도 합니다.

⑤ 감정조절기능입니다. 불쾌하고 불안한 감정들이 꿈과 정보처리를 통해 정화되어 아침에는 상쾌한 기분을 갖도록 해줍니다. 특히 흥미로운 것은 우울감정과 수면의 관계입니다. 건강한 사람에서는 충분한 수면을 취하고 나면 우울한 감정이 감소 되는 현상을 보이나 어떤 사람들에서는 수면이 우울감정을 악화시킵니다. 그래서 이런 환자들에게는 수면박탈을 통해 우울을 치료합니다.

4) 원인과 발생기. 불면증은 크게 3가지 원인이 있습니다.

① 정신과적 질환과 동반된 경우인데, 이 경우는 정신과 장애와 관계된 수면장애로 분류합니다.

② 신체장애가 그 원인인 경우는 신체장애와 관계된 수면 장애로 분류합니다.

③ 스트레스, 입원과 일상의 중대한 변화 등과 같은 환경적 변화로 생긴 불면증으로 흔히 억압이 많고 완벽주의 성향이 강한 강박적 성격의 사람들이 수면이 자기 뜻대로 조절되지 않을 때 쉽게 긴장하고 불안해 질 수 있습니다. 그런데 이런 사람은 낮에는 잘 지내다가 수면시간이 가까울수록 정신 생리학적 긴장과 각성이 높아지면서 불면증으로 이행될 수 있습니다.

필자가 내적치유 하다가 어려서 물에 두 번 빠져서 사경을 헤매다가 구출되었고, 불속에서 한 번 구출된 경험이 있는 60세 된 목사님을 내적치유와 축귀를 통하여 치유한 경험이 있습니다. 이 목사님이 불면증으로 2년을 고생하시다가 저의 충만한 교회 성령치유 집회에 연속적으로 참석했습니다. 여러 곳을 다니면서 치유를 받으려고 했지만 불면증을 치유 받지 못하다가 국민일보 광고를 보고 참석하기 시작했습니다. 몇 개월 동안 열심히 다니면서 능력과 치유를 받았습니다. 그런데 어느날 아마 밖의 날씨가 영하 8도 정도 내려갈 때인데 집회를 마치고 집으로 가려고 하는데 내가 보니까 땀을 비가 내리듯이 흘리면서 몸을 가누지를 못하는 것이었습니다. 그래서 내가 그냥 가시면 안 된다고 잠시 안정을 취하고 가시라고 의자에 앉게 했습니다.

그리고 머리에 손을 얹고 안수하며 기도를 했습니다. 그러니까, 성령께서 이렇게 감동을 하시는 것입니다. "어려서 심하게 놀란 일이 있다. 본인에게 한번 물어보아라." 그래서 본인보고 어렸을 때 놀란 일이 있는지 생각하여 보라고 했습니다. 그랬더니 한참을 눈을 감고 생각하더니 "목사님 이제 생각이 났습니다. 제가 물에 두 번 빠져서 죽을 뻔 했는데 하나님의 은혜로 살아나왔습니다. 그리고 불에도 한번 들어가서 타죽을 뻔 했습니다."

그래서 제가 안수를 시작했습니다. 성령이여 임하소서. 성령이여 사로잡으소서. "불속에 집어넣고, 물속에 집어넣어 죽이려고 했던 귀신아 내가 예수 이름으로 명하노니 정체를 밝히고 나와라. 정체를 밝히고 나와라." 하니까 한참을 흐느끼다가 서서히 정체를 드러내기 시작했습니다. 온몸이 부르르하고 한참을 떨었습니다. 숨을 몰아쉬더니 기침을 한동안 사정없이 하다가 떠나갔습니다. 목사님 얼굴이 아주 평안한 상태가 되었습니다. 그렇게 줄 줄 줄 흐르던 땀이 싹 멈추었습니다. 축귀를 한 후에도 계속 몇 개월 동안 다니면서 은혜를 받았습니다. 목사님이 저의 사모에게 축귀를 받고 2년 동안 고통당하던 불면증을 치유 받았다는 것입니다.

둘째, 불면증의 치료. 세상에서는 크게 세 가지 원칙에서 행해집니다. 세상 방법은 임시료법에 불과 합니다.

첫째로 원인론적 치료입니다. 정확한 다원수면 검사를 통해 원인을 밝혀 그 원인을 제거하는 것이 가장 중요합니다.

둘째로 수면환경 요법입니다. 이는 불면증 치료뿐만 아니라 일반인의 수면건강을 위해서도 강조되어야 할 내용입니다. 선상한 수면을 위해서는 가능한 충분한 수면 시간을 취하고, 규칙적인 생활을 하는 것이 중요합니다.

① 규칙적인 기상시간을 지킬 것. ② 평소 수면시간만큼만 침상에 있을 것. ③ 불규칙한 낮잠을 피하고, 아무 때나 드러눕지 말 것. ④ 잠을 충분히 잠으로 일어났을 때 상쾌한 기분을 갖도록 할 것. ⑤ 안락하고 적절한, 소음이 차단된 그리고 따뜻한 수면환경을 조성할 것. ⑥ 적당한 운동량과 자극량을 유지할 것. ⑦ 저녁시간에 자극적인 것을 피할 것. ⑧ 잠자기 전 20분 정도 뜨거운 샤워(체온을 올리는)를 해볼 것. ⑨ 일정시간에 식사할 것, 수면 전 과식을 피할 것, 그러나 자기 전에 배고픔을 잊기 위해 소량의 우유나 스낵등을 먹는 것은 도움이 될 수 있습니다. ⑩ 그리고 술(잠이 잘 오기는 하나 자주 깨게 한다)과 담배, 지나친 각성음료등 중추신경계 작용물질을 피할 것. ⑪ 정기적으로 저녁에 이완요법(근육이완, 명상)을 시행해 볼 것. ⑫ 자기 전에 물을 많이 마시지 말 것. ⑬ 잠이 안와 초조하거나 화가 날 때, 자꾸 자려고 하지말고 일어나 불을 켜고 침실을 나와 소파에 앉아 깊은 기도를 하는 것도 좋습니다. 호흡을 들이쉬면서 예수님! 내

쉬면서 사랑합니다. ⑭ 그러나 아무리 적게 잤어도 다음 날 제시간에는 일어날 것. ⑮ 자꾸 시계를 보게 되면 시계를 감추어 버릴 것, 그리고 낮에 아무리 복잡한 일이 있고 나쁜 감정이 있었더라도 그날 자기 전에 정리하여 가능한 한 단순하고 편한 마음으로 잠자리에 들것 등입니다.

셋째로 행동 및 인지요법, 이완요법, 역설적 노력, 집중 및 범주화, 단순자극, 수면제한, 자극-조절치료. 깊은 영의기도 등의 적절한 사용이 있습니다. 깊은 영의기도는 수면위생과 함께 행동치료는 정신생리적 및 다른 불면증 치료에 도움이 될 수 있습니다. 행동치료요법으로는 깊은 영의기도, 이완요법, 수면제한치료, 자극조절요법 등이 있는데 궁극적인 목표는 잠들기 전에 호흡을 깊게 하면서 깊은 영의기도 또는 근육의 이완을 통해 각성정도를 낮추고, 졸리울 때만 잠자리에 들도록 하여 수면의 질을 높이는 것입니다. 영적으로 깊어지면 마음이 평안해 지므로 잠을 잘자게 됩니다. 깊은 영성을 유지하는 방법은 이런 것이 있습니다.

넷째로 기타 불면증을 치유하는 방법
1) 점진적 이완훈련: 점진적 이완훈련은 긴장이 물리적일 때 예를 들어 근육을 이완시키는데 어려움이 있을 때 효과적입니다. 점진적 이완, 명상, 심호흡, 숫자세기와 같은 이완요법이 있으며 이 훈련을 더 자주 하면 할수록 더 잘 이완될 수 있습니다.

마음으로 에수님을 찾는 방법도 있습니다.

2) 자극-조절치료: 자극-조절 치료의 목적은 침대에 있으면서 잠을 잘 수 없다는 부정적인 연상을 깨는 것입니다. 이것은 특히 수면 초기 불면과 수면 중기 각성 증상이 있는 환자에게 효과적으로 사용됩니다. 규칙은 간단합니다. 졸리울 때만 잠자리에 들고 15분 이내 잠이 오지 않으면 잠자리에서 나오고 다시 잠을 잘 수 있을 것 같다고 생각될 때까지 잠자리에 들지 않습니다. 이것을 수분 이내에 잠을 잘 수 있을 때까지 반복합니다.

3) 수면제한 요법: 수면제한 요법은 침대에서 더 많은 시간 있으면 있을수록 수면이 더 분절되고, 반대로 적은 시간동안 침대에 있을수록 수면이 더 응축된다는 관찰에 근거한 방법입니다. 늘 잠자는 시간에 15분 정도를 더한 시간만을 침대에 머물도록 하고, 이 과정을 8시간 혹은 원하는 시간만큼 수면을 취할 수 있을 때까지 반복하는 것입니다. 이 과정 또한 효과적이 되려면 3-4주 가량이 걸립니다.

수면제한 요법이나 자극-조절요법 모두에서 매일 같은 시간에 일어난다든가 낮잠을 자지 않는다든가 하는 규칙은 늘 지켜져야 하며, 이러한 방법은 낮동안 매우 졸리울 수 있으므로 운전할 때는 조심하는 것이 필요합니다.

셋째, 말씀과 성령에 의한 영적치유. 불면증을 치유하는 방법 중에 제일 좋은 방법은 말씀과 성령으로 영적치유를 하는 것입니다. 저는 불면증으로 몇 년씩 고생한 사람들을 말씀과 성령으로 내적치유를 통해서 완전 치유하여 자유하게 한 체험이 많습니다. 내면세계가 생명의 말씀과 성령으로 정리되지 못하여 영육의 밸런스가 정상적이지 못하여 발생합니다. 잠재의식의 상처를 성령으로 정화하면 불면증은 치유가 됩니다.

그래서 불면증 환자는 먼저 자신의 불면증은 하나님만이 치유하실 수 있다는 강력한 믿음이 있어야 합니다. 말씀과 성령으로 영적치유를 받겠다고 찾아와야 합니다. 교회나 성령치유 센터에 찾아 나와서 말씀을 듣고 기도하며 성령을 체험해야 합니다. 성령을 체험해야 불면증을 일으키던 어두움의 세력들이 떠나가기 시작하는 것입니다.

분명하게 불면증을 일으키는 잠재의식 안에 어두움의 세력이 있습니다. 이 어두움의 세력은 초자연적으로 역사하는 성령의 역사가 일어나야 떠나가는 것입니다. 왜냐하면 성령의 역사는 불면증을 일으키는 세력보다 강하기 때문입니다. 그런데 우리가 바르게 알아야 할 것은 성령의 체험은 말이 아닙니다. 성령으로 체험하면 영적으로 육적으로 본인이 느끼게 됩니다. 성령체험을 할 때 일어나는 현상은 이렇습니다. 잘 이해하고 거부하거나 두려워하지 않도록 하시기 바랍니다. ① 호흡이 깊어지거나 빨라지고 손이 찌릿찌릿 하기도 합니다. 이는 악 영과 성령의 대립 현상이나 상처를 풀어주는 현상이기도 합니다. ② 주체 못하게 울음이 터지거나. 웃음이 터지는 경우도 있습니다. 방언이 나오게 됩니다. ③ 가슴을 찌르고 무엇이 빠져나오는 아픔을 느낄 수 있습니다. ④ 위장이나 아랫배 부근에서 어떤 뭉치 같은 것이 움직이는 것을 느낄 수도 있습니다. ⑤ 큰소리가 속에서 터져 나오기도 하고 온 몸에 불이 붙은 것 같이 뜨겁기도 합니다. ⑥ 가슴이 답답하고 기침이 나오고 손과 입에서 불이 나오는 것을 느끼기도 합니다. ⑦ 기침, 하품, 트림이 나오고, 토하기도 하고 메스꺼움을 느끼기도 합니다. ⑧ 멀미하는 것처럼 속이 울렁거리며 아랫배가 심히 아프기도 합니다. ⑨ 머리가 아프고 어지럽고 몸이 감당하지 못하게 흔들리기도 합니다. ⑩ 때로는 얼굴이나 몸 전체가 뒤틀리다가 풀어져 평안해지기도 합니다. ⑪ 때로는 상당한 시간 동안 심신의 괴로움(머리가 어지럽고, 몸이 떨리고, 몸에서 열이 나는 등)의 현상이 일어날 수 있습니다. 이것은 일종의 성령의 임재와 치유의 현상이니 두려워말고 조금 있으면 없어집니다. 많은 분들이 이런 체험이 있은 후 영안이 열리고 능력이 나타납니다.

그리고 내적치유를 해야 합니다. 말씀을 들으면서 사역자의 안수를 받으며 내적치유를 2-3개월 받게 되면 웬만한 불면증은 모두 치유됩니다. 지금까지 우리 교회에 오셔서 불면증을 치유받지 못한 성도는 거의 없습니다. 본인이 의지를 가지고 다닌 분들은 모두 치유 받았습니다. 저는 항상 이렇게 말합니다. 불면증은 불치병이 아닙니다. 성령을 체험하고 뜨겁게 기도하면서 내면을 치유하고 귀신을 축사하면 치유가 됩니다. 믿음을 가지십시오. 인내력을 가지고 영성훈련에 참여해야 합니다. 그러면 어느날 불면증은 깨끗하게 사라지고 말 것입니다.

불면증을 치유 받았다고 성령 충만한 믿음생활을 중단하면 조금 있다가 다시 재발합니다. 그래서 지속적인 말씀과 성령 충만한 믿음생활을 하여 영성을 유지하면 절대로 재발하지 않습니다. 우리 주변에 불면증으로 고생하는 분이 있다면 잘 권면하여 치유 받게 하시기를 바랍니다.

깊은 영의기도를 숙달해야 합니다. 숨을 깊게 들이쉬고 내쉬면서 깊은 기도를 하는 것입니다. 내면을 강화하여 잠재의식을 정리하는 것입니다. 자세한 것은 "기도 쉽게 바르게 하는 방법"을 읽어 보세요.

넷째, 약물치료. 제일 좋은 방법이 영적인 치유라고 했습니다. 그러나 영적인 치유 기간 동안 잠을 잘 수가 없을 경우 의사의 처방에 따라 약물을 복용해도 무방합니다. 약물을 투여하면서 치유를 받다가 증상이 호전되면 약을 끊으면 됩니다. 세상의 술을 사용하는데 너무 거부반응을 하면 안 됩니다. 필요하면 세상의술을 사용하면서 영적치유를 하는 것입니다. 그러나 내면치유 사역자가 약을 복용하라는 지시는 삼가는 것이 좋습니다. 절대로 본인의 판단에 맡겨야 합니다. 본인이 의지로 약을 먹지 않고 치유를 받겠다면 그 것보다 더 좋은 것은 없을 것입니다. 그러나 본인이 견디기 힘이 들어서 세상의술을 사용하겠다고 하면 본인의 판단에 맡기는 것이 좋습니다. 절대로 본인이 결정할 요소입니다.

약물치료로는 수면제 이외에 항히스타민제와 진정작용이 있는 항 우울제, 항불안제, 항정신병약물 등이 사용될 수 있습니다. 불면증의 양상이나 건강상태에 따라 종류나 용량이 결정되어야 합니다. 주치의의 적절한 진단이 이루어진 후에 처방이 되어야 하고, 경과에 따라 주치의와 상담이 꼭 필요합니다. 수면제의 사용에는 몇 가지 원칙이 있습니다. 급성불면증에서 주로 사용하여 3주 이상 사용하지 않도록 합니다. 간헐적으로 사용합니다. 효과를 볼 수 있는 가장 낮은 용량을 사용합니다.

반감기가 짧은 약제들은 갑작스런 투약중단에 의한 금단을 예방하기 위해 점차 줄여서 끊어야 합니다.

다섯째, 적당한 운동을 통한 치유. 유산소 운동이 좋습니다. 될 수 있으면 등산을 하는 것도 좋습니다. 낮에 잠을 잔다면 밤에 잠을 못자는 것은 당연한 것입니다. 낮에는 활동을 해야 합니다. 헬스장 같은 곳에 가서 지속적으로 운동을 하는 것도 불면증 치유에 도움이 될 것입니다. 주간에 적당한 운동을 하면 심신이 피로하여 쉽게 수면에 들어갈 수가 있습니다. 좌우지간 본인이 불면증을 퇴치하려고 부단한 노력을 해야 합니다. 성령이 충만한 교회에서 하는 성령치유집회를 참석하여 근본적인 영적문제를 해결하는 방법도 좋습니다. 성령치유를 해야 불면증을 일으키는 근원을 제거할 수가 있습니다.

그리고 불면증 환자가 금해야 하는 것은 낮잠을 자는 것입니다. 낮잠을 자면 밤에 잠이 오지 않는 것은 당연한 것입니다.

불면증은 반드시 치유가 됩니다. 성령으로 세례를 받고 내면의 상처를 치유하여 안정된 심령이 되어야 합니다. 기간을 단축하여 치유를 받으려면 매주 토요일 날 실시되는 개별집중치유를 받으면 좀 더 빨리 불면증을 치유 받을 수 있습니다. 집중 치유를 받으면 불면증뿐만 아니라. 다른 질병과 상처가 치유됩니다. 귀신이 축사되어 마음에 참 평안을 찾게 됩니다. 물론 성령의 은사도 받게 됩니다. 일석이조가 됩니다. 1주전에 정해진 선교헌금을 한 후에 예약을 해야 합니다. 선교헌금은 지정된 계좌에 입금하면 됩니다. 전화를 주시면 자세하게 안내하여 드립니다.

여섯째, 치유 받은 사례. 저는 한 오 년 전부터 우울증에다가 불면증으로 고생을 많이 했습니다. 한방치료를 해도 치유되지 않았습니다. 그래서 서울에 내적치유를 전문으로 하는 ○○박사가 운영하는 ○○○목회 연구원에 2년을 다녀도 치유되지를 않았습니다. 그래서 담임목사님의 권유로 신학대학원에 가게 되었습니다. 담임목사님이 하시는 말씀이 신학대학원에서 공부하면 우울증이 치유 된다는 것입니다. 그래서 우울증을 치유받기 위하여 신학대학원에 간 것입니다. 너무 잠을 자지 못하고 고통스러워 그 말을 믿고 신학대학원에 입교하게 되었습니다. 그런데 이제 더 잠이 오지 않는 것입니다. 그래서 능력이 있다는 ○○○ 순복음교회에도 일 년을 다녔습니다. 그래도 아무 소용이 없었습니다. 수면제를 먹어도 소용이 없는 것입니다. 너무 고통스러워 신학대학원 동료에게 이야기를 했더니 충만한 교회를 가보자는 것입니다. 충만한 교회 목사님이 말씀과 성령으로 내적치유를 하시는 데 우울증이나 불치의 질병이 잘 낫는 다는 것입니다. 그래서 함께 충만한 교회에 와서 목사님의 말씀을 듣고 안수기도를 받으니 성령의 역사가 강하게 일어났습니다. 생전처음 체험하여 보는 것 이었습니다. 그런데 몇 주를 다니니까, 잠이 잘 오고 마음이 편안해지는 것입니다. 우울한 증상이 사라져갔습니다. 그래서 너무 좋아서 계속 다니니까, 완전히 치유가 되었습니다. 우울증을 이렇게 심하게 앓다가 제가 느낀 것은 말만 가지고 치유가 되는 것이 아니라는 것을 깨달은 것입니다. 살아있는 성령의 역사가 있어야 치유된다는 것을 깨닫게 되었습니다. 좌우지간 그렇게 오랜 세월동안 고통을 당하던 우울증을 성령의 역사로 치유받으니 감사합니다. 앞으로 치유의 능력을 받아서 나와 같이 몰라서 쓸데없는 고통을 당하는 성도들을 치유하는 사역자가 되려고 합니다.

16장 기적적으로 공황장애를 치유하셨다.

(시42:5)"내 영혼아 네가 어찌하여 낙심하며 어찌하여 내 속에서 불안해하는가, 너는 하나님께 소망을 두라 그가 나타나 도우심으로 말미암아 내가 여전히 찬송하리로다."

하나님은 만병의 의사이십니다. 세상에서 공황장애는 불치병이라고 합니다. 그런 하나님께 나오면 기적적으로 치유하십니다. 불안함과 긴장감을 야기할만한 그 어떤 자극이 없는데도 불구하고 호흡곤란, 가슴부위 통증, 식은땀, 어지럼증과 같은 증상이 나타난다면, 그 사람은 극도의 불안감에 휩싸일 수밖에 없을 것입니다. 대부분의 사람들은 이런 상황이 발생하면 응급실을 찾게 됩니다. 그런데 응급실에서 시행하는 각종 검사(심전도, CT, MRI 등)상 아무런 이상증상이 나타나지 않는다면 어떤 느낌이 들게 될까? 분명 자신은 금방이라도 죽을 것 같은 고통을 느껴서 병원을 찾아왔는데도 불구하고 각종 검사 상 아무런 병적 반응이 나타나지 않는다고 한다면, 그 또한 불안하기 그지없을 것입니다. 분명 죽을 것과 같은 신체의 이상반응을 감지했는데 검사 상 아무 이상이 없다면 대부분 나 스스로 꾀병을 이야기하는 것이 아닌가라는 생각을 하게 됩니다. 태어나서 이런 고통을 처음 느껴본 사람들은 아무리 생각해도 꾀병은 아님이 분명하다고 느낍니다.

바로 이런 상태를 일컬어 '공황장애'라고 부릅니다. 다시 말해 특별한 자극이나 스트레스가 없는 상황에서 온 몸이 극도의 교감신경항진상태에 빠지게 되어 심장박동의 증가 및 호흡곤란과 불안감을 온 몸으로 느끼며, 마치 죽음이라는 상태를 몸 전체로 인식하게 되는 상태가 되어 이것이 반복적으로 지속되게 되는 상태를 가리키는 말인 것입니다. 이런 공황장애가 반복적으로 발생 시 대부분 신경정신과를 찾게 됩니다. 그러면서 자율신경을 조절해주면서 억제성 신경전달물질을 증가시켜주는 약을 처방을 받게 됩니다. 그러면 일시적으로 증상은 개선되지만, 근본적인 치유는 불가능합니다. 말씀과 성령으로 하는 영적인 치유만이 완벽한 치유가 가능합니다. 이 증상 자체가 아무런 예고 없이 찾아오고 또한 그 원인을 정확하게 파악하지 못했기 때문에 이것을 대비한다는 것이 결코 쉬운 일은 아닙니다.

어떤 목사님이 목회하시다가 과로하여 영적이고, 정신적(공황장애)이고, 육체적인 질병이 발생하여 2년여 동안 이곳저곳을 헤매며 치유를 받으려고 했습니다. 능력이 있다는 유명한 목사님에게 안수를 받기를 수도 없이 했다는 것입니다. 병원에 가서 처방을 받아 약을 먹어도 소용이 없었습니다. 한의원에 가서 침을 맞고 한약을 먹어도 소용이 없었습니다. 결국 치유를 받지 못했습니다. 그러다가 새벽에 기도하는데 기독서점에 가서 책을 사서 보라는 감동이 오더랍니다. 시간이 되어 책을 사려고 기독서점에 갔습니다. 신간 책장에 보니까, "대적기도로 문제 해결하는 비밀"이라는 제목의 책이 눈에 들어오더라는 것입니다. 그래서 사서 읽다가 문득 이곳에 가면 자신의 문제를 해결 받을 수 있다는 강한 감동이 오더랍니다. 그래서 프로그램을 확인하니 토요일 날 개별 집중치유가 있어서 예약하고 오셔서 필자하고 상담하고 치유를 받기 시작했습니다. 첫날 치유를 받고 나니 정신이 돌아오고 마음이 가볍고 몸이 홀가분해지더랍니다. 자신의 문제를 완전하게 해결 받을 수 있다는 믿음이 생기더라는 것입니다. 그래서 몇 주더 다니면서 완전하게 치유 받고 영과 육이 정상적이 되었다는 것입니다. 교회도 전과 같이 회복이 되었다는 것입니다. 이것이 성령의 인도입니다. 이렇게 기도하여 성령의 감동에 순종하면 하나님께서 사람이나 장소나 책이나 약이나 무엇을 통하시든지 하나님의 방법으로 해결하여 주시는 것입니다.

첫째, 공황장애의 정의. 공황장애란 불안장애의 일종으로 급작스런 공황발작 즉 극심한 불안과 함께 두통, 현기증, 가슴 두근거림, 질식감, 호흡곤란, 가슴 통증, 오한, 마비 감, 또는 저림 등의 증상이 나타나는 것이 반복되는 질병입니다.

공황발작이란, 사람이 생명에 위협을 느낄 정도의 극심한 상황에서나 느낄 수 있을 정도의 심각한 공포를 갑작스럽게 느끼는 것을 의미합니다. 환자들은 쉬고 있거나 차를 타고 있거나 자고 있던 중에 증상이 나타나 매우 당황하게 되고 급한 나머지 응급실을 방문하기도 합니다. 공황발작시의 특징적인 신체증상도 환자를 더욱 곤혹스럽게 합니다. 불안감과 동시에 나타나는 신체증상은 심각한 신체질환의 증상과 매우 유사하여 환자들은 내과, 신경과 등 타과를 방문하기도 합니다.

공황발작이 일어나면 가슴이 답답하여 호흡을 할 수가 없고, 자신을 절재 하거나 가누기가 힘이 듭니다. 심장을 짓누르거나 압박을 가하는 고통으로 마치 숨이 넘어가는 것과 같은 두려움이 엄습합니다. 눈이 출혈되고, 몸이 뒤틀리며 소리를 낼 수가 없습니다. 억지로 소리를 내게 되는데 비명소리가 나옵니다. 그래서 참다못해 응급실을 찾게 됩니다. 병원에 가서 여러 가지 검사를 해보면 정확한 증상이 나타나지 않는 것이 보통입니다. 이렇다가 보니 주변 사람들은 환자가 동일한 현상을 일으키면 마치 꾀병을 앓는 것으로 인정하기 쉽습니다. 왜냐하면 남편하고 다투었다든지, 시어머니에게 잔소리를 들엇다든지, 경제적인 환경이 좋지 않을 때 가장 많이 발생을 하기 때문입니다. 일어나는 현상과 증상을 바르게 알고 주변 사람들의 도움이 필요한 질병입니다.

둘째, 공황장애의 원인. 공황장애의 원인은 크게 생물학적인 원인과 정신사회적 원인, 영적인 원인으로 나눌 수 있습니다.

1) **공황장애환자에서 흔한 증상**: 가슴 두근거림. 땀 흘림. 떨림 또는 전율. 숨 가쁨 또는 숨 막히는 느낌. 질식감. 흉부통증 또는 가슴 답답함. 토할 것 같은 느낌 또는 복부 불 편감. 현기증, 불안정감, 머리 띵함, 또는 어지럼증. 비현실감. 자제력상실에 대한 두려움 또는 미칠 것 같은 두려움. 죽음에 대한 두려움. 감

각의 이상. 오한 또는 얼굴이 화끈 달아오름 등입니다.

생물학적 원인으로는 유전이론, 카테콜아민이론, 청반이론, 대사이론, CO2과민성의 증가 등이 있습니다. 유전이론에 따르면 공황장애환자의 직계가족에서 공황장애의 발병률이 4~8배 높은 것으로 알려져 있으며, 일란성쌍생아에서의 공황장애발병 일치 율이 이란성에 비해 약 3배 높은 것으로 알려져 있습니다.

카테콜아민이론에 의하면 신경 화학적 공황 유발 물질들(예: yohimbine, caffeine, isoproterenol등)이 중추신경계의 노르에피네프린, 세로토닌, GABA수용체에 작용하여 공황을 일으키는 것으로 보고되고 있습니다. 호흡과 관련하여 공황을 일으키는 물질들(예: 젖산, CO2 등)은 과 호흡을 유발하거나 생체내의 산-염기 평형을 와해시켜 공황을 유발합니다.

뇌 구조적으로는 뇌의 간뇌에 있는 청반이 관련되는 것으로 보고되고 있는데, 청반은 불안의 중추조직으로 인체의 경보장치 역할을 합니다. 공황발작은 인체의 경보장치가 지나치게 예민해져서 아무런 이유 없이 혹은 사소한 자극으로도 작동하기 때문에 일어나는 것입니다. 그 외에도 불안을 중개하는 편도 핵의 역할이 중요한 것으로 알려지고 있으며 기타 불안관련 중추신경에서 불안을 종합하는 능력의 상실이 공황을 일으키는 원인으로 보고되고 있습니다.

정신사회적으로는 성격이 너무 내성적이고 의존적이거나 너무 완벽 지향적이고 성취욕이 높으며, 경쟁적인 경우에 많고 스트레스가 많아 과음하거나 생활이 불규칙하거나 카페인이 든 음식을 과다하게 섭취하거나 항상 수면이 부족한 사람에게서 흔합니다. 정신분석적 입장에서는 억압이 중요한 공황장애환자들의 방어기제로 보고하고 있으며, 개인이 받아들이기 어려운 소망, 충동들이 억압되어 있다가 의식화되려 할 때 불안과 공황발작이 나타나는 것으로 설명하고 있습니다. 행동주의 이론에서는 불안이 부모로부터 학습한 결과이거나 전형적인 조건화반응을 통하여 나타난다고 보고 있습니다.

이 밖의 공황장애는 등이 굽어서 흉추 3, 4, 5번들이 틀어졌을 경우에 오기 쉬운 병입니다. 보통은 몸과 마음이 다른 것으로 생각하기 쉬우나 몸의 병이 마음에 나타나기도 하고 마음의 병이 몸으로 나타나기도 하는데, 대부분 몸을 건강하게 하면 정신적인 증상도 사라지게 됩니다.

가슴이 답답한 것은 등이 굽고 어깨가 앞으로 틀어짐으로써 가슴을 압박하기 때문이며, 등이 굽고 어깨가 처지면 목을 잡아당기게 되어 목도 삐어있는 경우가 대부분인데 그러면 머리로 올라가는 신경이 약화되어 여러 이상이 나타나게 됩니다.

셋째, 공황장애의 진단. 공황장애의 진단을 위해서는 정신과 의사의 철저한 문진과 정신과적 검사가 시행되고 불안을 유발하는 신체적인 질환을 감별하기 위하여 기본적인 이학적 검사, 갑상선기능검사 등이 시행됩니다.

앞에 말씀드린 13가지 증상 중에 4가지 이상의 증상이 동시에 나타나는 경우 공황발작이 있는 것으로 진단되고 이러한 발작이 반복되거나 또 그런 발작이 반복되는 것을 두려워하는 경우 공황장애로 진단됩니다.

　대개의 경우 공황발작의 첫 증상은 흔히 특별한 유발요인 없이 저절로 시작됩니다. 그러나 일정기간 동안의 육체적 과로나 심각한 정신적인 스트레스를 겪고 난 후에 증상이 처음 시작되는 경우도 많습니다. 대개 공황발작은 10분 이내에 급격한 불안과 동반되는 신체증상이 최고조에 이르며 20~30분 정도 지속되다가 저절로 사라지게 됩니다. 증상이 1시간 이상 지속되는 경우는 드물며, 증상의 빈도도 하루에 여러 번씩 나타나거나 1년에 몇 차례만 나타날 수 있을 정도로 환자에 따라 차이가 큽니다.

　증상과 다음 증상 사이에는 예기 불안이 동반되기 쉬우며 발작 중에 이인감이나 우울감을 경험하기도 합니다. 평소에 카페인 음료나 알코올을 과도하게 섭취해도 증상이 악화될 수 있습니다. 많은 환자들이 공황 발작이 있을 때 응급실을 방문하거나 내과 등, 다른 신체질환을 다루는 의사를 찾게 되며 증상의 원인을 찾기 위해 각종 임상 검사들을 하지만 공황발작 당시의 일시적인 혈압상승이나 과호흡 증상 이외에는 특별한 이상이 없는 것으로 판정되곤 합니다.

　1) 다음 중 4가지 이상의 증상이 갑자기 발생하여 10분 이내에 증상이 최고조에 이르게 됩니다. 심계항진, 가슴이 심하게 두근거림, 빈맥. 발한. 몸이 떨리거나 후들거림. 숨이 가쁘거나 답

답한 느낌. 숨 막히는 느낌. 흉통 또는 가슴의 불쾌감. 메스꺼움 또는 복부 불편감. 어지럽거나 불안정하거나, 멍한 느낌이 들거나 쓰러질 것 같은 느낌. 이인증 또는 비현실감. 스스로 통제할 수 없거나 미칠 것 같은 두려움. 죽을 것 같은 공포감. 감각과민. 춥거나 화끈거리는 느낌 등입니다.

2) 공황장애의 진단기준

① 다음의 (1), (2)가 모두 존재합니다. (1) 반복적이고 예기치 못한 공황발작, (2) 최소한 한 번 이상의 공황발작과 더불어 한 달 이내에 다음 중 한 가지 이상의 증상이 있습니다. (a) 또 다른 발작이 올까봐 계속 염려함. (b) 발작이나 그 결과의 함축된 의미(스스로에 대한 통제를 잃어버리거나 심장발작이 오거나 혹은 미쳐버리지 않을까)에 대해 걱정함. (c) 공황발작과 관련된 행동에 있어 뚜렷한 변화가 옵니다.

② 광장공포증이 없거나 혹은 있습니다. ③ 공황발작은 물질(습관성 물질의 남용이나 약물투여 등)이나 일반 신체적 상태(갑상선 기능항진 증 등)의 직접적인 생리적 영향 때문이 아닙니다. ④ 공황발작이 사회공포증, 특정 공포증, 강박장애, 외상 후 스트레스장애, 분리불안장애와 같은 다른 정신질환에 의해 더 잘 설명되지 않습니다.

넷째, 공황장애 치유하기. 공황장애의 근본적인 원인은 "마음의 상처"와 "죄"이기 때문에 죄와 용서의 처리가 먼저 되어야 합니다. 죄의 개념이 율법을 범하는 차원에서만 생각하지 않기를 바랍니다. 죄란 바로 나 자신의 일부로서 육을 통하여 나타나는 생각이나 감정이나 의지가 다 죄입니다.

육신이 바로 죄이며 육신적으로 사는 것이 죄입니다. 영으로 살지 않는 사람은 육신적으로 사는 죄의 대가인 혼의 질병이 오게 됩니다. 그리고 자신의 죄가 아니더라도 조상의 죄악으로 오는 경우가 많습니다. 그리고 용서를 해야 합니다. 많은 경우 질병이 있는 환자는 말 못할 큰 충격을 받은 일이 있습니다. 나에게 이 충격을 일으킨 사람을 용서해야합니다. "내가 원하는 바 선은 행하지 아니하고 도리어 원하지 아니하는 바 악을 행하는도다. 만일 내가 원하지 아니하는 그것을 하면 이를 행하는 자는 내가 아니요 내 속에 거하는 죄니라(롬 7:19-20)"

1) 죄를 용서받고 치유를 받으려면 예수를 영접하여야 합니다. 예수를 영접하므로 성령의 역사로 치유가 이루어지기 시작합니다. 모든 치유는 성령의 능력으로 됩니다. 자신에 내재하는 인간의 영의 선한 힘(영력)이라 하고, 예수를 믿어 내면으로 들어오신 하나님의 영은 인간의 능력을 초월하여 나타나는 영적 능력으로 역사합니다. 성령의 능력이 이때부터 나타납니다. 그래서 사람은 할 수 없으나 할 수 있는 하나님의 영력(형상)이 나타나서 성령이 충만하게 됩니다. 영력은 나타나는 상태와 조건을 만들어야 나타납니다.

2) 성령의 역사가 나타나는 말씀을 듣고 성령의 세례를 받아야 합니다. 그 조건과 상태는 여러 가지이지만 첫째 의지를 발동

시켜야 합니다. 의지를 발동하게 하여 성령세례를 받는 것이 제
1의 원리요, 그 다음은 말씀과 성령으로 내적 치유하는 것이 제2
의 원리요, 귀신 추방의 제3 원리입니다. 그리하여 생각이 바뀌
고, 마음이 감동되어, 믿음이 생겨서, 본인의 의지가 발동되어,
몸이 움직여지고, 행동으로 옮겨지는 과정을 거쳐야 합니다. 이
영적 원리는 모든 것에 적용됩니다.

3) 성령의 인도로 말씀을 잘 알아들을 수 있어야 합니다. 성경
에서는 내 뜻과 정성과 힘을 다하여 하나님을 섬기라 했고(신28
장), 크게 사모하는 자에게 제일 좋은 길을 보여 준다고 했습니
다(고전12:31). 네가 낫기를 원하느냐고 예수님은 말씀했습니
다(요5:6), 영과 진리로 예배하는 자에게 찾아오신다 했습니다
(요4:23). 모든 영적인 일에 진심으로 구하고 구하면 얻을 것이
요, 찾고 찾으면 찾을 것이고 두드리면 열립니다. 성령을 주십니
다. 강한 순종과 믿음과 승리의 의지를 발동시키고 행동으로 옮
기십시오. 행동으로 옮기지 못하게 하는 장애요인(죄)이 자신에
게 있습니다. 이것을 성령으로 깨닫고 회개하여 제거하십시오.
귀신의 병과 정신병의 구분을 잘 해야 합니다. "그러나 내가 하
나님의 성령을 힘입어 귀신을 쫓아내는 것이면 하나님의 나라가
이미 너희에게 임하였느니라(마 12:28)" "하나님의 나라는 말에
있지 아니하고 오직 능력에 있음이라(고전 4:20)"

4) 앞의 과정을 거친 다음에 질병의 원인을 성령께 질문해야
합니다. 영적인 그림을 그리라는 말입니다. 전체의 그림을 보면

서 자신의 문제의 원인이 어디에 있는 지를 찾아야합니다. 시간이 많이 걸릴 수가 있습니다. 왜냐하면 성령께서 완전하게 장악을 한 다음 원인을 알 수 있고 치유도 되기 때문에 하나님의 시간표를 따라 기다려야 합니다. 급하다고 되는 일이 아닙니다.

5) 성령께서 알려주는 질병의 원인에 따라 조치를 해야 합니다. 죄악은 회개하고, 상처를 준 사람은 용서하고, 가문의 유전은 절단하고 원인을 제거해야 합니다. 악한 영의 역사라면 귀신을 축사해야 합니다. 그리고 지속적인 치유를 받아야 합니다.

6) 이때부터 악한 영을 축사하고 내적치유를 합니다. 의지를 가지고 지속적으로 해야 합니다. 공황발작이 일어나는 환자가 찾아오는 경우 치유사역자는 절대로 당황하거나 불안해하면 안됩니다. 덩달아서 소리를 지른 다든지, 악을 쓰지 말고 잠잠하게 기다리며 환자에게 호흡을 들이쉬고 내쉬라고 하면서 환자가 안정을 취하도록 해야 합니다. 지속적으로 성령의 역사를 요청하여 성령의 역사가 환자를 장악하면 귀신이 기침이나 제체기를 통하여 떠나갑니다. 그러면 환자는 바로 안정을 취하게 됩니다. 제일 빠른 치유가 영적인 치유입니다.

7) 하나님과 영적인 관계를 지속하며 감사해야 합니다. 공황장애의 치유는 반드시 말씀과 성령으로 가능한 것입니다. 먼저 예수를 믿어 옛 사람이 죽어야 합니다. 그리고 새사람으로 태어나야 합니다. 옛 사람이 그대로 살아있는 이상, 완전 치유는 곤란합니다. 옛 사람이 죽고 새사람으로 태어나는 고통을 감내해야 치

유가 됩니다. 그러므로 공황장애를 치유 받으려면 반드시 성령의 세례를 받아야 합니다. 성령으로 세례를 받아, 성령의 이끌림을 받으면서 지속적인 내면 치유를 받아야 합니다. 한마디로 자신이 변해야 완치가 되기 때문입니다. 사람은 할 수 없으되 하나님은 하십니다. 하나님의 말씀에는 불치가 없습니다. 믿음을 가지고 치유 받아 새로운 삶을 살 수가 있습니다. 반드시 예수 안에서 치유된다는 믿음이 굉장히 중요합니다. 하나님이 하십니다.

다섯째, 공황장애의 기적적 치유한 사례입니다. 공황 성 불안 장애로 사람구실을 못하던 분입니다. 이분은 40대 초반의 남성입니다. 불안하고 초조하여 밤에 잠을 제대로 자지 못한다는 것입니다. 사람이 있을 때보다 없을 때는 더욱 심하다는 것입니다. 그래서 서울 유명한 종합병원에 가서 불안장애라는 진단을 받고 약을 받아서 먹어도 안정을 찾을 수가 없었다는 것입니다. 정신과 전문 의사가 하는 말이 조금 지나면 공황장애로 발전할 수가 있다는 것입니다. 그러다가 지인의 소개로 저에게 연락이 왔습니다. 우선 안정을 취하도록 응급조치를 해줄 수가 없느냐는 것입니다. 그래서 집중치유를 해보자고 했습니다. 토요일 날 집중치유를 하는데 30분정도 지나니 악을 쓰면서 울면서 상처가 떠나갔습니다. 약 2시간을 성령의 역사로 치유를 했습니다. 그리고 나서 축귀를 했습니다. 불안하게 하는 귀신들을 약 30분간 쫓았습니다. 이제 환자가 안정을 찾았습니다.

2시간 30분이 지났습니다. 종료하고 환자에게 질문을 했습니다. 지금 기분이 어떠합니까? 예 마음이 후련하고 편안합니다. 참으로 감사합니다. 집에서 어느 때는 울고 싶어도 울음이 나오지 않아서 울지를 못했는데 실컷 울고 나니, 마음이 후련하고, 가슴이 시원하고, 마음이 평안해 졌습니다. 그리고 자기 집, 충청도로 내려갔습니다. 제가 일주일이 지나서 전화하여 상태를 물었습니다. 아주 평안하게 잘 지내고 있다는 것입니다. 이렇게 공황장애나 불안장애는 충격적인 상처로 인하여 발생합니다. 고로 성령의 강한 역사로 내적치유와 축사를 하면 치유가 됩니다. 세상 의술과 약으로는 치유할 방법이 없습니다. 상처와 영적인 문제가 복잡하게 얽혔기 때문입니다.

충만한 교회에서는 매주 토요일 10:00-12:30까지 각각 2시간 30분씩 개별 특별집중 기적치유 시간을 갖고 있습니다. 한번에 4-6명밖에 할 수 없으므로 1주일 전에 지정된 선교헌금을 입금하시고 예약을 합니다. 대상은 여기서도 저기서도 치유와 능력을 받지 못한 분/ 자녀나 본인의 우울증, 공황장애, 조울증, 불면증을 빨리 치유 받을 분/ 가슴이 답답하고 기도하기가 힘이 드는 분/ 방언기도를 깊고 강하게 하고 통역하고 싶은 분/ 축복과 영의 통로를 뚫고 싶은 분/ 성령의 불세례를 체험하고 싶은 분/ 최단기간에 현실문제 해결과 성령치유 능력 받고 싶은 분입니다. 오시면 자신이 눈과 몸으로 느끼고 주변사람들이 알아볼 정도로 획기적인 효과가 나타납니다. 반드시 일주일 전에 전화 확인하시고 선교헌금을 입금 후 예약해야 합니다(전화 02-3474-0675).

17장 기적적으로 아토피 피부병를 치유하셨다.

(출15:26)"이르시되 너희가 너희 하나님 나 여호와의
말을 들어 순종하고 내가 보기에 의를 행하며 내 계명에
귀를 기울이며 내 모든 규례를 지키면 내가 애굽 사람에
게 내린 모든 질병 중 하나도 너희에게 내리지 아니하리
니 나는 너희를 치료하는 여호와임이라"

하나님은 모든 질병을 치유하시는 분입니다. 세상의술에서는
아토피 피부병을 불치병이라고 합니다. 그런데 하나님은 불치병
이 아니라고 하십니다. 하나님은 아토피 피부병도 기적적으로 치
유하십니다. 지금 세상에는 아토피 피부염으로 고생하는 사람들
이 많이 있습니다. 불신자 뿐만이 아니라 예수를 믿고 교회에 출
석하는 분들도 많은 수가 아토피 피부병으로 고통을 당하면서 살
아가고 있습니다. 어른이나 아이나 할 것 없이 아토피피부염으로
밤잠을 못자면서 고통 하는 사람들이 많습니다. 제가 지난 세월
동안 성령치유 사역을 하면서 체험한 바로는 성령으로 충만한 가
운데 잠재의식의 상처를 치유하니 아토피피부염으로 몇 십년간
고생하던 사람이 깨끗하게 치유되더라는 것입니다. 어떤 아이는
안수 두 번 받고 깨끗하게 치유되는 것도 보았습니다.

몇 년 전에 우리 교회에 새로 등록한 집사님 댁에 심방을 갔습
니다. 심방을 하면서 보니까, 집사님의 딸이 고등학교 3년인데 얼

굴과 목과 가슴과 등에 아토피가 있어서 엉망이었습니다. 아주 벌겋게 되어 있는데 저녁이면 가려워서 잠을 제대로 자지 못한다는 것입니다. 정말 안타까웠습니다. 필자가 딸에게 지옥 같은 삶을 살고 있구나! 하니까 눈물을 글썽이면서 그렇다는 것입니다. 필자가 너는 학교를 다니니까, 평일 집회는 참석하지 못하고 목요일 밤 예배하고, 주일예배에 꼭 참석하여 안수를 받으라고 했습니다. 그러면 아토피가 기적같이 치유될 것이라고 했습니다. 아이가 순종을 했습니다. 필자가 교회에 나올 때마다 안수를 하면서 잠재의식을 치유하였습니다. 예수 이름으로 명하노니 '아토피가 치유될지어다.'가 아니고 성령으로 잠재의식을 치유하여 혈액이 원활하게 순환되도록 한 것입니다. 점점 아토피가 없어지고 있다는 것입니다. 보증의 역사가 일어난 것입니다. 3개월이 지나니까, 태어날 때부터 있던 아토피가 완전하게 없어져서 어린아이 피부가 된 것입니다. 예수님을 참으로 좋으신 분입니다. 이것은 체험해보아야 알 수가 있습니다. 아토피는 불치병이 아닙니다. 성령의 역사로 치유가 됩니다.

생명의 말씀과 성령으로 충만하여 잠재의식의 상처를 치유하여 비정상적이던 밸런스가 정상으로 되면 아토피는 치유됩니다. 50여 년간 아토피피부염으로 고생하다가 치유 받은 분은 간증입니다. 할렐루야! 주님께 감사드립니다. 충만한 교회 전인치유 훈련을 통하여 많은 은혜를 받았습니다. 우선, 15년간의 목회사역을 통하여 몸과 마음이 많이 피폐해져서 힘든 상태였습니다. 몸과 마음이 병들어 목회를 포기하려는 상태였는데 성령치유 훈련을 통하여 치유 받고 새 힘을 얻었습니다. 특히 50여 년간 태아 때부터 아토피피부염으로 고생을 많이 했는데 치유를 받았습니다. 소문을 듣고 이곳에 와서 시간, 시간, 성령님의 강한 불의 역사로 고질적인 피부병이 깨끗이 나았습니다. 하나님께 영광을 돌립니다. 참고로 이 피부병으로 좋다는 피부병 약, 병원을 수 없이 많이 다녔지만 순간적으로는 나은듯하다가 다시 재발하고 더 심해지기도 했습니다. 강요셉 목사님이 날마다 하시는 말씀이 하나님의 말씀에는 불치의 병이 없다는 말씀이 맞습니다. 하나님은 지금도 신유의 역사를 일으키십니다. 하나님의 살아서 역사하십니다. 하나님 정말로 감사합니다.

첫째, 아토피피부염의 발생요인. 아토피피부염은 환경요인에 의해 증상을 나타내는 환경성 질환의 대표적인 예로 널리 알려져 있습니다. 그러나 증상으로 이어지기 위해서는 기본적으로 유전적 소인을 가지고 태어나야 합니다. 그리고 출생 후 면역반응형태가 알레르기를 잘 일으킬 수 있는 방향으로 틀을 잡아야 합니다. 이 과정은 출생 직후의 위생 상태에 의해 결정됩니다. 그리고 환경으로부터 신체를 보호하는 방어 능력이 취약한 상태에서 환경요인에 노출되어야 합니다. 요약하면, 아토피피부염은 다른 알레르기들과 마찬가지로 유전적 요인, 출생환경에 따른 면역반응형태, 환경요인 그리고 미숙한 방어기능의 4가지 조건을 가지고 있어야 발생합니다.

1) **유전요인**: 아무리 아토피피부염을 일으킬 수 있는 환경에 노출되었다 해도, 모든 사람이 증상을 나타내지는 않습니다. 이는 아토피피부염(알레르기)증상을 나타내기 위해서는 우선 유전적 성향을 가지고 태어나야 한다는 증거입니다. 최근에 발표된 아토피피부염 발생에 관한 연구결과를 보면, 생후 1년 내에 아토피피부염 증상을 나타낸 경우가 20.1%였습니다. 이중 부모 모두 알레르기 질환의 병력을 가지고 있는 경우에는 발생률이 41.7%이었고, 엄마만 있을 경우에는 30.7%, 아빠만 있을 경우에는 22.2%, 부모 모두 없는 경우에는 14.7%였습니다.

알레르기 가족력 유무에 따른 생후 1년간 아토피피부염 발생률

알레르기 가족력	조사 대상자 수	환자 수	발생률(%)
부모 모두 있음	24	10	41.7
아빠만 있음	81	18	22.2
엄마만 있음	104	32	30.7
부모 모두 없음	333	49	14.7
전 체	542	109	20.1

*생후 1년간 아토피피부염 발생에 관한 코호트 연구(2008년)

이렇게 부모의 알레르기 질환 유무에 따라 발생빈도가 낮아지는 것은 아토피피부염의 발생에는 유전적 요인이 크게 관여한다는 것을 시사하고 있습니다. 특히 엄마의 유전적인 요인이 아토피피부염 발생에 더 깊게 관여한다는 것도 알 수 있습니다.

따라서, 알레르기 증상을 가지고 있는 부모에게서 태어난 아이들은 아토피피부염(알레르기) 질환의 발생 위험성이 높기 때문에 특히 예방과 관리에 각별한 배려가 필요합니다.

어느날 병원에 능력전도를 갔습니다. 한 청년이 신문지를 깔고 프라스틱 잣대를 가지고 얼굴을 긁고 있었습니다. 비늘이 수없이 떨어졌습니다. 아토피가 얼마나 심한지 얼굴이 홍당무 같았습니다. 필자가 청년아~ 예수님을 믿고 우리 교회에 와서 예배를 들리면서 안수를 받으면 아토피가 치유된다. 그랬습니다. 청년이 하는 말이 '목사님~ 염려하시지 마세요, 저는 결혼하여 아들을 낳으면 아토피가 없어집니다.' 아니 그게 무슨 말인가? '우리 아버지께서도 젊으셨을 때 저처럼 아토피가 심했는데 결혼하여 저를 출산하고 나서 아토피가 없어졌답니다.' '아니~ 너 그렇게 얼굴이 홍당무처럼 되어 있는데 장가를 어떻게 가겠느냐?' '목사님! 저 지금 여자 친구가 3명이나 됩니다.' 참으로 낙천적이고 한심한 친구입니다. 이와 같이 아토피는 대물림이 됩니다.

2) 출생위생환경: 유전 요인을 가지고 태어났더라도 아토피 증상이 반드시 나타나는 것은 아닙니다. 우리의 신체 면역반응이 알레르기를 잘 일으킬 수 있는 형태로 자리를 잡아야 합니다. 위생상태가 좋은 장소환경에서 태어난 아기가 아토피피부에 걸릴 확률이 높다고 하여, 이를 위생학설이라고 합니다. 이 학설로 환경위생 상태가 양호해진 최근에 알레르기 질환이 부쩍 증가하고

있는 이유를 설명할 수 있습니다. 그래서 아토피피부염을 문화병 또는 선진국병이라고 부르기도 하나 봅니다. 과거에는 출생환경이 위생적이지 못한 경우가 허다하여 갓 태어난 아기들은 우선 주위의 세균으로부터 자신을 보호하기 위한 방향으로 면역반응의 틀을 잡았습니다. 이를 Th-1형 면역반응이라고 합니다.

그러나 요사이와 같이 출생 위생환경이 매우 좋은 상태에서는 세균에 대한 면역반응의 필요성이 적어서인지 아기의 면역반응은 알레르기를 일으키기 쉬운 방향으로 틀을 잡게 됩니다. 이를 Th-2형 면역반응이라고 합니다. 세균에 대한 Th-1형 면역반응은 면역글로불린-G를 만들게 되고 이 면역글로불린은 세균을 기억하여 처리하는 능력이 있어 우리 신체는 같은 균에 다시 문제를 일으키지 않게 됩니다. 이를 면역이라고 하고 이러한 성질을 응용하여 예방접종법이 개발되었습니다. 홍역에 한번 걸렸거나 호역예방주사를 맞으면 홍역에 다시 걸리지 않는 것이 대표적인 예입니다. 그러나 알레르기와 연관된 Th-2형 면역반응은 면역글로불린-E를 만들게 되고, 이 면역글불린은 알레르기현상을 주도하는 세포(비만세포)를 자극하는 성질이 있어 원인물질에 노출될 때마다 증상이 심하게 나타나게 됩니다. 이를 과민성 반응이라고 하고 알레르기 반응이라고도 합니다.

3) 환경요인: 이렇게 아토피피부염을 일으킬 준비가 되어 있는 상태라도 원인에 노출되지 않으면 증상이 나타나지 않습니다. 아토피피부염의 발생 원인으로는 주로 식품과 환경오염이 있습니

다. 최근에 아토피피부염의 발생빈도도 높아졌고, 증상이 자연히 사라져야 할 나이인 2~3세가 지나서도 아토피피부염이 지속되는 경우도 많아졌습니다. 증상도 예전에 비해 심한 경우가 많습니다. 이는 식품개발과 산업화에 따른 환경오염으로 환경이 매우 다양해졌다는 현실에서 그 원인을 찾을 수 있습니다.

예전에는 주로 아기들을 모유로 키웠다면 요즈음은 모유 대신 분유로 키우는 경우가 많아졌고, 단순하던 이유식이 매우 다양한 식품으로 구성됐다는 것, 환기가 원활하지 않고 오염물질이 가득한 실내에서 거주하는 시간이 길어졌다는 것과 이로 말미암아 피부환경도 크게 변했다는 점 등이 아토피피부염을 부추기고 있다고 할 수 있습니다.

실제로 계란이나 우유, 밀과 같이 우리가 흔히 먹는 식품으로 증상이 나오기도 하고, 새집에 입주하여 증상이 나빠졌다는 이야기를 듣기도 하고, 새 가구를 장만했을 때 증상이 악화되었다는 이야기를 흔히 듣기도 합니다. 그리고 이와는 반대로 낡고 오래된 시골집을 방문하였을 때 증상이 더 악화되었다는 이야기를 듣기도 합니다. 이렇게 상반된 이야기에서 아토피피부염의 발생에 관여하는 환경요인은 단순하지 않고 복합적일 것이라는 생각을 하게 됩니다.

4) 신체방어기능의 미숙함: 유전요인을 가지고 태어난 아기가 알레르기 면역반응에 대한 준비가 되어 있고 환경요인에 노출되었더라도 증상이 반드시 나타나는 것은 아닙니다. 우리 신체

는 환경요인으로부터 우리를 보호하려는 방어능력을 가지고 있기 때문입니다. 어리면 어릴수록 신체구조 및 방어기능은 미숙합니다. 그래서 신생아와 영유아는 성인에 비해 환경요인의 영향을 더 쉽게 받게 됩니다. 이것으로 아토피피부염이 돌 전후에 집중적으로 많이 발생하고 또 심하게 나타나는 이유를 설명하고 있습니다. 그리고 나이가 들면서 방어능력이 성숙하게 되면 증상이 차츰 사라지거나 약해지는 과정도 이것으로 설명하고 있습니다. 이런 현상에서 면역조절기능과 신체구조를 포함한 신체방어능력의 미숙함이 아토피피부염 발생에 매우 중요한 원인이 된다는 것을 알 수 있습니다.

둘째, 아토피피부병이 발생하는 근본원인. 아토피피부병이 발생하는 원인은 血液(혈액)이 탁 해서입니다. 필자는 잠재의식의 상처로 인한 것이라고 생각합니다. 상처가 있으면 혈액 속에 산성성분이 많으면 혈액이 끈끈하고 탁해 집니다. 혈액은 먹은 음식에 의해서 만들어 집니다. 먹은 음식이 위장에 들어가서 산도가 높은 위액을 분비시켜 음식을 분해하고 그 위액에 의해 분해된 산성음식물이 죽 상태에서 십이지장으로 내려가서 쓸개즙과 췌장에서 분비된 인슐린을 통해 알카리 성분 물질로 바뀌면서 소장으로 내려가서 포도당. 나트륨. 칼륨. 칼슘. 마그네슘 등 인체가 필요로 미네랄이 풍부한 건강한 혈액을 만들고 찌꺼기는 신장과 방광을 통해 소변으로 배설하게 되는데 신장과 방광을 통해 배설

되지 못한 요산이 혈액과 섞여서 순환하다가 피부세포모세혈관을 통과할 때 피부세포모세혈관 모공을 통해 들어온 세균에 의해 피부에 염증을 일으켜 가려움증이 나타나는 것입니다.

아토피피부병은 내부적인 문제로 발생하는 것으로 겉 표면 피부에 연고를 바른다고 해결되지 못 합니다. 아토피 피부병지료와 예방은 혈액에 부족한 미네랄 성분을 보충해서 백혈구 적혈구 활동을 활발하게 해주어야 합니다. 혈액에 미네랄 함량이 부족하면 혈액은 묽게 되고 썩게 됩니다. 썩는 곳에 세균이 서식하는 것처럼 염증을 일으키면서 세균에 의해 가려움 등 피부병이 나타나는 것입니다. 하나님은 레위기 17장 11절에서 "육체의 생명은 피에 있음이라" 하십니다. 인체의 혈액은 바닷물과 같아서 바다 물은 96%가 수분이고 3.6% 염분이며 0.4% 가 미생물 미네랄로 구성되어 있어서 온 세상의 쓰레기와 오염된 물을 받아 드리면서 썩지 않게 유지하고 있습니다. 마찬가지로 인체의 혈액도 바다물 같이 수분과 염분과 미생물 미네랄이 0.4%를 유지해야 백혈구 적혈구의 활동이 활발해져 호흡기와 모공을 통해 들어오는 각종 세균을 방어하면서 아토피피부병이 발생하지 않게 됩니다.

아토피 피부병을 고치려면 혈액 속에 나트륨, 칼륨, 칼슘, 마그네슘 등 미네랄을 항상 유지해야 합니다. 포화지방산이 많은 쇠고기나 우유 등 육류와 인스턴트식품과 음료를 끊는 것이 좋습니다. 식이섬유질이 풍부한 무, 배추 잎을 말려서 만든 쓰레기 나물과 미역 다시마 등과 현미와 쌀을 7대 3으로 해서 밥을 해서 먹습니다.

저 염도(9번 구운 소금)를 2g을 타서 한 컵씩 매일 2리터를 약100일을 들면 혈액이 정화되면서 적혈구 백혈구 미생물 활동이 활발해져 모공을 통해 들어온 세균을 방어하여 아토피피부병이 발생하지 않게 됩니다. 반드시 잠재의식을 정화해야 합니다.

셋째, 아토피는 피부병이 아닌 알레르기 질환이다. 피부 보다 근본 원인에 주목하는 아토피 치료법예전에는 아토피 하면 으레 어린아이들이나 앓는 병이라고 생각했습니다. 그러나 요즘은 청소년이나 성인도 아토피를 앓고 있습니다 .

질병관리본부가 2011년 발표한 바에 따르면 최근 15년간 (1995~2010년) 아토피 피부염을 앓는 청소년(13~14세)이 4.0%에서 12.9%로 3.2배 증가했다고 합니다. 환경오염과 스트레스, 아토피의 원인이 될 수 있는 요인은 점점 늘어나고 있습니다. 그렇다면 무엇이 아토피일까? 흔한 피부질환과 아토피를 구분하는 다음 사항들을 체크해보세요.

-이마, 뺨, 눈 주위에 각질이 일어나거나 좁쌀 같은 것이 빨갛게 돋아난다.

-목, 특히 턱 아래와 뒷목 등의 피부가 붉어지고 각질이 자주 생긴다.

-겨드랑이, 팔, 무릎 등 접히는 부위의 피부가 거칠고 가렵다.

-자는 동안 가려움증을 느껴 자주 긁고 잠을 설친다.

-특정 음식을 먹은 뒤 몸이 가렵거나 이상 증세를 보인다.

-특정 물질이 닿으면 피부가 빨갛게 변한다.

-천식, 비염, 결막염 등 알레르기 질환이 있다.

-가족 중에 아토피를 경험했거나 알레르기 체질인 사람이 있다.

-땀을 흘리면 피부가 가렵거나 따갑다. 수영을 하고 나면 피부가 가렵거나 따갑다.

위의 항목 중 다섯 가지 이상에 해당된다면 아토피일 가능성이 높습니다. 위의 내용처럼 아토피의 증상은 주로 피부 병변으로 드러납니다. 증상에 따라 가려움증, 진물, 딱지 등이 번져나가는 습윤형, 각질이 일어나는 지루형, 피부가 지나치게 건조해 습진화 되는 건조 형으로 분류됩니다. 따라서 우리는 피부에 상처가 생기면 으레 연고를 바르듯, 아토피 약으로도 주로 피부 연고를 떠올립니다. 피부에 약을 바름으로써 아토피가 낫기를 바라는 것입니다. 하지만 위의 항목에서 주목해야할 부분은 바로 '알레르기'입니다. 특정 물질에 대한 이상 반응, 타 알레르기 질환의 보유 여부, 알레르기 가족력 등은 아토피 피부염을 판단하는데 중요한 근거가 됩니다.

아토피는 단순한 피부 질환이 아니라 알레르기 질환이기 때문입니다. 부모 중 어느 한 쪽이 알레르기 체질이거나 아토피일 경우 아이가 아토피일 확률은 60%이고, 부모 모두 아토피일 경우는 80%나 됩니다. 물론 아토피는 한 가지 원인으로 생기는 병이 아닙니다. 복합적이고 다양한 원인으로 나타나고 갈수록 범위도 확대되고 있습니다. 그러나 여기서 말할 수 있는 것은 알레르기 가족력이 있는 사람이 특정 환경의 영향을 받을 때 폐에 열이 쌓여 폐 기능이 떨어지면 아토피 증상이 나타난다는 점입니다.

폐 기능이 저하되면 편도선이 약화되고 면역식별력이 떨어져 위험하지 않은 알레르겐에도 과다 면역 반응을 보이는 알레르기 체질이 되며, 그로 인해 아토피, 비염, 천식 등 알레르기 질환을 앓게 되는 것입니다. 그 중에서도 아토피는 폐 호흡과 연관된 피부 호흡으로 인해 한층 더 발생 확률이 높습니다.

폐 기능이 떨어져 피부 호흡이 원활하지 않으면 배출되어야할 노폐물이 피부 밑에 쌓여 열독이 오르게 됩니다. 폐를 정화해 인체의 털구멍과 땀구멍을 여는 '청폐치료'가 아토피에 효험을 보이는 이유입니다. 치료 초반에는 쌓여 있던 노폐물이 한꺼번에 배출되어 일시적으로 상태가 악화되는 명현 현상을 겪게 되지만, 이 시가 지나면 건강한 피부를 회복할 수 있습니다.

난치성 피부질환으로 악명이 높은 아토피, 아토피가 단순한 피부병이 아닌 '속병'이라는 것을 파악하면 근본적인 치료의 길이 보입니다. 피부 보습과 염증 완화는 기본이지만, 피부에 병변을 나타나게 하는 폐와 피부호흡, 면역식별력의 관계를 파악해 폐 정화에 힘쓰면 아토피를 치료할 수 있습니다.

넷째, 아토피피부염의 치유. 아토피피부병은 심, 폐 기능의 저하로 혈액순환이 약하여 나타나기도 합니다. 이는 태아 때나 태어나서 환경이 좋지 못하여 상처를 받았다는 것입니다. 그러므로 상처를 치유하면 심, 폐 기능이 강화됨으로 치유가 되는 것입니다. 저는 아토피피부병으로 고생하는 분들에게 영적치유를 권면합니다. 성령으로 심령을 정화하면 심, 폐 기능이 강화됨으로 폐 호흡과 피부 호흡이 잘되어 아토피가 치유 되는 것입니다. 지속적으로 안수를 받으면서 치유하는 아토피피부병은 치유 된다고 믿습니다. 환자는 깊은 호흡 기도를 많이 하는 것이 좋습니다. 깊은 호흡 기도를 많이 하면 심, 폐 기능이 강화됩니다. 이는 세상 의학적으로도 증명된 사실입니다.

우리 교회에 와서 성령치유 집회를 참속하면서 성령으로 체험하고 안수를 받은 결과 모두 치유가 되었습니다. 아토피로 고생하다가 치유가 된 분들도 성령의 임재가 되면 얼굴이나 온 몸이 벌겋게 됩니다. 잠재의식에 숨어있던 아토피가 영원히 떠나가려고 드러난 것입니다. 아토피는 성령의 역사로 잠재의식의 비정상적인 것들이 정리되어 정상으로 밸런스를 맞추면 치유가 됩니다. 어느 권사님의 아들은 아토피로 중학교 1학년 때까지 고생하다가 방학기간에 와서 안수 받고 깨끗하게 치유되었습니다. 세상의학은 아토피를 불치병이라고 하는데 저는 불치병이 아니라고 합니다. 하나님의 말씀에 불치병이 없기 때문입니다. 믿어야 합니다. 믿어야 기적을 체험합니다. 자꾸 세상 의사들이 하는 말에 암시가 걸려 있으면 치유가 불가능 합니다. 하나님은 만병의 의사라는 것을 믿어야 합니다. 그래야 기적을 체험 합니다.

18장 기적적으로 악성두통을 치유하셨다.

(시62:5-7)"나의 영혼아 잠잠히 하나님만 바라라 무릇 나의 소망이 그로부터 나오는 도다. 오직 그만이 나의 반석이시요 나의 구원이시요 나의 요새이시니 내가 흔들리지 아니하리로다. 나의 구원과 영광이 하나님께 있음이여 내 힘의 반석과 피난처도 하나님께 있도다."

하나님은 만성 두통을 기적적으로 치유하십니다. 지금 세상에는 만성 두통으로 고생하는 사람들이 많습니다. 두통이 시작되면 아무 것도 못하는 악성 두통 환자도 많습니다. 이는 세상 살아가기가 어렵기 때문입니다. 여기에는 예수를 믿는 성도도 예외가 되지를 않습니다.

세계두통협회에서 두통은 불치병이라고 정의를 내렸습니다. 왜 불치병이하면 영적인 문제가 결부되어 있기 때문입니다. 진통제로 일시적 진정 효과밖에는 거둘 수 없으므로 두통은 고칠 수가 없다고 단정해 버렸습니다. 머리가 깨질 것 같이 아파서 병원에 찾아가 MRI 사진을 찍어보아도 아무것도 안 나오고, 머리가 막 깨지는 것처럼 아픈데도 아무것도 안 나오니까 증거가 없다는 겁니다. 증거가 없으니까 두통은 병이 아니고, 증상이라고 최신 이론은 말합니다.

통증이 사진에 나올 리가 있나요. 그래서 두통은 못 고치는 것으로 되어있습니다. 영적인 문제가 결부된 결과입니다. 두통의 종류와 치료법은 이렇습니다.

첫째, 두통의 원인.

첫째로 편두통입니다. 우리 교회에 보면 편두통이 자주 찾아오는 분들이 있습니다. 또한 오른쪽, 왼쪽에 특정 머리가 아프다고 하시는 분들이 있습니다. 그렇다면, 그 원인은 무엇이고, 어떻게 해결해야 하는지 알아보도록 하겠습니다. 심장이 뛰는 것처럼 한쪽에만 발작적으로 나타나는 이런 편두통은 왼쪽이나 오른쪽 이렇게 한쪽으로 나타나는 경우가 많습니다. 그 원인은 이렇습니다.

1)가족력이 있을 수 있습니다. 이것도 '가족력이냐'라고 말씀하시는 분들이 계십니다. 예상외로 가족력이 크게 작용을 하는 경우가 있습니다. 필자가 치유사역을 하다가 체험한 바로는 집안에 무당의 내력이 있는 분들이 오른쪽 편두통으로 고생하는 경우가 많습니다. 어렸을 때 무당에게 가서 기도를 받았거나 혈통에 무당이 있는 경우에 편두통으로 고생을 심하게 했습니다. 그러다가 치유집회에 참석하여 무속의 영을 지속적으로 축귀하여 정상으로 회복된 분들이 많습니다.

2014년, 일산에 있는 아주 큰 교회의 안수 집사가 치유를 받으러 왔습니다. 이유는 다리부터 머리까지 오른쪽 한쪽이 저리고 아파서 견딜 수가 없다는 것입니다. 편두통은 어렸을 때부터 아팠다는 것입니다. 편두통을 치유하여 머리 아픈 증상을 없애기 위해 오랫동안 별짓을 다했다는 것입니다. 병원에 아무리 다녀도 그 때 뿐이고 차도가 없어서 불치의 병으로 생각하고 치유하려고 생각도 하지 않았다는 것입니다. 죽을 때까지 가지고 있을 편두통이라고 생각했다는 것입니다.

치유가 되지 않아 포기하고 지내다가 여동생의 소개로 치유를 받으러 온 것입니다. 그런데 부인 집사역시 유방암 3기로 고생 하다가 수술하였고, 자신의 둘째 아들 또한 간질과 정신적인 문제로 정상적인 생활을 못하는 형편이었습니다. 상담을 해보니 반무당이셨던 할머니 때문에 자신이 어렸을 때부터 몸이 조금만 아프면 무당에게 찾아가 복을 빌었는데 무당이 어깨에 이상한 물건을 얹어놓을 때도 있었다는 것입니다. 자신의 모친도 시어머니의 영향으로 무당의 신끼가 내려서 굉장히 시달리다가 예수를 믿었다는 것입니다. 그러니까 할머니의 우상숭배가 이 집안에 4대째 내려와 고통을 주고 있는 것입니다.

저는 우선 그에게 편안하게 누우라고 하고 성령의 임재를 요청했습니다. 그리고 본인에게 우상숭배를 회개하라고 했습니다. 그러자 얼마동안 발작하기 시작했습니다. 오른쪽 머리가 깨지는 것같이 아프다고 하고, 오른쪽 팔과 다리를 막 흔들면서 발작 했습니다. 그러더니 갑자기 일어서서 무당이 굿 할 때에 손과 발을 움직이는 것 같이 행동하면서 뛰어다녔습니다.

그래서 제가 "성령님 더 강하게 역사하여 주시옵소서" 하고 더

욱더 강력히 요청 하자, 한 10분간을 뛰어다니다가 쓰러졌습니다. 저는 곧 바로 명령 했습니다. "내가 예수의 이름으로 이 가정의 무당의 영의 줄을 끊노라. 무당의 영의 줄은 예수 이름으로 끊어질지어다. 그리고 무당에게 복을 빌고 기도 받을 때 들어와 고통을 주고 있는 귀신은 예수 이름으로 물러갈시어나. 떠나갈지어다." 하자, 막 오물을 토해내고 소리를 지르면서 귀신이 떠나갔습니다. 떠나갈 때 무당이 굿하는 현상을 하면서 떠나갔습니다.

그 후 몇 개월간 부인과 아들이 함께 다니면서 계속적으로 치유를 받았습니다. 그리고 편두통이 완치되어 2년이 지난 지금까지 아무런 일없이 잘 지내는 가운데 작년에 장로가 되어 믿음생활 잘하고 있습니다. 이렇게 조상의 우상숭배는 3-4대에 걸쳐서 고통을 줍니다. 방심하지 마시고 조상의 우상숭배를 통해 들어온 악한 영의 역사를 치유하시기를 바랍니다. 이렇게 조상의 우상숭배로 인한 귀신에게 고통을 당하면서 지내도 구원 받는 것에는 지장이 없습니다. 그러나 이왕 예수를 믿었으니 영-혼-육의 전인적인 복을 받으면서 삶에서 천국을 누리면서 하나님께 쓰임을 받다가 주님이 오라고 부르시면 영원한 천국에 들어가는 믿음생활이 되어야 합니다. 예수를 믿는 하나님의 자녀들이여! 모두 삶에서 예수님이 부여한 평강을 누리면서 사시기를 바랍니다.

편두통은 여성분들에게는 한 달에 한번 찾아오는 월경통과도 관련이 있을 수 있습니다.

2) 스트레스로 인한 것입니다. 스트레스를 많이 받게 되면, 만

성 스트레스로 인해서 편두통이 심하게 오게 됩니다. 대부분 왼쪽 편두통이 오는 이유가 이에 해당되지 않을까 생각됩니다. 그렇기 때문에 편두통 전조증상이 나타난다면, 내가 스트레스를 많이 받고 있는지는 아닌지 잘 체크해보시고, 스트레스를 잘 관리하셔야 합니다.

3)뒷목의 뻐근함으로 인해서 왼쪽 편두통이 있을 수 있습니다. 거북목 증후군이라는 말을 많이 들어보셨을 것입니다. 우리가 컴퓨터와 스마트폰이 일상화되면서 자세가 올바르지 못한 경우가 많습니다. 이런 습관이 계속 되면서 편두통 증상이 일어날 수 있습니다. 그렇기 때문에 편두통 전조증상이 역시 나타난다면, 내 자세를 의심해보시고, 올바른 자세로 컴퓨터나 핸드폰을 해주시고, 스트레칭을 해주시는 것이 좋습니다.

그렇다면, 어떤 증상이 편두통 전조증상일까요? 전조증상으로는 머리가 꽉 조이는 증상이 지속되어 나타나거나 속이 미식거리는 증상이 있을 수 있는데요. 또한, 갑자기 눈이 잘 보이지 않는다거나, 흐릿하게 보이는 증상 또한 전조증상이 될 수 있습니다. 또한 머리가 두근두근 거리거나 찌릿 거리는 증상이 계속 나타날 수 있는데요. 이렇게 왼쪽 편두통 혹은 오른쪽 편두통이 나타날 때는 그냥 시간이 지나면 나아지겠지라는 안일한 생각보다는 적극적으로 그 원인을 알고, 치료해주시는 것이 좋겠습니다. 생명의 말씀과 성령으로 치유하면 2주면 치유가 됩니다.

둘째로 위장에 병나서 생기는 전 두통입니다. 위장이 약한 분들에게 보편적으로 일어나는 현상으로 앞머리가 아픈 겁니다. 앞머리가 시리고 땀나는 경우가 있습니다. 주로 밥을 많이 먹으면 위장이 냉각되어 앞머리가 아픕니다. 위장이 약한 분이 과식하면 발생할 수도 있습니다.

셋째로 후두통입니다. 뒷목이 아픈 경우입니다. 신장 방광으로 인해서 두통이 날 때는 후두통입니다. 혈압으로 나타나는 경우도 있습니다.

넷째로 미릉골통입니다. 말 그대로 눈썹이 나있는 뼈 부분이 아픈 증상인데, 미릉골통은 과로나 스트레스로부터 생기는 경우가 많은데 개인적인 전조 증상은 정확히 눈썹 있는 뼈가 아닌 좀 더 위 이마가 튀어나온 쪽의 통증이 있습니다. 이미 눈썹 있는 뼈가 아프다면 증상이 심한 상태라고 보면 될 것입니다. 미릉 골통에 동반되는 증상은 소화기능의 문제인데, 미릉골통으로 인해 소화가 안 된 다기 보다는 오히려 미릉공통의 원인이 소화기능의 문제인 것입니다. 정말 소화가 거의 안 된다고 보면 됩니다. 화나 스트레스로 인하여 명치끝이 꽉막힌 것입니다.

과로로 인해 두통과 소화기능 불량이 나타나고 이 때문에 미릉골통이 나타나는 것입니다. 따라서 치료를 위해서는 일단 편히 쉬어야 합니다. 하지만 그냥 쉬는 것만으로는 증상이 빨리 낫지 않습니다. 아무 신경 안 쓰고 알아서 낫겠지 하고 있으면 2주일이 지나도 계속 증상이 남아있습니다. 성령치유 집회에 참석하여 생명의 말씀과 성령으로 치유하면 하루면 치유가 됩니다.

다섯째로 두냉통(頭冷痛)입니다. 모자를 써서 머리를 따뜻하게 하면 금새 머리 아픈 것이 없어집니다. 진통제로는 안 됩니다. 먹을 때만 좀 낫는 것 같다가도 약효가 없어지면 또 아픕니다. 머리가 차니까 그럴 수밖에 없습니다. 두건을 씌어주고 뜨거운 물마시고, 인삼 한 숟가락 먹고 나서 한 시간쯤 있으면 두통이 사라집니다.

여섯째, 경추에 문제가 있어서 생기는 두통입니다. 안구 통, 예민한 성격, 병원에서도 못 고치는 만성두통은 경추가 틀어져있을 가능성이 높습니다. 원인으로는 목뼈 정렬 상태가 바르지 못한 경우, 외상 후 후유증(교통사고, 추락, 충돌 등), 뇌에 이상이 있는 경우입니다. 눈, 코, 귀, 두피, 입, 턱관절, 후두, 인두, 갑상선, 등에 문제가 있는 경우입니다. 무기력증과 두통, 어지럼증, 시야 흐림, 머리 띵 함과 같은 증상들이 함께 나타난다면 경추의 정렬상태가 바르지 못할 때 나타나는 증상으로 다음을 참고해보시기를 바랍니다.

척추가 바르지 못한 원인으로 나타나는 증상들인 경우는 어떤 치료를 하더라도 치료 작용을 하는 베개를 사용하지 않는 경우, 밤에 잠을 자면서 비틀린 척추로 변형시켜 악화시켜버리기 때문에 그 누구도 빠른 치료를 보장하지 못합니다. 대략 이런 경우입니다. ① 척추가 바르지 못하게 비틀린 변형 원인. ② 비틀린 척추로 잠을 자는 자세를 만드는 베개와 침상(침대쿠션, 요 두께). ③ 비틀린 척추로 자세를 유지하는 습관. ④ 비틀린 척추로 스스로 만들어버리는 스트레칭이나 체조 운동들. ⑤ 교통사고나 추락사고 산재사고 등의 외부 충격에 의하여 골절 변형된 척추로 인하여 발생하기도 합니다.

두통은 각 장부에 해당하는 장부가 허약해서 일어나는 증상입니다. 허약한 장부를 튼튼하게 하기 위하여 잠재의식의 상처를 치유해야 합니다. 그리고 뼈와 신경을 정상으로 회복하는 기도를 해야 합니다. 깊은 기도를 하여 순환기계통이 활성화되게 합니다. 웬만한 두통은 3-6개월 동안 성령치유집회에 참석하면 모두 치유가 됩니다.

둘째, 두통의 치료. 만성 두통이나 편두통으로 고통당하며 치료받고 있는 환자가 나날이 늘고 있습니다. 인구의 10%가 이러한 두통으로 고생을 한다고도 이야기를 합니다. 치유집회에 오시는 두통 환자가 늘어나는 것을 보아도 두통에 대한 환자 층은 점점 더 늘어나는 것 같습니다.

현대 의학이 그렇게 발달을 하는데 왜 두통은 극복이 안 되는 것일까요? 이는 원인을 알 수 없다고 하는 두통이 있기에 그렇습니다. 우리는 오직 진료 장비에 의존하여 두통을 진단합니다. 그래서 뇌에 이상이 없으면 두통의 원인을 알 수 없다고 하는 것입니다. 하지만 실제로 두통은 뇌 내의 문제만은 아닙니다.

신체의 각 장부가 그 기능을 제대로 못하여 일어나는 것입니다. 간이나 위의 기능 혹은 신장의 기능 등등…. 아무리 만성 악성

두통이라도 반드시 원인이 있습니다. 그런데 병원에서 하는 MRI 검사로는 나타나지 않습니다. 성령으로 충만한 가운데 지식의 말씀의 은사로 원인을 진단하여 찾아야 합니다.

셋째, 만성 악성두통 영적치유. 만성두통은 민간요법으로는 치유가 불가능합니다. 반드시 영적인 치유를 해야 완치가 가능합니다. 본인은 이런 순서로 만성 두통을 치유합니다.

1) 성령을 체험하게 한다. 성령을 체험해야 정확한 원인을 알 수 있습니다. 성령으로 치유되기 시작하는 것입니다. 성령의 체험은 말이 아니고 실제로 몸으로 느끼는 것입니다. 성령을 체험하려면 예수를 마음으로 믿고 입으로 시인해야 합니다. 뜨겁게 기도해야 합니다.

2) 원인이 무엇인지 진단한다. 원인이 영적인 것인지, 육적인 것인지를 먼저 진단합니다. 두통이 일어나는 증상이 여러 가지가 있기 때문에 정확한 진단을 하여 원인을 바르게 알아야 바른 처방이 가능합니다. 원인은 성령님이 알고 계십니다.

3) 원인에 따라 치유를 한다. 원인이 장기에 있다면 해당 장기를 튼튼하게 하는 조치를 합니다. 먼저 내적치유를 합니다. 두통의 원인을 제공하는 해당 장기에 연결된 뼈와 신경치유를 합니다. 필요하면 축귀를 합니다.

환자를 성령으로 충만하게 하고, 의지를 가지고 치유를 받도록 권면합니다. 만성두통의 치유는 단기간에 되지 않습니다. 상당한 기간 동안 말씀을 들으면서 말씀과 성령으로 내적치유를 하면서 두통의 원인을 제거합니다. 무엇보다도 성령이 충만하여 약한 부분이 강해지도록 합니다. 의지를 가지고 성령으로 체험하며 성령으로 기도를 해야 합니다.

4) 의지를 가지고 치유한다. 하나님은 질병을 지유하는 것이 목적이 아니라, 질병을 통하여 성도를 영적으로 바꾸려고 하십니다. 고로 성도가 만성 두통을 치유 받으면서 영적으로 변하게 해야 합니다. 말씀을 듣고 성령으로 충만하여 생각이 바뀌고 믿음이 생기게 합니다. 반드시 치유된다는 의지가 중요합니다. 이렇게 의지를 가지고 치유를 지속적으로 하면 아무리 오래된 악성 두통이라도 치유가 됩니다. 절대로 의심하면 안 됩니다.

꼭 치유 받고 말겠다는 의지와 치유된다는 믿음이 중요합니다. 한의원에서도 만성두통을 치유하는데 4-6개월씩 걸린다고 합니다. 이렇게 오래 동안 치유를 해도 치유되지 않는다고 합니다. 고로 인내가 중요합니다. 성령으로 충만하여 영적인 치유를 하면 한 달 만에 치유될 수도 있습니다.

넷째, 만성 악성 두통을 기적치유 받았습니다. 저는 몇 년 전부터 악성두통으로 사람구실을 제대로 못하면서 살아왔습니다. 119 구급차도 세 번이나 탔습니다. 그래서 서울대 병원에 가서 M.R.I 도 두 번이나 찍었는데 아무런 이상이 없었습니다. 그리고 그렇게 두통이 심해서 사모 노릇을 거의 하지를 못하면서 지냈습니다. 그러니 남편 목사님이 저를 한약방이다. 병원이다. 치유 받게 하려고 별별 곳을 다 데리고 다녔습니다. 그러나 치유되지 않았습니다. 그러다가 어느 기도원 목회자 치유 세미나에 참석하여 강요셉 목사님을 만났습니다. 목사님을 만나서 저의 남편목사님도 내적치유를 받아야 한다는 것을 알게 되었습니다. 저도 남편목사님도 그때까지 내적치유가 무엇인지 몰랐습니다. 강요셉 목사님이 기도원에서 제가 고생하는 것을 보시고 남편목사님과 저를 안수하여 주시면서 내적치유에 대하여 알려주셔서 알게 되었습니다. 알고 보니 저뿐만이 아니고 남편에게도 상처가 말도 못하게 많다는 것을 알았습니다.

솔직하게 말씀드리면 저의 남편과 결혼한 이후로 한 번도 마음이 편안하게 살아본 경험이 없습니다. 율법주의 목사님이라 이것저것 행위를 가지고 저를 힘들게 했습니다. 개척교회를 하는데 성도가 주일날 오지 않으면 저에게 화풀이를 다합니다. 왜 오지 않았는지 전화해 보았느냐, 무슨 일이 있느냐, 오늘은 왜 이렇게 성도들이 오지를 않았느냐 하면서 그렇게 저를 힘들게 하고 상처를 받게 했습니다. 그 스트레스가 쌓이고 쌓이다 보니까, 저에게 우울증이 왔습니다. 악성 두통이 생겼습니다.

밤에 잠을 제대로 자지 못했습니다. 그래서 치유 받으러 갔다가 강요셉 목사님을 만난 것입니다. 강요셉 목사님의 이야기를 듣고 매주 충만한 교회에 가서 치유 받았습니다. 5개월 정도 치유와 은혜를 받다가 보니까, 저도 저인데 남편 목사님이 영적으로 변하는 것입니다. 저의 교회 성도들이 저보고 하는 말이 목사님의 찬송소리가 달라졌다는 것입니다. 너무나 은혜로워졌다는 것입니다. 말씀도 너무나 은혜롭고 정말 옛날하고는 딴판으로 목사님이 달라지는 것입니다. 그러면서 제가 자꾸 마음에 평안이 찾아오는 것입니다. 머리 아픈 것이 사라졌습니다. 우울증이 사라졌습니다. 이제 잠도 잘 잡니다. 그래서 참 평안을 찾았습니다. 이제 마음에 여유가 생겼습니다. 기도도 몇 시간을 할 수 있게 되었습니다. 사람을 보면 심령이 읽어집니다. 지금 생각하면 목사님이 상처가 정말 많았습니다. 부교역자를 가면 일 년을 채우지 못하고 나옵니다. 그래서 여덟 곳을 다니면서 부교역자를 했습니다. 그러니 마음에 얼마나 많은 분노가 쌓여 있었겠습니까?

그 분노 때문에 그렇게 저를 힘들게 하고 다른 사람에게 은혜를 전하지 못한 것입니다. 먼저 성령님의 인도로 강요셉 목사님을 만나게 되어 감사드립니다. 그리고 치유하여 주신 성령하나님에게도 감사를 드립니다. 제가 지금 치유 받고 생각하니 목회자는 내적치유와 내면세계를 알아야 합니다.

당신도 말씀, 말씀하지 말고 영적인 눈을 열어 내면세계에도 관심을 가지시기를 바랍니다. 저의 남편 목사님은 교계에서 인정해주는 신학대학과 대학원을 나온 장자 교단의 목사님입니다. 그런데 율법적인 목회를 하시다가 저로 인하여 치유에 관심을 가지고 치유를 받다 보니 지금은 너무도 많이 영적으로 변했습니다. 하나님에게 영광을 돌립니다.

19장 기적적으로 조현병을 치유하셨다.

(행8:5-8)"빌립이 사마리아 성에 내려가 그리스도를 백성에게 전파하니 무리가 빌립의 말도 듣고 행하는 표적도 보고 한마음으로 그가 하는 말을 따르더라. 많은 사람에게 붙었던 더러운 귀신들이 크게 소리를 지르며 나가고 또 많은 중풍병자와 못 걷는 사람이 나으니 그 성에 큰 기쁨이 있더라"

하나님께서는 예수를 믿는 자녀들이 영적으로 정신적으로 건강하게 지내기를 원하십니다. 요즈음 조현병(정신분열증)에 대하여 모르는 사람이 없을 정도로 널리 알려진 병입니다. 결론을 말한다면 하나님은 조현병(정신분열증)을 기적적으로 고치십니다. 그런데 한두 번 안수 받고 집회 며칠 참석해서 기적적으로 치유되지 않습니다. 잠재의식의 상처를 정화하여 하나님의 나라를 만들어야 하기 때문에 시간이 걸립니다. 단 조현병(정신분열증)이 발생한지 6개월 이내라면 6개월 이내에 정상으로 화복이 됩니다, 아니 더 빨리 정상으로 회복될 수가 있습니다.

좌우지간 조현병(정신분열증)은 기적적으로 치유가 됩니다. 그러나 시간이 걸립니다. 바르게 알고 기적적인 치유를 받으려고 하시고 치유를 하시기를 바랍니다. 필자가 성령치유 사역을 하면서 안타까운 경우를 많이 겪습니다. 다름 아닌 영적이고, 조현병

(정신분열증)의 문제로 고통을 당하는 분들입니다. 바른 복음을 받지 못하고 바른 치유를 알지 못하고, 바른 치유를 받지 못해서 불필요한 시간과 정력과 물질을 낭비하고 있기 때문입니다. 너무나 많은 성도들이 영적인 면에 무지하여 불필요한 고통을 당하고 있습니다. 복음을 바르게 알고 누리면 아무것도 아닌 것입니다.

조현병(정신분열증)은 상처와 선대의 죄악의 영향에서 많이 발생합니다. 현대에 들어 핵가족화 되면서 가정이 쉽게 해체되고 가족이 모래알처럼 홀로 고독해지는 삶의 구조로 변했습니다. 과거 공동체 구성에서 받던 정서적 유대라든가 안정감은 점차 사라지고, 이젠 서로 앉아 얼굴 맞대고 이야기 나눌 시간도 없이 바쁜 일과를 보내다 보니, 가정에서 배우고 익혀야 할 도덕이나 교육 등이 사라진지 오래입니다. 그래서 학교나 사회에선 교실 붕괴니 막가는 학생이니 폐륜아… 하며, 삐뚤어져가는 세대들의 인생이 많이 망가져가는 일이 많습니다.

이런 현상은 첫째로 정신병으로 나타납니다. 고독이 사무쳐 인간적 정서가 메말라가는 환경에서 불안정서가 병질로 드러나는 원인입니다. 누구나 불안하고 고독한 존재지만, 그것을 가정이나 부모 형제가 있어 안정시켜주어야 하는데, 우리 사회가 모두 제 할 일이 바쁘다 보니, 안정된 정서적 충족을 해주지 못한 탓이 큽니다. 그래서 현대엔 정신병자들이 참 많아집니다. 앞으로는 더욱 많이 발생할 것입니다.

두 번째로, 가정에서 부모의 역할과 행동이 지대한 영향을 끼

칩니다. 부친은 아들에게, 엄마는 딸에게 그대로 전승되거나 대물림됩니다. 자녀는 부모의 거울이요, 부모는 자녀의 교과서입니다. 교과서가 어긋나면 이를 배운 자녀가 어긋납니다.

세 번째로, 선조의 죄악으로 아이가 타고나는 것입니다. 성격이라든가 부모 형제간의 관계나 부모 선조로부터 물려받은 恨의 얽힘과 선조의 우상숭배 등입니다. 그래서 정신병이 가져오는 원인은 여러 가지며, 그 치료법도 여러 가지고 어려운 점이 많습니다.

이래서 정신질환은 대물림이 됩니다. 부모가 모두 정신분열증이거나 양극성장애인 어린이는 한쪽 부모만 그런 어린이보다 부모와 같은 질환이거나 다른 종류의 정신질환에 걸릴 위험이 높다고 미국 미네소타대학 어빙 고츠먼(Irving I. Gottesman) 교수가 Archives of General Psychiatry에 발표했습니다. 부모가 모두 정신질환을 가진 어린이는 초 고위험집단이라고 할 수 있습니다. 이러한 어린이를 연구하면 정신질환의 유전적 소인을 2개 동시에 가진 경우의 위험을 평가할 수 있습니다. 고츠먼 교수는 "이러한 위험은 결혼, 가족형성, 입양, 건강보험계획 등 개인적 결정에 관해 어드바이스를 하는 유전 카운슬러에 도움이 된다."고 말합니다.

교수는 덴마크에서 태어난 270만 명의 주민 코호트를 연구했습니다. 일반주민과 정신과 입원 데이터베이스를 일치시키고 부모 모두 정신분열증 또는 양극성장애로 정신과에 입원한 적이 있는 어린이를 발견하고 이들에 대해 한 부모 중 어느 쪽이 정신장애였는지를 부모의 정신질환이 없는 어린이의 정신과 입원율과 비교했습니다.

정신분열증 비율은 부모 모두 정신분열증이었던 어린이에서 가장 높았습니다. 모두 정신분열증인 부부 196쌍의 자녀 270명 가운데 27.3%가 정신과 입원경험이 있었으며 정신분열증 관련 장애도 포함하면 이 비율은 39.2%로 높아졌습니다.

반면 부모 중 한쪽이 정신분열증인 부부 8,006쌍의 자녀 1만 3,878명 가운데 정신분열증으로 입원한 경우는 7%, 모두 정신분열증이 없는 부부 100만 쌍의 자녀 220만 명에서는 0.86%였습니다.

마찬가지로 양극성장애 위험은 양쪽 모두 양극성장애 입원경험이 있는 부부 83쌍의 자녀 146명에서는 24.9%(단극성 우울증 장애까지 포함하면 36%), 부모 중 한쪽이 양극성장애로 입원한 부부 1만 1,995쌍의 자녀 2만 3,152명에서는 4.4%, 모두 양극성 장애로 입원한 경험이 없는 부부 100만 쌍의 자녀 220만 명에서는 0.48%였습니다. 부모 중 한쪽이 양극성장애, 또 한쪽이 정신분열증인 부부의 자녀에서는 정신분열증 위험이 15.61%, 양극성장애 위험이 11.7%였습니다.

교수는 "이 집단에서 나타나는 위험은 크고 덴마크와 거의 같은 의료시스템을 갖춘 나라에서도 임상적 및 국가적 보건위생상의 전략이 필요하다"고 말합니다. "유전역학의 성과와 여기에 기초한 전략은 개인이 아닌 집단에 적용된다. 그러나 역학적 유전자검진에 적용되는 분자 유전학과 이번 연구에서 얻어진 데이터를 조합하면 향후 주요 정신장애의 병인을 해명하는데 도움이 될 것"이라고 말했습니다.

첫째, 조현병의 발생. 조현병(정신분열증)으로 고통을 당하는 분들은 이미 자신의 잠재의식에 잠재하여 있던 요소들이 현재의식으로 드러난 것입니다. 이런 유형의 사람들의 가계력을 조사해 보면 조상 중에 무당이 있다든지, 남묘호랭객교를 믿었든지, 절에 스님이 있다든지, 우상을 지독하게 섬겼다든지, 절에 재물을 많이 시주 했다든지, 영적이고 정신적인 질병으로 고생하다가 돌아간 사람이 있다든지, 등등의 원인이 반드시 있었습니다. 이런 사람들은 태아시절에 귀신이 침입을 하기도 합니다. 유아시기에도 침입을 합니다. 그러니까, 영적정신적인 문제 보균자들입니다.

이렇게 잠재하여 있던 영적정신적인 문제들이 사업 파산, 결혼 실패, 직장해고, 학교공부 스트레스, 충격적인 상처, 놀람 등 자신이 감당할 수 없는 충격을 받거나 장기간 스트레스를 받아 체력이 급속이 저하되었을 때 밖으로 나타납니다. 그래서 저는 균형 잡힌 영성이 되어야 한다는 말을 많이 합니다. 영-혼-육이 균형이 잡혀야 정상적인 생활을 할 수가 있다는 말입니다.

우리가 스트레스를 받으면 체력의 소모가 많이 됩니다. 체력이 떨어지니 자신 속에 잠재하여 있던 영육의 문제가 드러나는 것입니다. 정상적으로 지내던 사람이 갑자기 불안하고, 초조하고, 두려워서 잠을 자지 못하고, 가위눌림을 당하고, 헛것이 보이기도 하고, 간질을 하고 발작을 하면서 괴성을 지릅니다. 머리가 깨질 것과 같이 아프기도 합니다. 정상적인 생활을 할 수 없는 지경에 이르게 됩니다. 그래서 영적인 문제라고 단정하고 축사만 받으려고 합니다. 유명하다는 목사를 찾아가 안수를 받습니다. 한 번에 쉽게 해결을 받기 위해서 돌아다닙니다. 이렇게 이리저리 돌아다니다가 치유의 시기를 놓치는 경우가 허다합니다.

그러다가 영적인 분야를 잘 알지 못하는 사역자를 만나 금식도 합니다. 그러나 금식은 금물입니다. 체력이 소진되어 문제가 발생했는데 금식을 하면은 기름 탱크에 불을 붙이는 것과 마찬가지입니다. 더 악화된다는 것입니다. 이때에는 당황하지 말고 환자를 안정을 시키고 우선 체력을 보강해야 합니다. 빠른 시간에 체력을 보강할 수 있는 보약이나 다른 보양 식품을 먹여야 합니다. 그래서 체력을 회복시켜야 합니다. 안정을 취하게 해야 합니다. 그러면서 정신적인 문제를 바르게 전문으로 치유하는 사역자에게 가서 말씀과 성령으로 치유를 받으면 바로 정상이 됩니다. 치유는 무조건 축귀만 한다고 치유가 절대로 되지 않습니다. 비전문가의 축귀는 오히려 더 악화될 수가 있습니다.

주의해야 합니다. 영적, 조현병(정신분열증)의 치유가 그렇게 쉽고, 단순하지 않습니다. 환자 스스로 말씀 듣고 성령으로 기도를 하도록 해야 합니다. 본인의 심령에서 성령의 역사가 일어나야 합니다. 자신의 영의 힘으로 일어서게 해야 합니다. 환자가 영적 자립을 해야 하므로 시간이 걸립니다. 급하게 생각한다고 빨리 치유되는 것이 절대로 아닙니다. 축사만 하면 당시에는 치유가 된 것 같은데 시간이 지나면 재발을 합니다. 영적 자립능력이 없기 때문입니다. 그런데 이와 같은 전문적인 치유를 일반 성도들이나 목회자는 잘 이해하지 못합니다. 그래서 영적치유를 받겠다고 1년 이상 돌아다니면서 이 사람 저 사람에게 안수와 축귀만 받으면서 돌아다니게 됩니다.

이러다가 치유의 시기를 놓쳐서 환자가 사람 노릇을 못할 정도로 심각해 질수가 있으니 주의 하지 않으면 안 됩니다. 제일 좋은 것은 사전에 예방하는 것입니다. 이런 가계력이 있다면 미리 성령이 충만한 교회에 가서서 전문적인 치유사역자의 도움을 받아가며, 성령의 역사로 문제의 잠복된 요소들을 배출하는 것입니다. 아무 교회나 다닌다고 예방되는 것은 절대로 아닙니다. 살아계신 성령의 역사가 있고, 생명의 말씀이 증거 되는 교회라야 사전에 영적인 진단을 하여 치유될 수가 있습니다. 성령이 강하게 역사하는 교회라야 정체를 폭로합니다.

침입한 귀신은 나이에 상관없이 정체를 드러냅니다. 초등학교 1-2학년 17살(고1)에 제일 많이 드러냅니다. 학업에 스트레스가 심하기 때문입니다. 20살에 드러냅니다. 24살에 드러냅니다. 결혼하여 잦은 부부불화가 있을 때 드러냅니다. 27살, 32살, 36살,

38살 43상 등등 한번 침입한 귀신은 인내하며 기다리다가 취약한 시기가 되면 반드시 정체를 드러냅니다. 말씀과 성령의 역사로 정기적인 영적 진단과 내적치유와 축귀하는 예방 신앙이 중요합니다. 상처가 있고 영적으로 깔끔하지 못한 가계력을 가진 분들은 교회를 잘 정해야 합니다. 성령의 역사가 강한 교회에서 신앙생활을 하면서 미리 영적 진단하여 치유해야 하기 때문입니다. 예방신앙이 중요합니다. 숨어있던 귀신은 자신들이 원하는 시기가 되면 반드시 정체를 드러내기 때문입니다.

둘째, 조현병(정신분열증)의 치유. 조현병(정신분열증)으로 고생하는 분들이 어떻게 치유를 받느냐 입니다. 1년 이상 15년까지 영적, 조현병(정신분열증)으로 고생을 했다면 이미 귀신이 전인격을 장악한 상태입니다. 그러므로 능력이 있다는 사람에게 찾아가서 안수한번 받아서 해결하려는 생각을 아예 버리는 것이 좋습니다. 절대로 안수 한번 받아서 치유되지 않습니다.

저희 충만한 교회에서 치유하는 비결을 소개하면 이렇습니다. 먼저 환자가 치유 받고자하는 의지가 있어야 합니다. 보호자가 적극적이어야 합니다. 정기적인 집회(화-수-목)와 예배(주일)에 참석을 하여 말씀 듣고 기도를 하면서 안수를 받습니다. 본인이 소리를 내면서 기도를 합니다. 이렇게 집중적인 치유를 하지 않으면 치유가 되지를 않습니다. 기도 시에는 제가 하라는 대로 순종(따라야)해야 합니다. 따라서 하지 못하면 자연스럽게 치유 기간이 길어집니다. 초기에는 모두 잘 따라하지 못합니다.

왜냐하면 귀신이 의지를 잡고 있어서 환자가 의지를 제대로 할 수 없기 때문입니다. 그러나 시간이 흐르면 따라하게 되어 있습니다. 필자가 직접 기도 시간마다 지속적으로 안수를 하면서 귀신의 묶임이 풀어지게 합니다. 그러면 제가 하라는 대로 환자가 따라합니다. 환자가 스스로 기도를 합니다. 그러면서 서서히 성령께서 장악을 하십니다. 성령께서 장악을 하기 시작하면 치유가 되기 시작하는 것입니다.

치유는 전적으로 성령께서 하시는 것입니다. 어찌하든지 필자는 환자를 성령께서 장악을 하실 수 있도록 합니다. 전문적인 기술이 필요합니다. 저는 이런 유형의 환자를 많이 치유해 보았기 때문에 제가 하라는 대로 순종만 하면 모두 100% 치유 받을 수 있습니다. 문제는 순종하지 않기 때문에 치유되지 않습니다. 치유하는데 시간이 많이 소요가 됩니다. 환자의 유형에 따라 3개월-6개월-1년-2년이 걸립니다. 3년 이상이 걸리는 경우도 있습니다.

마음을 느긋하게 먹어야 환자를 살릴 수가 있습니다. 절대로 순간 치유는 불가능합니다. 어떤 경우는 4-5년이 걸리기도 합니다. 이렇게 치유가 되더라도 치유 후에 관리가 중요합니다. 지속적으로 주일 마다 관리해야 합니다. 어쩌면 치유보다도 관리가 더 중요하다고 보아야 합니다. 성령하나님의 은혜가운데 머물러 있어야 하기 때문입니다. 이유는 환자가 육을 가지고 있기 때문입니다.

영적, 조현병(정신분열증)으로 고통당하는 환자와 보호자는 단번에 치유 받으려는 생각을 접어야 합니다. 전문적인 사역자를 만나 지속적이고 장기적인 치유를 받아야 합니다. 이런 마음 상태만 되면 영적, 조현병(정신분열증)으로 15년을 고생했더라도 치유는 됩니다. 환자나 보호자는 사전에 전문적인 사역자하고 상세한 상담을 한 후에 치유를 결정하고 시작하시기를 바랍니다.

셋째, 조현병 치유 간 특별히 주의해야할 사항.

1) 영적 정신문제가 있어 육체의 힘으로 발버둥을 치면 내적치유와 축귀가 불가능하게 됩니다. 억지로 팔을 잡는다든가, 누른다든가 하면 수족을 묶어 놓는다든가 하면 더욱 강하게 반항을 합니다.

2) 이때는 정신신경과에 입원을 시켜서 약물치료를 한 후 어느 정도 안정을 찾은 다음에 데려다가 치유하는 것이 좋습니다. 이 기간에 부모가 영적치유를 받는 것이 좋습니다. 부모가 치유되면 자녀는 60%가 치유되는 것입니다. 부모가 치유 받도록 권면하고 성령치유를 해야 합니다. 부모가 치유되지 않으면 절대로 환자가 치유되지 않습니다. 대부분 부모들은 자녀에게 문제가 있는 줄 생각합니다. 그러나 부모에게 문제가 있어서 자녀가 고통을 당하는 것입니다. 영적인 법칙입니다.

3) 정신문제가 있으면 기도가 거의 불가능합니다. 왜냐하면,

마귀가 생각을 지배하여 잡념을 주니까? 그래서 기도하지 말고 소리를 지르게 하라. 주여, 주여, 찬송을 크게 부르게, 주기도문을 크게 외우게, 또, 성경을 큰 소리로 읽게 해야 합니다. 좌우지간 소리를 내도록 지도해야 합니다.

4) 절대 폭력을 가하거나 묶어 놓거나 하면 더욱 강하게 묶일 수가 있습니다. 기도원 같은 곳에 가면 발버둥을 치고 폭력을 행사하니까, 수갑을 채우거나 묶어두는 경우가 있습니다. 이는 정말로 삼가야 합니다. 더 큰 상처를 받게 됩니다. 전문적으로 치유하는 정신병원에 입원 시키는 것이 좋습니다.

5) 자신이 정신에 문제가 있다는 것을 인정하게 해야 합니다. 많은 환자가 자신이 정신문제가 있다는 것을 모릅니다. 또 자신이 정신병자인 줄을 모르고 다른 사람을 돕는다고 돌아다닙니다. 자신이 정신문제가 있다는 것을 인정만 하면 치유는 70%가 된 것입니다.

6) 가족, 보호자가 인정하고 협조를 해야 합니다. 가족 전원이 번제가 드려지고 환자를 치유하려는 의지로 하나가 되어야 가능합니다. 무엇보다 가족의 도움이 절실히 필요합니다. 우울증이나 정신적인 문제가 있는 분들이 사람을 의지하려고 합니다. 절대로 사람을 의지하려고 하지 말고 하나님을 찾게 해야 합니다. 하나님이 치유하는 것입니다. 사역자나 가족을 의지하게 되면 하나님과 관계가 점점 멀어져 치유되는 시간이 길어집니다. 그러므로 사람을 의지하지 않는 것이 치유에 도움이 됩니다.

7) 성령치유를 하기 시작하면 잠시 동안 상태가 더 나빠질 수 있습니다. 그래서 환자들이 두려움으로 치유를 포기하는 경우가 있습니다. 그런데 영적치유를 시작하여 상태가 나빠지는 것은 일련의 치유과정이라고 생각해야 합니다. 치유되고 있기 때문에 상태가 나빠지는 것입니다. 그러다가 점점 상태가 호전되는 것이 보통입니다. 제가 지금까지 우울정신신경 질병의 환자를 치유할 때 상태가 더 나빠지다가 이를 견디고 집중적으로 치유를 받으면 금방 상태가 호전 되었습니다. 거의 모든 환자가 상태가 나빠지다가 치유되었습니다. 그러므로 절대로 상태가 나빠진다고 치유를 포기하면 우울정신신경 질병에서 자유 함을 받을 수가 없다는 것을 명심해야 할 것입니다. 보호자가 독려하여 치유를 지속해야 합니다.

넷째, 조현병(정신분열증)을 기적적으로 치유 받은 사례.

2013년에 한 청년이 치유 하려고 저에게 상담을 요청해 왔습니다. 정신이 아찔해지면서 밤에 잠이 오지 않고 늘 불안 초조하고 분노가 폭발해서 직장생활도 그만두고 놀고 있다는 것입니다. 예수는 언제 믿었느냐고 했더니 25세 때 부터 친구를 따라 교회에 다니기 시작하여 8년째 믿음생활을 하고 있다고 했습니다. 제사를 빠짐없이 지내고 있는 집안이었고, 어머니가 무당을 집에 데려다가 굿도 몇 차례씩 하는 집안이었습니다. 그래서 이 청년에게 회개하라고 했습니다. 그리고 "예수 이름으로 이 가정의 우상숭배 영의 줄을 끊노라. 우상숭배를 통해 들어온 귀신의 줄은 예수 이름으로 끊어질지어다. 그리고 무당에게 복을 빌고 무당에게 기도 받을 때 들어와 고통을 주고 있는 귀신은 예수 이름으로 물러갈지어다. 떠나갈지어다."라고 하니 엉엉 한참을 울더니만 기침을 막 하면서 귀신들이 떠나갔습니다. 그런 후 청년은 부모님과 같이 지속적인 치유를 받는 것이 좋겠다고 했습니다. 어머니와 함께 한 육 개월 동안 치유 받고 정상으로 회복되어 고향으로 내려갔습니다. 잠재의식에 형성된 조현병(정신분열증)의 요소들을 정화시켜서 하나님의 나라로 바꾸는데 시간이 걸리는 것입니다. 절대로 조현병의 치유는 단번에 되지 않습니다. 잠재의식을 정화하여 하나님의 나라로 바꾸어야 정상적인 생활을 할 수가 있습니다. 쉽게 생각하지 말아야 합니다. 인내하고 자신이 생명의 말씀과 성령으로 바꾸려고 의지적인 노력을 해야 합니다.

이런 경우를 보면서 항상 느끼는 것은 영적인 면도 무식하면 쓸데없는 고생을 한다는 것입니다. 그래서 하나님은 "내 백성이 지식이 없으므로 망하는 도다 네가 지식을 버렸으니 나도 너를 버려 내 제사장이 되지 못하게 할 것이요 네가 네 하나님의 율법을 잊었으니 나도 네 자녀들을 잊어버리리라(호4:6)"고 말씀하신 것입니다. 만약에 조상 중에서 사술에 종사하거나 우상을 숭배했다면 치유를 받아야 합니다. 우리나라는 전통적으로 우상숭배를 했던 나라입니다. 너나 할 것 없이 모두 치유의 대상입니다. 문제만 일으키지 않으면 그냥 지나면 되지 않느냐는 분도 있을 것입니다. 그러나 이런 우상숭배의 문제가 있으면 믿음이 자라나지를 않습니다. 악한 영이 성령의 깊은 임재에 들어가지 못하도록 방해하기 때문입니다. 머리에 잡념을 집어넣거나 자녀, 부부, 이웃을 이용하여 스트레스를 받게 하거나 여러 가지 문제를 일으켜서 물질이 새나가게 하는 등, 보이지 않는 영적인 세계에서 별일이 다 일어나게 하는 것입니다. 악한 마귀는 어찌하든지 자신의 종을 만들려고 호시탐탐 노리는 것입니다. 그래서 갈라디아서 5장 1절에 보면 "그리스도께서 우리를 자유롭게 하려고 자유를 주셨으니 그러므로 굳건하게 서서 다시는 종의 멍에를 메지 말라"라고 하였습니다. 예수 그리스도의 나라에는 자유 함이 있습니다. 마귀와 악에게 종노릇하지 않습니다. 나쁜 습관에 종노릇하지 않는 것입니다.

자유를 얻고 영혼이 잘되고 범사에 잘되며 강건하고 의와 평강과 희락 가운데 행복을 누리고 살 수 있게 되는 것이 바로 예수님 나라에 들어와서 사는 것입니다. 우리는 이 땅에 세상 나라와 예수님의 나라가 동시에 임하여 있는 것을 알아야 합니다. 눈에 안 보이는 두 나라가 우리를 서로 빼앗으려고 투쟁하고 있는 것입니다. 마귀의 나라가 우리를 시시각각으로 도둑질하고 죽이고 멸망시키려 하지만 하나님의 나라에서는 성령님께서 성도들을 진리 가운데로 인도하시며 은총과 사랑과 영생 얻기를 원하시고 계신 것입니다.

20장 기적적으로 뼈 신경 관절을 치유하셨다.

(겔 37:7-8)"이에 내가 명령을 따라 대언하니 대언할 때
에 소리가 나고 움직이며 이 뼈, 저 뼈가 들어 맞아 뼈들이
서로 연결되더라. 내가 또 보니 그 뼈에 힘줄이 생기고 살
이 오르며 그 위에 가죽이 덮이나 그 속에 생기는 없더라"

세상에는 뼈와 신경으로 고통을 당하는 분들이 의외로 많이
있습니다. 우리는 이들을 성령의 권능으로 치유해야 합니다. 뼈
와 근육 신경의 질병에 치유가 일어나려면 성령이 장악을 하여
야합니다. 장악이 되려면 자신의 욕심을 버리고, 호흡이나 주여!
하면서 주님의 임재가 자신을 장악하게 해야 치유가 됩니다.

치유에 욕심을 부리면 더 시간이 길어집니다. 하나님은 우리
의 모든 질병을 치유하여 주시기를 원하십니다. 하나님은 뼈와
신경계통의 질병을 치유하라고 하십니다. 뼈와 신경계통의 질병
을 치유하려면 성령의 깊은 임재에 들어갈 줄 알아야 합니다. 성
령의 깊은 임재 하에 뼈와 신경계통의 질병이 치유되기 때문입
니다.

첫째, 뼈 신경 계통에 질병이 발생하는 원인은 이렇습니다.
첫째로 뇌척수신경 계통의 흐름과 이상으로 생깁니다.
1) [목]의 신경 계통의 흐름과 이상입니다. 목 디스크는 축농
증, 비후성 질환, 코골이, 안면 마비, 두통 등의 질병을 유발하며,

이를 고치지 않고 수술함은 재발이 되는 원인이 됩니다. 특별히 목의 디스크로 인하여 정신질병과 이상이 생길 수가 있습니다. 정신질병이 마음의 상처나 문제로 발생되어진 것이 아니라면 목 디스크를 정확히 진단하여야 하는 것입니다. 전신마비나 식물인간은 목의 신경계통에 이상이 생긴 경우가 많습니다.

2) [어깨] 신경 계통의 흐름과 이상입니다. 오십견이나 팔과 어깨의 여러 가지 통증이 수반하고 팔 길이가 다르고 한 손이 짧거나 깁니다. 팔을 내 밀게 하고 코를 중심으로 두 손을 모아보면 어깨가 아픈 사람은 한 손이 짧든지 길든지 하는데 주로 오른손을 많이 사용하기 때문에 오른손이 긴 경우가 대부분입니다.

3) [척추]신경 계통의 흐름과 이상입니다. 원래가 척추는 33개의 추골이 연결되어 하나의 막대처럼 된 것인데 그 속을 위 아래로 척수신경이 통하고 있습니다. 그리고 각 추골 사이에는 추간공(椎間孔)이라는 구멍이 생겨있고, 그 곳으로부터 각 신경이 나와서 전신에 분포되어 있습니다. 그런데 이 척추에 대한 무리가 추골을 어긋나게 하여 신경의 출구인 추간공을 삐뚤어지게 하므로 그 때문에 거기서 나오는 신경이 압박, 염전(捻轉)등의 장해를 받게 되어, 그 지배 영역의 근육이나 기관이 나빠지고 이것이 질병의 원인이 됩니다.

4) [발]의 신경 계통의 흐름과 이상입니다. 발은 우리 몸의 역학적 기초이고 건강과 불가분의 관계에 있습니다. 인간의 발은 서 있을 때나 걸을 때 전신을 지탱하는 기초라 할 수 있습니다. 발에 생기는 여러 가지 원인에 의한 과로나 무리나 허약으로 말

미암은 발의 신경반사는 목이나 허리 등 전신에 부조화를 일으킵니다. 더욱 진전하여 발의 균형을 무너뜨리거나 전신의 신경 계통을 압박하고 자극하여 질병을 일으킵니다.

발은 신장과 심장과 장과 위장과 눈과 코와 관련이 있고 정력에도 관계가 있습니다. 특히 폐결핵과 관계가 있어 무릎에 고장이 있으면 인후가 나쁘고 폐가 나빠집니다. 또한 입덧에도 관계가 있습니다. 누워 있을 때 균형을 이루지 못하고 한쪽 발이 쳐져 있는 발의 이상이나 발의 길이가 짧거나 긴 발의 불균형은 골반의 뼈가 틀어져 있어서 그렇게 되는 것입니다. 이런 사람은 대부분 척추 디스크를 호소합니다.

5) 골반 신경계통의 이상입니다. 골반은 척추를 받치고 있고 다리뼈와 연결되어 있습니다. 다리가 한쪽이 짧거나 틀어진 경우는 골반(엉덩뼈)이 비틀어져 있는 경우입니다. 한쪽 발의 인대가 땅기면서 발이 아픈 경우나, 신장이 나쁜 경우나, 부인병으로 산후 조리를 잘못한 경우, 부인병으로 발생되는 경우, 몸의 균형이 틀어지는 작업을 하는 경우, 몸이 비대하여 다리의 버티는 힘이 균형을 잃어버렸을 때 등의 골반이 틀어져서 생기는 병입니다. 골반이 틀어짐으로 내장 기관에까지 장애까지 생길 수 있으며 관절염까지 생기는 원인이 됩니다.

둘째로 자율신경의 계통의 흐름과 부조화로 생긴다. 모든 질병의 대부분이 이자율 신경의 부조화에서 나오는 경우가 많기 때문에 내 영이 무거운 죄 짐이나, 불평이나, 원망의 무서운 독소에서 자유 함이 있어야 합니다. 이자율 신경의 조화는 주로 마음의 평안과 영의 기쁨을 항상 유지하게 됩니다. 자율 신경의 교감신경은 불안 좌절 분노, 등의 결과를 유발합니다. 반면 부교감신경은 주로 기쁨, 화평, 감사, 용서, 사랑, 절제, 인내, 자비와 양선과 충성과 온유함을 주관합니다(갈5:22-23).

포도나무의 가지가 원줄기에 붙어 있어야 합니다. 그와 같이 우리의 영적 생명과 성령의 역사는 생명의 근원 되시는 예수님에게 붙어 있어야 합니다. 그래서 예수님으로부터 영적 신령한 생명이 계속 공급을 받아서 끊임없이 흘러나오거나 솟아나야 합니다. 이러한 생명의 흐름이나 성령의 흐름이 성경에서는 기름 부음이라는 표현으로 설명되고 있습니다.

이러한 예수의 생명이 흘러넘치는 역사가 충만하기 위해서는 속사람(영)이 강건해야 합니다. 이 속 사람은 자율신경의 부교감신경에 주로 영향을 줍니다. 이자율 신경의 조화를 이루지 못하고, 분노나 불안이나 좌절 등을 일으키면 위장, 간, 심장, 폐, 등 오장육부의 혈관 정맥, 근육 등에 뻗어 있는 자율 신경에 자극을 주게 되어, 신체에 이상을 일으키고 질병을 유발시킵니다.

모든 쓰라림과 원한은 첫째 분노로부터 시작되어 이것이 신체에 공급되는 아드레날린을 지나치게 분비시킵니다. 신체는 분비된 아드레날린의 초과량을 흡수할 수 없습니다. 결과적으로 그것은 신장으로 가지만 그러나 신장은 이 초과량을 수용할 수 없습니다. 그 결과로 그것은 신체의 관절에 모여 관절염을 일으킵니다. 관절염을 앓는 사람은 자신의 삶을 성찰하고, 혹 다른 사람에 대한 쓴 뿌리와 용서하지 않는 마음을 품고 있는지 여부를 성령의 임재 가운데 찾아보라고, 성심성의 자세로 충고하기 바랍니다.

셋째로 기타 뼈 신경 계통에 질병이 발생하는 원인. 몸 안에 물과 염분이 부족하여 생기게 됩니다. 사람은 흙으로 만들었습니다. 그러므로 흙이 응고가 되려면 일정량의 물과 염분이 있어야 합니다. 우리의 몸은 젊은 사람의 경우는 70%이상이 물로 되어있습니다. 그래서 물을 많이 마시는 것이 좋습니다. 그리고 우리 몸 안에는 항상 0.8%의 염분이 있어야 합니다. 이를 조절하지 못하면 뼈와 신경에 문제가 생깁니다. 금식을 할 때에도 필히 염분을 섭취해야 합니다. 그리고 약물을 과다 복용할 경우 독소가 쌓이게 되므로 발생합니다.

또 어려서나 젊어서 고생을 많이 한 경우에 발생하기도 합니다. 내가 노인정에 능력전도 하러 다닐 때 뼈 신경에 질병이 있는 분들과 대화를 해본 결과는 이렇습니다. 젊어서 스트레스를 많이 받고, 생활고 때문에 머리에 짐을 이고 다니고, 속상하고, 고통 받으면서 이를 악물어서. 치아와 허리, 목, 무릎에 문제가 생겼습니다. 그래서 젊은 60대에 뼈 신경 질병으로 고생하고 계셨습니다.

둘째, 뼈 신경의 질병의 진단과 치유 기법
1)목 부분치유(디스크 포함). 방법은 두 손을 목 위에 놓고 손

가락을 척추 상부에 놓는다(막16:18). 고개를 천천히 왼쪽으로부터, 오른 쪽으로 그리고 뒤로 앞으로 돌려준다. 이는 성령께서 하시는 일을 도와드리는 것이다.

동시에 "예수님의 이름으로 명령한다. 모든 근육과 인대와 힘줄과 척추골이 제자리로 들어가고 그 약한 디스크가 치료되고 눌린 신경은 자유하라"고 명령한다. 목 부분 안수의 유의사항은 손바닥-대동맥을 감싼다. 뇌로부터 몸의 전면으로 내려간 신경 위에 놓여 있다. 목의 양쪽-주동맥이 있다. 이를 통해 혈액이 뇌로 주입된다. 엄지손가락은 측두 하안골 관절 바로 위에 놓여진다. 몸의 가장 강한 근육 위이다. 결국 몸의 가장 중요한 세부 위에 손을 올린 결과요 안수가 된다.

결과로서 기대해도 되는 사실은 이렇다. 목에 생긴 문제들 100%의 통증이 사라진다. 두통, 신경성 귀머거리, 목관절염, 척추 삔 것, 탈출되고 허물어진 악성 디스크, 부러진 목 등이 치유된다. 목 위의 신체 부위의 질병이 치유된다.

2)어깨부분의 치유. 가슴 앞과 뒤에 손을 대고 앞으로 뒤로 움직여 준다. 불편한쪽 어깨를 잡고 흔들어 준다. 팔이 자라나는 치유는 이렇게 한다. 어깨 신경 계통에 이상이 발생했을 때도 마찬가지이다. 팔과 어깨에 여러 가지 통증을 수반하고 팔 길이가 다르고 한 손이 짧거나 길다. 팔을 내밀게 하고 코를 중심으로 두 손을 모아보면 어깨가 아픈 사람은 한 손이 짧든지 길든지 하는데 주로 많이 쓰는 손이 길게 마련이다. 이때는 짧은 팔을 명하여 예수 이름으로 명하노니 짧은 팔을 자라나고 긴팔은 들어

갈지어다." 하며 자라날 것을 명하면 팔이 쭉쭉 자라난다. 팔이
자라나는 것은 그 자리에서 낫기 때문에 전시 효과가 크며 누구
나 다 할 수 있는 쉬운 사역이다.

3)**허리 부분의 치유**. 양다리를 살짝 들고 골반과 허리를 돌려
준다. 무릎을 굽히고 돌리고, 펴고 돌리고를 반복한다. 다른 방
법은 엄지손가락으로 뼈마디마디를 누르고 끌어내리면서 기도
할 수도 있다. 명령은 "예수 이름으로 명하노니 치골은 제 위치
로 돌아오라, 요추의 압박에서 해방될지어다. 디스크는 새로운
디스크가 자라나라고 명령하면 된다.

하부의 요추(다섯 개의 하부 척추)와 천골 부분의 많은 문제들
이 치유된다.

전립선: 정상이 되라. 결장: 결정을 지배하고 있는 신경이 정
상으로 되라. 명령하라.

4)**골반 부분의 치유**. 척추골보다 다소 큰 그 다음 뼈는 천골이
라고 하는데 그 뼈는 척추 전체를 지탱하고 있다. 이 뼈는 또한
양 엉덩이 즉 인대와 건과 천장골 관절을 통하여 장골(골반의 한
부분)로 연결 된다. 골반의 전체 부위에 치유를 베풀기 위해서
는 골반의 일을 한다. ①출산으로 인하여 허리의 통증이 올 때:
골반의 뼈가 정상적으로 맞춰 들어가기를 위해 명령하라. ②부
인병(여성 생식기에 생기는 증세, 생리통, 자궁 탈수 등): 천골이
정상적으로 들어가고 조직과 신경이 자유 할 것을 명령하며 혈
관 세포가 정상 기능을 발휘하며 통증이 떠날 것을 명령한다. ③
발이 바깥쪽으로 심하게 향한 것, 또는 안쪽으로 향한 것은 이렇

게 치유한다. 골반이 안쪽으로 돌아올 것을 명한다. 바깥쪽으로 돌아 갈 것을 명령한다. ④좌골 신경통: 척추에서 넓적다리 사이로 뻗어있는 큰 신경을 따라 통증이 일어나는 증상을 말한다. 요추와 천골이 바르게 조절 될 것과 디스크가 제 위치에 가서 신경을 누르는 모든 압력이 없어질 것을 명령한다.

천장골의 위치는 여러 가지로 달라질 수 있다. 가끔 장골(골반 뼈)은 천골 위에서 회전되기도 하며, 그 결과 한쪽 다리가 짧아 보일 수 있다. 그렇지 않으면 골반 뼈가 제 위치를 벗어나서 두 다리가 더 길게 보일 수도 있다. 그 결과 척추는 굽게 된다(척추 만곡증, 척추 측만증). 천골은 앞으로 기울어 질 수 있는데, 그 결과 척추 만곡증(척추가 만곡하여 앞으로 돌출)이 생긴다. 아니면 뒤로 기울어져서 등이 "군인"의 등처럼 꼿꼿하게 될 수도 있다. 이런 모든 경우에도 양다리를 살짝 들고 골반과 허리를 돌려준다. 무릎을 굽히고 돌리고, 펴고 돌리고를 반복한다. 천골이 제자리로 제 위치로 돌아갈 것을 명령하면 된다.

5)다리가 자라나는 일. 발은 우리 몸의 역학적 기초이고 건강과 불가분의 관계에 있다. 인간의 발은 서 있을 때나, 걸을 때 전신을 지탱해 주는 기초라 할 수 있다. 발에 생기는 여러 가지 원인에 의한 과로나, 무리나, 허약으로 말미암은 발의 신경반사는 목이나 허리 등 전신에 부조화를 일으킨다. 더욱 악화되어 발의 균형을 무너뜨리거나 전신의 신경계통을 압박하고 자극하여 질병을 일으킨다.

발은 신장과 장과 위장과 눈과 코와 관련이 있고, 정력에도 관련이 있다. 특히 폐결핵과 관계가 있어 무릎에 고장이 있으면 인후가 나쁘고 폐가 나빠집니다. 또한 입덧에도 관계가 있다. 누워 있을 때 양발이 균형을 이루지 못한다. 한쪽 발이 처져있는 발의 이상이나, 발의 길이가 짧거나, 긴 발의 불균형은 골반의 뼈가 틀어져 있어서 그렇게 되는 것이다. 이런 사람들은 대부분 척추 디스크를 호소한다.

이때는 무릎을 가만히 잡고 골반을 돌리면서 예수의 이름으로 명하노니 틀어진 다리는 균형을 이룰지어다. 명령 하거나, 짧은 다리는 자라나라 고 명령을 한다. 이렇게 하면 틀어진 다리가 조금씩 제자리로 돌아가게 되는 모습을 봅니다. 순간 짧은 발이 자라는 것을 눈으로 확인하게 된다.

이렇게 균형을 이룬 사람에게 허리의 디스크나 통증을 물어보면 통증이 살아졌다는 간증을 하게 된다. 그러나 어깨나 팔은 아무나 되는데 발은 사역하는 사람에 따라 차이가 있는 것을 볼 때, 사람마다 능력의 흐름에 차이가 있는 것을 볼 수 있다.

①다리 관절염: 손을 얹고 관절염 귀신이 축출되고 통증은 떠나고 뼈마디가 힘을 얻고 부드러워 지기를 위해 기도한다. 양다리를 들고 골반, 허리를 돌리면서 기도한다.

②짧은 다리: 일반적으로 골반과 아래 등 쪽 이상으로 인해 인대, 근육, 뼈들이 끌어 올리어져서 다리가 짧아 보이는 것이다. 비정상적인 발육으로도 다리뼈가 짧을 수도 있다. 이때는 등이 치유되고 근육과 인대가 올바른 위치로 들어갈 것과 창조의 능력으로 짧은 다리가 정상적인 길이로 자라날 것을 명령을 한다.

양다리를 들고 골반을 돌리면서 기도한다.

③오리발(바깥짝다리): 골반 뼈가 밖으로 향해 있어서 안쪽으로 방향을 틀면 된다. "골반 뼈 위에 양손을 얹고 발이 정상으로 될 때까지 골반이 안으로 돌아가라"고 명령한다. 골반 돌리기, 무릎 굽고 돌리기를 한다.

④비둘기 발(안짝다리): 골반이 밖으로 돌아가라고 명령하면 치유 된다. 골반 돌리기, 무릎 굽고 돌리기를 한다.

6)**무릎 부분의 치유**. 양 다리를 살짝 들고 골반과 허리를 돌려준다. 무릎을 굽히고 돌리고, 펴고 돌리고를 반복한다. 허리디스크 부분을 손가락으로 눌러가며 점검하고 기도한다. 그리고 무릎에 손을 얹고 기도를 한다. 그러면 무릎의 통증을 일으키던 세력들이 떠나간다.

셋째, 뼈, 신경 곤절 기적사역의 실제. 성령의 깊은 임재와 성령의 역사가 있어야 뼈 신경 사역을 할 수가 있다. 이를 위하여 사역자는 많은 시간의 기도와 성령 체험과 그리고 자신의 내면의 치유를 받아야 한다. 하나님의 일은 무슨 일이든지 그냥 쉽게 되지를 않는다. 부단한 자기 관리가 필요하다.

그리고 뼈 신경치유 사역을 할 때에는 사역자나 피 사역자나 성령이 사로잡아야 치유가 된다는 것을 알아야 한다. 성령이 사로잡지 못하면 치유가 되지 않는다. 성령의 기름 부으심이 약한 곳을 사로잡아 달라고 기도하기를 바란다. 에스겔 37장이 그대로 실현되기를 위해 큰 믿음을 가지고 기도하라. 뼈에게 명령할 때마다 이 뼈 저 뼈가 맞춰지며 움직이고 제자리에 찾아 들어 갈 것을 상상하며 기도하라. 구체적으로 기도하라. "예수 이름으로 명하노니 뼈가 움직이며 신경은 살아나며 인대와 힘줄과 건과 조직은 정상적으로 회복될지어다." 하며 구체적으로 기도하라. 반복하며 기도하라. 한 번에 치유되지 않는다. 무엇보다 뼈 신경의 질병의 치유는 성령이 환자를 완전하게 장악을 해야 되는 사역이다. 한 번에 뼈 신경의 질병이 치유될 정도이면 상당히 숙달된 성령치유 사역자이다. 성령이 보증하여 주는 사역자이다. 한 가지 씩 구체적으로 기도하라. 필자는 이 사역을 위하여 많은 기도와 실제 사역을 통하여 치유 원리와 기술을 습득했다. 정말 많은 노력을 했다. 그러므로 한 번에 되지 않는다고 낙심하지 말고 지속적으로 사역을 헤야 한다. 그리하여 뼈와 신경으로 고통 하는 사람들에게 전도하여 하나님의 나라를 확장하자.

넷째, 뼈 신경 관절 기적치유 사례. 저는 허리 디스크로 15년 이상 고생을 하다가 치유 받고 신유의 은사를 받은 서○○ 목사입니다. 허리 디스크로 사람노릇을 못하고 살았습니다. 어느 기도원장이 목회자가 되어야 하는데 사명을 감당하지 않아서 허리가 치유되지 않는다고 하여 신학을 시작했습니다. 그래서 목사가 되어 지금 교회를 개척하여 목회를 하고 있습니다. 우연한 기회에 인터넷에서 충만한 교회를 알게 되었습니다. 홈페이지에 기록되어있는 간증을 읽고 나도 치유를 받을 수 있다는 감동이 강하게 와서 신유집회에 참석하게 되었습니다.

신유집회에 참석하여 그동안 체험하지 못한 강한 성령의 불이 임하는 것을 체험을 했습니다. 내안에서 역사하는 악한 영들이 수없이 떠나갔습니다. 집회 마지막 날 강 목사님이 뼈와 신경 치유에 대한 강의를 마치시고 시범을 보이셨습니다. 뼈와 신경과 근육에 있던 질병들이 그 자리에서 치유가 되있습니다. 나도 저렇게 순간 치유를 할 수 있는 은사를 주셨으면 좋겠다는 말이 저절로 나왔습니다. 허리 디스크로 고생하는 분 나오라고 해서 나갔습니다. 누우라고 하시더니 양발을 잡으시더니 오른 발이 길다는 것입니다. 그러고는 양발을 잡고 성령이여 임하소서, 하시면서 기도를 하셨습니다. 머리와 어깨에 임하시고 사로잡아 주옵소서, 그리고 허리도 사로잡아 주옵소서, 골반도 사로잡아 주시고, 온몸 약한 부위를 사로잡아 주셔서 치유하여 주옵소서, 하고 임재를 요청하셨습니다. 그다음에 허리 골반을 강하게 사로잡아 주시고 치료하여 주옵소서, 허리도 돌려주시고, 완전하게 치유하여 주옵소서, 하고 기도를 하니 내 다리가 한쪽씩 올렸다 내렸다 합니다.

　골반이 나도 모르게 돌려집니다. 이제 허리를 만지시는데 목을 뒤로하여 머리가 땅에 닿게 하시는데 꼭 허리가 부러지는 것 같았습니다. 투두둑 투두둑 하며 뼈가 만져지는 소리를 요란하게 냈습니다. 저는 순간 이러다 허리 부러지면 어떡하나 하고 걱정을 하기도 했습니다. 그러다가 이제는 다리를 쭉 펴더니 손으로 발을 잡고 으으으 하면서 일어섰다, 앉았다, 하게하면서 진동을 하더니 서서히 진동이 약해졌습니다.

목사님이 다리를 잡고 허리를 돌리면서 "지금까지 괴롭혔던 허리 디스크를 일으키던 병마는 떠나갈지어다"하시는 것입니다. 내가 기침을 한동안 막 합니다. 그러더니 휴우! 휴우! 소리가 나옵니다. 목사님이 일어나서 허리한번 만져 보세요. 아픈가, 일어서서 허리에 손을 잡고 허리를 돌려보았더니 하나도 아프지 않습니다. 10년을 괴롭히던 허리디스크가 깨끗하게 치유되었습니다. 할렐루야! 주님께 영광 돌립니다. 정말 나에게도 이런 은사가 나타나게 해달라고 기도를 쉬지 않고 했습니다. 주일날이 되었습니다. 오후 예배를 마치고 성령께서 뼈와 신경과 근육이 성도를 불러내어 안수를 하라고 감동을 하십니다. 그래서 선포를 했습니다. 뼈와 신경과 근육에 질병이 있는 분들은 종이에 병명을 써놓고 앞에 나와서 기도를 하라고 했습니다. 그랬더니 7명이 나왔습니다. 그래서 목사님이 가르쳐 준대로 안수 기도를 했습니다.

막 성령의 역사가 일어나 기침을 하고 울고 했습니다. 모두 안수를 해주었습니다. 끝난 다음에 일일이 물어보았습니다. 아픈 부위에 통증이 사라지지 않고 그대로 있느냐고 질문했습니다. 그러자 신기하다는 것입니다. 조금 전만 해도 그렇게 통증이 심하다가 안수 받고 나니 모두 시원해 졌다는 것입니다. 어디서 능력을 받아 왔느냐는 것입니다. 충만한 교회에 가서 십 오년 묶은 질병을 치유 받고 신유의 은사도 받은 것입니다. 하나님! 감사합니다.

21장 기적적으로 물질문제를 해결하셨다.

> (갈 3:14)"이는 그리스도 예수 안에서 아브라함의 복
> 이 이방인에게 미치게 하고 또 우리로 하여금 믿음으로
> 말미암아 성령의 약속을 받게 하려 함이라"

물질문제를 기적같이 해결 받으려면 성령의 인도를 받아야 합니다. 예수를 믿으면서도 물질적인 고통을 당한다면 원인을 찾아야 합니다. 반드시 원인이 있습니다. 기브온 족속과의 계약을 어긴 사울 때문에 다윗 때에 전 민족이 3년 동안 기근을 당하였습니다. 사무엘하 21장에 보면 다윗의 시대에 해를 거듭하여 3년 기근이 있으므로 다윗이 여호와 앞에 간구합니다. 그러니까 여호와께서 이르시되 "이는 사울과 피를 흘린 그의 집으로 말미암음이니, 그가 기브온 사람을 죽였음이니라."라고 말씀하십니다. 그래서 다윗이 기브온 사람을 불러 그들에게 물어봅니다. "내가 너희를 위하여 어떻게 하랴 내가 어떻게 속죄하여야 너희가 여호와의 기업을 위하여 복을 빌겠느냐?"라고 합니다. 그러니까 기브온 사람들이 다윗 왕께 아룁니다.

"우리를 학살하였고 또 우리를 멸하여 이스라엘 영토 내에 머물지 못하게 하려고 모해한 사람의 자손 일곱 사람을 우리에게 내어 달라고 합니다. 그러면 여호와께서 택하신 사울의 고을 기브아에서 우리가 그들을 목매어 달겠나이다."라고 합니다. 그러니까 다윗 왕이 그렇게 하겠다고 합니다.

그래서 사울의 후손 일곱을 기브온 사람의 손에 넘기니 기브온 사람이 그들을 산 위에서 여호와 앞에 목을 매어 달았습니다. 그들 일곱 사람이 동시에 죽으니까 하늘에서 비가 내리기 시작했다고 기록되어 있습니다. 그래서 기적적으로 기근을 해결하였습니다. 그러므로 성도가 다른 사람의 마음에 상처를 주어도 기근을 당할 수가 있습니다. 그러므로 모든 사람들과 함께 거룩함과 화평함을 좇아 살아야 합니다. 물질의 문제가 있으면 하나님께 기도하여 원인을 찾아야 합니다. 원인을 찾아 해결해야 물질 문제가 기적같이 해결되는 것입니다.

예수를 믿는 많은 사람들이 재정의 고통을 당하면서 살아갑니다. 그것도 다른 형제들은 예수를 믿지 않아도 잘사는데 유독 예수 믿는 자녀만 영육의 고통을 당하면 살아가는 경우가 많습니다. 이는 성령의 인도를 받지 않고 종교적인 믿음생활을 하기 때문입니다. 아니라고 하실 분도 있을 것입니다. 그러나 필자가 서술한 책들을 읽어보시면 이해하실 것입니다. 이것을 이해하고 성령의 인도를 받는 믿음생활로 바꾸시면 3년 이내에 역전현상을 체험하실 것입니다. 성령의 역사가 일어나야 방해하는 세력들이 떠나갑니다. 지금은 종교적인 믿음생활을 하니까, 세상 신들이 자신에게 영향을 미치고 있기 때문에 예수를 믿지 않는 다른 형제들보다 빈곤의 삶을 사는 것입니다. 성령으로 원인을 찾아 해결하면서 성령의 인도를 받으면 반드시 역전 됩니다. 믿음으로 기적을 체험하시기를 바랍니다.

"대물림된 가난과 거지의 영이 끊어졌어요." 라는 제목의 간

중입니다. 어느 여 성도가 결혼을 했는데 남편과 자신의 가문에 가난이 대물림되어 너무너무 가난했습니다. 헐벗고 굶주리면서 고통을 당하던 중 이웃의 전도를 받고 예수님을 믿게 되었습니다. 성령을 체험하고, 내적 치유도 받은 가운데 가문에 대물림되는 마귀 역사를 끊는 집회에도 참석하여 은혜를 받았습니다. 성령으로 충만하여 가정에 역사하는 가난의 대물림의 원인을 찾아 회개하고 가난의 줄을 끊는 대적기도를 수없이 하고 나니 하나님의 은혜로 서서히 물질적인 문제가 풀리면 조그마한 주택도 마련하는 등 가정의 삶이 평안하게 되었습니다. 계속적으로 대물림된 가난의 마귀 저주를 예수 이름으로 끊고 귀신을 몰아낸 결과입니다.

여 성도님은 가난의 고통을 끊는 교회의 집회에 참석하여 우리 가계의 가난의 대물림도 끊어질 수 있다는 믿음을 가지고, 강사 목사님이 하라는 한 영적인 원리대로 성령이 충만한 가운데 가정예배를 드릴 때나 교회에서 기도할 때나 할 것 없이 매일 입버릇처럼 다음과 같이 마음속으로 외치고 다녔다고 합니다. "예수 이름으로 명하노니 우리 가정에 대물림된 가난의 저주는 끊어질지어다. 가난하게 역사하는 귀신은 예수 이름으로 명하노니 떠나갈지어다." "예수 이름으로 명하노니 우리 가정에 대물림된 가난의 저주는 끊어질지어다. 가난하게 역사하는 귀신은 예수 이름으로 명하노니 떠나갈지어다." "예수 이름으로 명하노니 우리 가정에 대물림된 가난의 저주는 끊어질지어다. 가난하게 역사하는 귀신은 예수 이름으로 명하노니 떠나갈지어다."

그러던 어느 날 남편이 꿈을 꾸었습니다. 꿈속에서 누군가가 자꾸 문을 두드리면서, "주인 있소? 주인 있소?" 하면서 주인을 부르는 소리가 나더랍니다. 그래서 문을 열고 나가보니까 자신의 할아버지 거지, 할머니 거지와 함께 자신의 아버지, 어머니 거지가 와 있더랍니다. 거기다가 세상에 있는 거지란 거지는 다 모인 것 같이 많은 거지가 모였더랍니다. 깡통을 차고 아주 험한 거지 옷을 입은 거지 할아버지가 와서 하는 말이 "우리가 몇 십 년 동안 이 집에서 거지노릇을 하면서 같이 살았는데, 왜 새로 들어온 손자며느리가 그놈의 예수를 믿으면 자기만 믿을 것이지 손자까지 예수를 믿게 해가지고, 항상 가정에서 예배드리고 예수 그리스도와 함께 밥 먹고, 기도하고 예배하고 자면서 거지 귀신 떠나라고 예수 이름으로 명령하고, 예수 이름으로 명하노니 거지 귀신아 물러가라고 그러느냐? 우리를 쫓아낼 너의 권한이 무엇이냐? 이유를 말해 달라. 라고 했습니다."

그래서 그 거지 할아버지에게 어떻게 대답할까 생각하다가 성령께서 알려주시는 예수님의 말씀을 기억하고 "증명이 있다. 내가 예수 이름으로 명령한다. 알겠느냐? 나사렛 예수 이름으로 명하노니 거지 귀신들은 물러갈 지어다." 라고 하자, 다다다 발걸음 소리를 내면서 거지 떼 전부가 걸음아 날 살려라 하면서 도망을 치더라고 했습니다.

그 꿈을 꾸고 나자 마음이 아주 평안해지면서 가난과 거지의 영의 줄이 끊어졌다는 성령의 감동이 오더랍니다. 이 꿈은 거지 영의 저주가 예수 이름으로 물러가는 꿈입니다. 성령께서 기도에 응답하여 가문에 흐르는 가난의 귀신들이 떠나갔다는 것을 꿈으로 보증해 주신 것입니다. 아주 좋은 꿈입니다. 당신도 이와 같이 꿈속에서라도 대적기도를 하시기를 바랍니다.

하나님은 우리에게 복 주시기를 원하십니다. 믿음과 부요의 꿈을 가지고 하나님의 뜻을 쫓아가시기를 바랍니다. 꿈은 반드시 이루어집니다. 꿈을 이루려면 우리가 꿈을 갖고 믿은 것을 입으로 시인해야만 되는 것입니다(막11 22-23).

말을 해야 되는 것입니다. 입을 다물고는 우리가 믿을 수 없습니다. 꿈꾸고, 기도하고, 믿은 사실을 입으로 시인해야 되는 것입니다. 현재 이루어지지 아니해도 하나님은 죽은 자를 살리시며 없는 것을 있는 것 같이 부르시는 하나님이신 것입니다. 지금 없어도 있는 것처럼 내가 꿈꾸고, 믿고, 입으로 시인해야 되는 것입니다. 왜냐하면 입으로 시인하는 말씀은 하나님의 창조적인 수단이었습니다. 하나님은 우주만물을 지으셨을 때 친히 손으로 지으신 것이 아니라, 말씀으로 지으신 것입니다. 말씀하심에 이루어진 것입니다. 그러므로 우리는 성령의 충만한 모습을 마음속으로 꿈꾸어 보고 이것을 믿어야 되는 것입니다.

필자는 예수 믿고 목사 되어 하나님의 복을 기적같이 받고 사는 목사입니다. 필자가 군대에서 명퇴를 하고 나올 때의 솔직한 심정은 우리 식구들 모두 굶어서 죽는 줄만 알았습니다. 아무것도 보이지 않았습니다. 그러나 하나님에게 기도하고 하나님에게만 소망을 두고 하나님이 지시한 일을 하면서 순종하고 성령의 인도를 따라오니 지금은 영육으로 부자가 되었습니다. 시시 때

때로 있어야 할 것을 아시고 채워주시는 하나님이라는 것을 몸으로 눈으로 체험하게 하십니다. 하나님은 말씀하시고 이루시는 하나님이라는 것을 체험하게 하십니다. 하나님에게 소망을 가지시기를 바랍니다.

하나님은 이렇게 말씀 하셨습니다. "내가 오늘 명하는 모든 명령을 너희는 지켜 행하라 그리하면 너희가 살고 번성하고 여호와께서 너희의 조상들에게 맹세하신 땅에 들어가서 그것을 차지하리라 네 하나님 여호와께서 이 사십 년 동안에 네게 광야 길을 걷게 하신 것을 기억하라 이는 너를 낮추시며 너를 시험하사 네 마음이 어떠한지 그 명령을 지키는지 지키지 않는지 알려 하심이라 너를 낮추시며 너를 주리게 하시며 또 너도 알지 못하며 네 조상들도 알지 못하던 만나를 네게 먹이신 것은 사람이 떡으로만 사는 것이 아니요. 여호와의 입에서 나오는 모든 말씀으로 사는 줄을 네가 알게 하려 하심이니라."(신8:1-3). 하나님의 말씀은 일점일획도 거짓이 없습니다. 하나님의 음성을 듣고 계명을 지키는 자에게 복을 허락하시는 하나님이십니다. 제가 이것을 실제적으로 체험한 목사입니다.

제가 어렸을 때를 생각하면 밥을 굶는 날이 먹는 날보다 많았던 것 같습니다. 아버지가 병이 들어 일을 제대로 못하시니까 우리 집이 지지리도 가난했습니다. 어느날은 제가 초등학교 3학년 때인 것 같습니다. 밥을 3일을 먹지 못하고 학교를 가다가 그만 개울에 넘어져서 일어나지 못하는 것을 외할아버지가 발견하여 끄집어내서 살았습니다. 또 한 번은 이런 일이 있었습니다.

저 어렸을 때는 겨울에 눈이 그렇게 많이 내렸습니다. 눈이 많이 내리니까, 일은 못하고 양식은 없고 하니까 김치만 먹으며 살아갈 때입니다. 지금 아이들에게 그런 이야기를 하면 라면을 끓여 먹으면 되지 않느냐고 하는 아이들이 있습니다만, 그 때 형편으로는 그렇지를 못했습니다. 한번은 아버지가 진주에 다녀오시더니 쌀을 한 자루를 가지고 오셨습니다. 어머니가 이 쌀을 아껴서 먹는다고 저의 동생의 베개에 넣어 한 참을 베고 자고 있던 보리쌀을 끄집어내어 쌀하고 섞어서 밥을 지었습니다. 그 보리쌀이 상했던 것입니다. 그 밥을 아주 맛있게 먹고 식구 모두가 배탈이 나서 아주 고생을 했던 생각이 떠오릅니다.

그리고 또 이것이 생각이 납니다. 제가 초등학교 4학년 때인 것으로 기억이 납니다. 너무 여러 날을 굶어서 힘이 없어서 학교를 가지 못했습니다. 그때는 학교에서 점심에 강냉이 죽을 끓여서 가난한 학생들에게 점심에 먹게 하던 시절입니다. 학교에 가면 점심시간에 강냉이 죽이라도 얻어먹을 수가 있는데 힘이 없어 가지를 못한 것입니다. 그런데 힘이 없어 낮잠을 자던 중에 꿈을 꾸었는데 학교에서 강냉이 죽을 받아서 아주 맛있게 먹는 꿈을 꾼 것입니다. 그런 후 깨어나 보니 꿈이었습니다. 그때 그 서운함은 지금도 생각에서 사라지지 않습니다. 이렇게 제가 어려서부터 지금부터 몇 년 전까지 장말 거지같은 인생을 살았습니다.

어려서는 이렇게 고생을 했고, 군대에 있을 때도 물질이 이상하게 새나가서 항상 쪼들리는 생활을 했습니다. 정말 사람 노릇을 못하고 살았습니다. 결정적인 승진의 때와 순간에 이상하게 막는 사람이 있어서 승진을 못하고 결국은 명퇴하는 일을 당했습니다. 세 번째는 다된다고 했는데 또 그 분이 막았습니다. 찾아갔습니다.

그 분이 저에게 하는 말이 자기를 찾아왔으면 1차에 진급을 했을 것인데 자력이 좋은 사람들이 그것을 못해서 탈이라는 것입니다. 제가 속으로 저는 죽어도 돈 주고는 진급 안 합니다. 돈 주고 진급한 군인이 전쟁을 어떻게 하겠습니까? 그리고 나왔습니다. 그때 그 자리에서 성령께서 그분에 대하여 하신 말씀이 있는데, 집회할 때, 몇 번이야기 한 것 같으나 여기에서는 생략하겠습니다. 정말 깜작 놀랄 일은 소식을 들으니 나이 60도 되지 않아서 암으로 세상을 떠났답니다. 거기다가 진급 부조리에 결부된 사람들 상당수가 중징계를 받고 불명예스럽게 전역을 했다고 들었습니다. 심은 대로 거둔 것이지요. 바르게 살아야 합니다. 나라에서 직위를 주었는데 챙기면 안 되지요. 한마디로 역적이지요. 정말 제가 군 생활 23년 했는데 깨끗하게 했습니다. 부끄러움 없는 군 생활을 했습니다. 그것 때문에 하나님의 눈에 들어서 목사가 되었는지 모릅니다. 전역하고 얼마나 힘이 들었는지 모릅니다.

저는 신학대학원을 다니고 아이들은 중고등학교에 다니고 물질문제로 거지같은 생활을 했습니다. 목사 안수를 받고 교회를 개척해서도 그렇게 열심히 전도해도 교회가 부흥되지 않고, 다 큰 딸아이들을 데리고 소돔과 고모라와 같은 향락이 판을 치는 곳, 교회당 뒤에 방을 만들어서 4년이나 살았다는 것 아닙니까? 이렇게 혈통을 타고 대물림되는 가난의 마귀 저주로 고통을 당했습니다. 하나님의 은혜로 제가 신학을 하고 목사가 되어 교회를 개척했습니다. 하도 교회가 부흥되지 않아 부르짖어 기도하다가 "앞으로는 영성이다. 21세기는 영성이다. 영성! 영성! 영성!" 이라는 하나님을 음성을 듣고 영의 눈을 뜨기 시작하여 영적인 사역에 관심을 가지다가 보니, "성령의 불로 불세례를 받는 법"과 "교회개척 이렇게 자립해요" 책에서 간증한 바와 같이 성령의 강한 불도 여러번 체험하고, 내적치유도 일 년을 받고, 혈통의 대물림을 끊는 세미나도 4번이나 참석하여 받았습니다. 그래서 그때부터 혈통에 대물림되는 마귀의 저주가 있다는 것을 인정하고 사모하고 함께 본격적으로 영적전쟁에 돌입하여 계속 대적기도하며 마귀와 일전을 벌였습니다.

그러면서 제가 혈통의 가난의 대물림을 끊는 세미나도 수없이 진행하여 왔습니다. 특히 마귀 저주를 끊는 세미나에 참석하고 우리 친가의 죄악을 회개하고 마귀저주를 끊고 역사하는 악귀를 대적하여 쫓아내고, 외가에 역사하는 무당의 영들에 의한 우상숭배의 죄악을 회개하고 마귀의 저주의 줄을 끊고, 가난으로 저주하던 악귀를 축사했습니다. 그럴 때 마다 수많은 악귀들이 쫓겨 나갔습니다.

필자는 성령께서 스스로 기도하면서 귀신을 몰아내는 은혜를 주셨습니다. 숨을 깊게 들이쉬고 내쉬면서 성령의 임재를 요청하고 성령의 임재가 충만해지면, 예수 이름으로 명하노니 떠나가라, 하고 마음으로 명령하면 악한 영이 떠나갑니다. 악한 영이 나갈 때 저는 거의 재채기를 하거나, 하품을 하고 나가는 것을 체험적으로 알 수가 있습니다.

체험이라는 것은 재채기 나 하품을 하고 나면 머리가 순간 시원해지는 것입니다. 그래서 성령사역을 하는 것입니다. 한번은 이런 일이 있었습니다. 그때는 성령의 체험도 했을 때이고, 성령 치유 사역을 한창 하던 시기입니다. 낮에 사모하고 교회에서 기도하고 있는데 갑자기 성령께서 "너의 목회를 방해하고 가난하게 하는 악귀를 몰아내라," 는 감동을 주시는 것입니다. 그래서 제가 "예수 이름으로 명하노니 나의 목회를 방해하고 가난하게 하는 더러운 귀신은 예수 이름으로 명하노니 떠나갈지어다." 예수 이름으로 명하노니 나의 목회를 방해하고 가난하게 하는 더러운 귀신은 예수 이름으로 명하노니 떠나갈지어다."예수 이름으로 명하노니 나의 목회를 방해하고 가난하게 하는 더러운 귀신은 예수 이름으로 명하노니 떠나갈지어다."하고 세 번 이상을 명령을 하면서 올라오라고 명령을 했더니 막 하품이 나오기를 한 20번 이상 나오면서 더러운 악한 영들이 떠나가는 것이었습니다. 하품하기를 한참 했더니, 이제 아랫배가 뒤틀리고 아프면서 악한 영들이 떠나갔습니다. 교회당 안에서 그렇게 강력한 불의 역사가 일어나고 제가 성도들을 붙잡고 기도하며 악한 영들을 축사하고 사역을 해도 나를 괴롭히고 목회를 방해하고 가난하게 하던 악한 영들이 떠나가지를 않은 것입니다.

그러므로 예수만 믿으면 악한 영은 자동으로 떠나간다는 말은 근거 없이 체험 없이 하는 말입니다. 제가 임상적으로 경험한 바로는 악한 영은 본인이 인정하고 예수 이름으로 대적할 때 떠나가는 것입니다. 인정하지 않고 대적하지 않으면 절대로 떠나가지 않습니다. 그래서 책을 써서 출판하는 것입니다. 우리가 알아야 할 것은 가난하게 하는 것은 하나님의 뜻이 아니라, 가난의 배후에는 가난의 악귀가 있다는 것입니다. 그래서 성령의 임재 가운데 가난의 악한 영을 쫓아내야 하는 것입니다.

좌우지간 저는 목회를 방해하고 가난하게 하는 악귀을 쫓아내는 영적전쟁을 치루면서 성령치유집회를 하고, 성령 충만한 기도로 성전을 장악하는 활동을 강하게 한 이후부터 서서히 교회의 재정이 풀리고 교회가 부흥하여 교회 뒤에서 칸을 막고 4년이나 거지같이 살던 생활을 접고 아파트도 얻어서 밖으로 나가고, 교회도 서울로 이전하여 지금 목회를 잘하고 있는 것입니다. 그리고 물질도 서서히 풀려서 어려움이 없어지고 필자가 하나님의 진리의 말씀의 비밀이 깨달아지는 만큼씩 영안이 열리고 성령께서 깨닫게 해주시는 죄악들을 회개하여 심령을 정화하여 영적으로 깊어져서 하나님을 기쁘시게 하는 만큼씩 교회도 부흥하고 여러 가지 환경이 눈에 보이게 좋아지고 있는 것입니다.

지금 재정적인 고통을 당하고 계십니까? 이 책에 제시되는 원리를 참고로 하여 마귀와 영적전쟁을 하시기를 바랍니다. 그러면 서서히 재정의 문제가 기적같이 풀리기 시작할 것입니다. 이로보아 가난의 배후에는 악한 마귀 악귀의 역사가 있습니다. 책을 읽는 분이여! 이 책에서 제시하는 대로 성령의 임재 하에 영적으로 이해하고 순종하여 보세요.

그러면 빠르면 일 년 늦으면 삼년이내에 가난의 고통이 물러가고 하나님의 축복이 임하는 것을 체험하게 될 것입니다. 우리 자녀들이 서울로 이전하니 이렇게 이야기 합니다. 우리가 지금 이렇게 된 것은 하나님이 일으킨 기적이라고 간증합니다. 도저히 사람의 힘으로는 벗어날 수 없었던 가난의 환경을 성령의 역사로 바꿔서 하나님은 기적을 일으키는 분이라고 어린아이들이 간증하게 하시는 것입니다. 이렇게 하나님의 기적을 체험한 아이들이 둘 다 서울에 있는 4년제 대학을 졸업했습니다. 하나는 과 수석으로 졸업하여 대학원에 장학생으로 들어가서 마치고 지금 고등학교 교사를 하고 있습니다. 모두 취직을 하여 직장생활을 잘하고 있습니다.

하나님은 축복의 하나님이십니다. 하나님은 기적의 하나님 이십니다. 권능의하나님 이십니다. 그리고 체험하게 하시는 하나님 이십니다. 그런데 그냥 기적을 체험하게 하시는 하나님은 아닙니다. 마음이 치유되어 심령이 하나님의 마음에 합하면 합한 만큼 서서히 여러 가지 환경을 풀어주시는 하나님 이십니다. 하나님의 말씀에 요행이라는 것은 없습니다. 마음과 정성을 드리고 심은 만큼 보답해주시는 하나님이 십니다. 부디 하나님의 마음에 합한 성도가 되어 하나님께서 예비한 축복을 받으시기를 바랍니다. 하나님의 뜻대로 이 땅에서 천국과 아브라함의 복을 누리며 군사로서 쓰임을 받다가 주님이 오라고 하시면 영원한 천국에 들어 가시기를 바랍니다.

22장 기적적으로 귀신을 축사하셨다.

(막 16:17)"믿는 자들에게는 이런 표적이 따르리니 곧
그들이 내 이름으로 귀신을 쫓아내며 새 방언을 말하며"

하나님은 귀신에게 고통을 당하는 크리스천을 기적적으로 구
원하여 주십니다. 믿음을 가지고 귀신과 영적전쟁하여 승리 하시
기를 바랍니다. 하나님은 귀신에게 고통을 당하는 성도를 해방하
여 주시기를 원하십니다. 하나님은 귀신에게 고통당하는 성도들
을 구원하여 이 땅에서 천국을 누리며, 아브라함의 복을 받아 누리
며, 하나님의 나라를 건설할 군사로 사명을 감당하게 하는 일을 할
사역자를 찾고 계십니다. 하나님은 이런 사역자를 축복하시면서
사용하십니다. 지금 교회에는 축귀에 대한 올바른 지식이 없어서
영육으로 고통을 당하는 성도가 많습니다.

귀신축사는 사람의 힘으로 하는 것이 아닙니다. 반드시 성령의
권능을 힘입어야 가능한 일입니다. 성령의 권능은 축사를 하는 사
역자도 힘입어야 합니다. 귀신으로 고통을 당하는 성도도 성령으
로 장악이 되어야 합니다. 귀신이 떠나가는 것은 자신(환자) 안에
성령으로 가득 채워지면 귀신이 밀려서 나가는 것입니다. 능력 있
다는 목사가 귀신을 불러서 내보내는 것이 아니고, 자신(환자) 안
에 성령으로 채워지니 귀신이 스스로 물러가는 것입니다. 그렇기
때문에 성령으로 세례 받고 충만하게 채워지지 않으면 귀신을 떠

나가지 않습니다. 아무리 떠나가라. 떠나가라. 저녁내 소리를 질러도 떠나가지 않습니다. 만약에 이렇게 억지로 축귀를 했을 지라도 환자가 스스로 방어할 성령의 권능이 없이 때문에 3일만 지나면 도로 원위치 됩니다. 그러므로 축귀사역의 열쇠는 성령의 권능을 힘입는 것입니다. 사역자 자신이 어떻게 하면 성령의 권능을 힘입을 수 있는지를 알아야 합니다.

또, 사역자 자신에게 임재 하여 계시는 성령의 역사를 피 사역자에게 전이 시켜 환자를 성령으로 장악하게 하는 비결도 터득하고 있어야 합니다. 이를 위해서 사역자는 성령의 깊은 임재를 체험해야 합니다. 성령의 임재는 사역자에게 역사하는 성령의 역사만큼 환자에게 전이되기 때문입니다. 그러므로 사역자가 깊은 임재를 체험했다면 축귀사역을 좀 더 수월해질 것입니다. 제가 지금까지 축귀사역을 하면서 체험한 바로는 보편적으로 이렇게 되어야 축귀가 쉽게 됩니다.

첫째, 본인이 인정해야 한다. 환자가 자신에게 악한 영이 역사한다는 것을 인정해야 합니다. 자신에게 일어나는 일련의 현상들이 악한 영에 의하여 일어난다고 인정하고 축귀를 사모해야 합니다. 축귀는 마음을 열지 않으면 절대로 할 수가 없습니다. 사역자가 아무리 성령의 권능이 강해도 피사역자가 축귀를 거부하는 마음이 조금이라도 결부가 되면 축귀는 되지 않습니다. 그러므로 무엇보다도 환자가 귀신축사를 인정해야 합니다. 만약에 환자가 인정하지 않았는데 억지로 축귀를 할 경우 축사가 되지 않을뿐더러, 축귀가 이루어지더라도 다시 들어오게 됩니다.

둘째, 성령으로 세례를 받아야 한다. 환자에게 역사하는 귀신은 사람보다 강한 영적인 존재입니다. 고로 축귀사역을 하는 사역자나 축귀를 받는 환자 모두가 성령으로 장악되어 영의 상태가 되어야 귀신이 떠나갈 수 있는 조건이 되는 것입니다. 성령은 귀신보다 강한 분이기 때문에 성령의 역사에 의하여 귀신이 정체를 폭로하는 것입니다.

자신에게 역사하던 귀신은 성령으로 세례를 받은 다음부터 떠나갑니다. 성령세례를 받고 지속적으로 성령의 불세례를 받으면서 귀신이 떠나가는 것입니다. 그러므로 자신에게 역사하던 귀신이 완전하게 떠나가게 하려면 지속적으로 성령으로 불세례를 받으면서 축귀하야 합니다. 한번 성령세례 받았다고 귀신은 떠나가지 않습니다. 사람은 육성이 있기 때문입니다.

셋째, 성령의 임재로 장악이 되어야 한다. 성도에게 역사하는 귀신은 사람보다 강한 존재입니다. 사람에게서 역사하던 귀신이 떠나가려면 반드시 영적인 조건이 되어야 가능합니다. 절대로 육적인 상태에서는 귀신은 떠나가지 않습니다. 반드시 성령으로 전 인격이 장악이 되어 영적인 상태가 되어야 떠나갑니다. 그러므로 사역을 하는 사역자도 성령의 임재가 되어야 합니다. 왜냐하면 사역자에게 임한 성령의 역사가 피사역자에게 전이되어 성령으로 장악되기 때문입니다.

축귀 사역에서 무엇보다도 중요한 것이 성령의 임재입니다. 사역자가 성령의 임재가 깊으면 축귀는 더 잘됩니다. 피사역자를 성령으로 깊게 임재 시킬 수가 있기 때문입니다. 그러므로 사역자는 피사역자가 성령으로 장악될 때까지 인내하면서 기다려야 합니다. 성령의 임재가 되어 눈으로 성령의 역사가 나타나기 시작하는 사람부터 축귀를 시작하는 것입니다. 소리를 크게 한다고 귀신이 떠나가는 것이 아닙니다. 성령의 임재가 강하게 나타나면 귀신은 소리 없이 떠나갑니다.

넷째, 내적치유가 되어야 한다. 축귀 사역을 하다가 보면 어떤 귀신은 성령의 임재만 되면 떠나갑니다. 그러나 상처가 있으면 귀신이 떠나가지 않습니다. 이때에는 상처를 치유해야 합니다. 상처의 치유역시 성령께서 하시는 것입니다. 사역자는 성령의 인도에 따라 행동하면 됩니다. 더 자세한 것은 "내적상처를 스스로 치유하는 기도문" "내적치유 쉽게 하는 법"을 참고하시기를 바랍니다.

다섯째, 죄의 처리가 필수이다. 귀신은 죄가 해결되기 전에는 절대로 떠나가지 않습니다. 죄는 자신이 지은 죄도 있을 수 있습니다. 또 자신도 모르는 조상이 지은 죄도 있을 수 있습니다. 조상이 지은 죄라면 이렇게 회개합니다.

하나님 아버지! 조상으로부터 흐르는 모든 부정적 영향력에 대하여 이 시간 예수그리스도의 이름으로 끊어 주시고 이 영향을 받게 된 조상들의 행위와 나의 모든 죄를 회개합니다.

지금까지 나와 조상이 하나님 외에 다른 신들을 숭배하고 마음속에 하나님보다 더 중하게 여긴 또 다른 우상숭배가 있었음을 용서하여 주시옵소서. 그리고 나와 조상의 의식적, 무의식적으로 한 모든 거짓계약을 예수그리스도 이름으로 회개하고 파기합니다. 그리고 이 계약을 통해 내 삶을 묶고 있는 사단의 모든 결박을 예수님의 보혈의 공로로 끊어 버리고 이 계약을 통해 사단이 나의 가계를 공격할 수 있는 모든 법적 권리와 그 효력을 박탈하고 무효임을 예수이름으로 선포합니다.

하나님 아버지, 세대를 통해 나에게 흘러온 _____죄를 회개합니다. 용서하여 주옵소서. 그 죄 위에 예수그리스도의 피를 뿌립니다. 이 시간 나는 예수님의 피의 권세와 사랑과 능력으로 _____죄의 대물림을 끊어 버리고 죄로 인한 저주로부터 해방된 것을 예수의 이름으로 선포합니다.

이제 더 이상 조상의 죄와 나와 아무런 상관이 없음을 예수 이름으로 선포합니다. 예수 그리스도의 권세로서 모든 저주가 끊어졌음을 선포합니다. 저주로 인하여 나의 생애에 작용했던 모든 악령에서 나를 자유롭게 하심을 감사드리며 나사렛 예수그리스도의 이름으로 기도합니다. 아멘

여섯째, 성령으로 장악이 되어야 한다. 성령의 임재가 되어 축

귀를 하면서 내적치유도 합니다. 죄도 회개를 합니다. 지속적으로 하다가 보면 성령으로 장악이 완전하게 됩니다. 그러므로 사역자는 인내하면서 성령으로 완전하게 장악이 될 때까지 기다려야 합니다. 성령으로 완전하게 장악이 되면 귀신이 쉽게 떠나갑니다. 기침을 하면서 떠나기도 합니다. 호흡으로 떠나기도 합니다.

그러나 알아야 할 것은 자신의 정체가 폭로된 귀신만 떠나갑니다. 그래서 성령의 은사인 지식의 말씀으로 찾아내어야 합니다. 제가 지금까지 축귀사역을 하면서 체험한 바로는 자신이 정체가 폭로되지 않는 귀신은 절대로 떠나가지 않고 숨어있는 것이 보통이었습니다. 축귀 사역의 성공여부는 무엇보다도 성령의 깊은 임재로 귀신의 정체를 폭로하는 것입니다.

무조건 이 사람에게 역사하는 귀신아 떠나가라. 귀신아 떠나가라. 소리쳐도 꼼작도 하지 않고 버티고 있습니다. 그래서 사역자는 순간순간 성령께서 알려주시는 레마를 받으면서 사역을 해야 합니다. 한마디로 떠나갈 시기가 되지 않은 귀신은 버티고 있다는 것입니다.

일곱째, 귀신이 떠나는 시기가 있다. 제가 지금까지 축귀 사역을 하면서 체험한 바로는 귀신이 떠나는 시기가 있다는 것입니다. 그래서 하나님에게 마음과 시간을 많이 드려야 한다는 것입니다. 그런데 많은 성도들이 쉽게 빨리 축귀를 하려고 합니다. 그러나 자신이 영적으로 완전하게 변하여 하나님이 원하시는 수준이 되지 않으면 귀신은 떠나가지 않습니다.

하나님은 문제를 통해서 성도를 영적으로 깊은 사람으로 만들어 가십니다. 그러기 때문에 영적인 수준이 되지 않으면 귀신이 떠나가지 않는 것입니다. 귀신을 빨리 떠나보내려고 기도만 많이 한다고 귀신이 떠나가지 않습니다. 자신의 전인격이 영적으로 변하여 말씀의 비밀을 많이 깨달아야 합니다. 말씀 속에서 영적인 원리들을 찾아내서 적용할 수 있는 수준이 될 때 귀신은 떠나갑니다.

여덟째, 사역자는 자신을 먼저 축귀해야 한다. 제가 성령치유 사역을 하면서 체험한 바로는 사역자가 먼저 축귀를 해야 한다는 것입니다. 그런데 많은 분들이 성령체험하고 치유 받고 은혜 몇 번 받았다고 다된 줄로 압니다. 그래서 자신을 관리하지 않아서 영육의 문제가 발생함으로 탈진이 찾아와 사역을 할 수 없는 지경에 이르기도 합니다. 사역자는 자신을 먼저 치유하고 축귀를 해야 합니다. 부단하게 자기관리를 해야 합니다. 사역자라도 육체를 가지고 있기 때문에 귀신을 축사하다가 자신이 도리어 귀신에게 공격을 당할 수도 있다는 것입니다.

영육치유를 행하는 사역자나 축사를 행하는 사역자는 환자의 상태에 대한 지식의 말씀으로 영적 전이를 경험하게 됩니다. 환자가 앓고 있는 질병의 정도나 또는 아직 환자가 질병을 제대로 깨닫지 못하고 있는 경우에 또는 사역자가 어느 곳에 손을 얹어야 할 것인지를 깨닫게 하기 위해서, 그리고 자신이 감당할 수 있는 문제인지를 가늠하게 하기 위해서 성령께서 환자의 고통을 사역자에게 전이시켜 느끼게 하는 것입니다. 예를 들어서 머리가 아픈 사람을 치유 기도하려고 하면 사역자의 머리가 아프다는 것입니다. 더 자세한 것은 "하나님의 복을 전이 받는 법"과 "영의전이 피해를 예방하라"를 참고 하시기를 바랍니다.

아홉째, 단번에 할 수 있는 사역이 아니다. 축귀사역은 단번에 할 수 있는 사역이 아닙니다. 어디까지나 하나님의 시간표에 맞추어야 합니다. 그런데도 많은 사역자들이 지금도 단번에 축귀를 하려고 날을 세워가며 축귀를 합니다. 절대로 축귀는 단번에 되지 않습니다. 피사역자가 영적으로 변하는 만큼씩 귀신이 떠나갑니다. 이는 하나님의 방법입니다. 저도 사역초기 환자 한사람을 붙잡고 6-8시간씩 사역을 했습니다. 이렇게 오랜 시간 축귀를 하면 완전하게 회복이 됩니다. 그러나 환자가 귀신을 방어할 수 있는 영적인 능력이 없기 때문에 2-3일만 지나면 똑같아집니다. 이럴 때는 정말로 힘이 빠지지요.

그러나 영적으로 보면 맞습니다. 환자가 영적인 능력이 약하여 육체가 되기 때문에 귀신이 다시 침입하는 것입니다. 그래서 제가 알려드리는 방법을 가지고 환자 스스로가 영적으로 바르게 설수 있도록 영성훈련을 해야 합니다. 절대로 단번에 정상으로 회복되지 않습니다. 이렇게 오랜 시간 축귀를 하게 되면 환자도 고생스럽지만 사역자의 체력이 많이 소진이 됩니다. 지혜롭게 하나님의 방법으로 사역을 하면 사역자도 편하고 피사역자도 영적으로 변하면서 사역을 할 수가 있습니다.

열째, 인내할 줄 알아야 한다. 축귀를 행하는 사역자나 피사역자 할 것 없이 인내해야 합니다. 우리가 영적으로 변하는 것도 인내해야 합니다. 지신이 변하고 있다면 하나님에 역사하고 계시는 것입니다. 그러므로 순간에 완전하게 치유가 되지 않더라도 낙심하지 말고 인내하면서 기다려야 합니다. 하나님에게 마음과 시간을 드리면서 인내하며 기다려야 합니다. 성령의 역사에 맡기면서 기다리면 자신이 영적으로 깊은 성도가 되는 것을 몸으로 느끼고 눈으로 보게 됩니다.

우리는 신명기 7장 17-24절 말씀을 비밀을 알아야 합니다. "네가 혹시 심중에 이르기를 이 민족들이 나보다 많으니 내가 어찌 그를 쫓아낼 수 있으리오. 하리라마는 그들을 두려워하지 말고 네 하나님 여호와께서 바로와 온 애굽에 행하신 것을 잘 기억하되, 네 하나님 여호와께서 너를 인도하여 내실 때에 네가 본 큰 시험과 이적과 기사와 강한 손과 편 팔을 기억하라 네 하나님 여호와께서 네가 두려워하는 모든 민족에게 그와 같이 행하실 것이요. 네 하나님 여호와께서 또 왕벌을 그들 중에 보내어 그들의 남은 자와 너를 피하여 숨은 자를 멸하시리니, 너는 그들을 두려워하지 말라, 너희의 하나님 여호와 곧 크고 두려운 하나님이 너희 중에 계심이니라. 네 하나님 여호와께서 이 민족들을 네 앞에서 조금씩 쫓아내시리니, 너는 그들을 급히 멸하지 말라. 들짐승이 번성하여 너를 해할까 하노라. 네 하나님 여호와께서 그들을 네게 넘기시고, 그들을 크게 혼란하게 하여 마침내 진멸하시고, 그들의 왕들을 네 손에 넘기시리니 너는 그들의 이름을 천하에서 제하여 버리라. 너를 당할 자가 없이 네가 마침내 그들을 진멸하리라." 하나님이 우리가 영적으로 자라는 만큼씩 귀신을 몰아내시는 것입니다. 인내하면서 기다려야 합니다. 하나님에게 마음과 시간을 드리면서 자신이 하나님이 원하시는 수준을 만들면 자신에게 역사하던 귀신은 모두 떠나가는 것입니다.

축귀로 오십 견을 치유한 사례입니다. "목사님 저는 8년 동안 오십 견과 어깨 근육통증으로 오른쪽 팔을 사용하지 못합니다." 그래서 제가 "성령께서 이 시간 치유하여 주실 것입니다."그랬더니 이분이 비웃는 것입니다. 8년 동안 이 방법, 저 방법을 다 사용해도 낫지 않았는데 어떻게 금방치유 되냐는 것입니다. 내가 아무 소리도 하지 않고 어디가 아프냐고 하니까, 오른쪽 팔이라는 것입니다. 그래서 내가 어깨에 손을 데니까, "아~ 악" 하면서 괴성을 질렀습니다. 아프다는 오른쪽 어깨에 손을 얹고 본인에게 호흡을 들이쉬고 내쉬라고 하면서 성령의 불을 집어넣었습니다.

어느 정도 성령으로 장악이 되었습니다. 원래 오십 견이나 근육통은 성령의 불을 집어넣어 성령이 장악되면 금방 치유가 됩니다. 그래서 제가 "목과 어깨를 잡고 팔과 연결된 신경과 인대 디스크는 제자리에 들어갈지어다." 하고 명령을 했습니다. 그러면서 성령의 감동을 받으니 성령께서 어깨를 악한 영이 잡고 누르고 있으니 귀신을 물리치라는 것입니다. 그래서 어깨를 잡아서 오십 견을 일으키는 귀신은 정체를 밝힐 지어다. 했더니 기침을 하면서 팔을 막 돌리다가 흔드는 것입니다. 성령께서 역사하시는 것이 눈으로 보였습니다. 그래서 성령님 더 강하게 역사하여 주옵소서. 하면서 계속 불을 집어넣으면서 강하게 역사하여 주실 것을 명령했습니다. 조금 지나니 팔 흔드는 것이 약해지는 것입니다. 성령의 권능에 의하여 오십 견을 일으키는 질병의 영이 제압을 당한 보증입니다. 제가 명령을 했습니다. "지금 이렇게 팔을 흔들었던 더러운 질병의 영은 떠나갈지어다." 하니까 기침을 사정없이 한 동안 했습니다. 기침이 잠잠해졌습니다. 그래서 목사님에게 팔을 올려보라고 했습니다. 그랬더니 어깨통증이 있어 올리지를 못하겠다는 것입니다. 그래서 내가 어깨에 손을 얹고 어깨 통증을 일으키는 사기는 예수 이름으로 명하노니 떠나가라. 했더니 막 소리를 지르는 것입니다. 그러면서 기침을 했습니다. 나는 계속 어깨에 손을 얹고 뿌리까지 빠질 지어다. 하면서 명령을 했습니다. 한 5분 동안 기침을 하다가 멈추었습니다. 그래서 목사님에게 팔을 올려보라고 했더니 머리위로 쑥 올리는 것입니다. 통증이 없느냐고 했더니 어깨에 통증이 조금 있다는 것이다. 그래서 어깨에 손을 얹고 통증은 완전하게 치유될 지어다. 하고 한참 안수를 하고 팔을 올려보라고 하니 잘도 올리는 것입니다. 8년 동안 고생하던 오십 견과 어깨통증이 단 10분 만에 치유가 된 것입니다.

조상의 무당의 영으로 고생하다가 기적적으로 해결 받은 목사님의 이야기입니다. 이 목사님은 성령의 역사를 인정하는 ○○○ 교단에서 목사 안수를 십 년 전에 받으시고 교회를 개척하여 십년 째 목회하시는 목사님이십니다. 우리 교회에 치유 받으러 오신 이 유가 이렇습니다. 자신은 잘 모르는데 이상하게 사람들 앞에 서서 칠판에 글씨를 쓰려고 하면 오른 손이 떨려서 글씨를 쓸 수가 없다 는 것입니다. 사람들이 없을 때는 조금 나은데 성도들 앞에만 서면 오른 손이 떨려서 글을 쓸 수가 없었다는 것입니다. 그래서 무슨 원인인가를 알고 치유를 받으려고 지난 10여 년 동안 이곳저곳 성 령의 역사가 있고 치유하고 축사하는 곳이라면 안 가본 곳이 없을 정도로 다니셨다고 합니다.

그러다가 소문을 듣고 우리 교회에 오신 것입니다. 그래서 상 담을 요청하여 저에게 사정을 이야기 하셨습니다. 그래서 제가 성 령님에게 물었습니다. 대관절 이 목사님이 무슨 이유로 사람들 앞 에서 서서 칠판에 글씨를 쓸 수가 없었습니까? 하고 질문하였더 니 성령께서 감동을 주시기를 조상 중에 무당이 있었는가 물어보 아라, 그래서 목사님 가정에 혹시 무당과 관련된 분이 있거나 목사 님이 어렸을 때에 무당에게 간적이 없습니까? 하고 질문을 했습니 다. 그랬더니 목사님이 한참 기도를 하시더니 이렇게 대답을 했습 니다.

아주 어렸을 때에 외할머니가 무당이라 자신이 아프면 어머니 가 데리고 가서 기도를 받고 어깨에도 손을 자주 얹어 기도를 받았 다는 것입니다. 그래요, 내가 나사렛 예수 이름으로 명하노니 대물림되는 무당의 영은 정체를 밝힐지어다. 했더니, 오른 손을 마구 흔드는 것입니다. 마치 TV에 나오는 무당이 굿거리 하는 장면같이 손을 마구 흔들어 댔습니다. 그래서 이제 내가 예수 이름으로 명하노니 혈통을 타고 들어온 무당귀신의 대물림의 줄은 끊어질지어다. 이제 내가 예수 이름으로 명하노니 혈통을 타고 들어온 무당귀신은 묶음을 풀고 나올지어다. 했더니 이 목사님이 한참 괴성을 지르시더니만 입에서 맑은 물을 막 토하면서 귀신이 떠나가는 것이었습니다.

이렇게 이틀 동안 했습니다. 그리고 목사님에게 물어보았습니다. 지금도 사람들 앞에 서면 손이 떨립니까? 목사님이 웃으시면서 지금은 그렇지 않습니다. 정말 이 문제 때문에 제가 고생을 많이 했습니다. 목사님 감사합니다. 하고 치유 받고 가셨습니다. 여러분 방심은 금물입니다. 제가 사역할 때 장로, 안수집사, 권사 할 것 없이 대물림되는 무당의 영으로 고통을 당하다가 치유 받고 간 성도가 많은 수입니다. 나는 권사이기 때문에 나는 장로이기 때문에 해당이 없다. 귀신이 장로나 권사나 목사를 보면 무서워서 도망간다. 천만에 말씀입니다. 자아는 의를 이루지 못합니다. 말씀과 성령의 역사로 자신을 성찰하는 시간을 가지시기를 부탁합니다. 자신에게도 대물림되는 문제가 있을 수 있다고 인정하시고 성령으로 찾아내어 치유하시기를 바랍니다.

4부 하나님과 동행하며 살아가려면

23장 걸어 다니는 성전의식을 가져라.

(고전 3:16)"너희는 너희가 하나님의 성전인 것과 하나
님의 성령이 너희 안에 계시는 것을 알지 못하느냐"

기적의 하나님과 동행하려면 걸어 다니는 성전의식을 가지고 믿음생활을 해야 합니다. 그래야 성전에 계신 하나님의 권능으로 기적을 체험하면서 살아갈 수가 있습니다. 하나님은 보이는 성전에 계시지 않습니다. 성도 한 사람, 한 사람의 마음 안에 주인으로 임재 하여 계십니다. 성전을 견고하게 세운다는 것은 자신 안에 하나님께서 전 인격을 지배하는 것입니다. 크리스천들이 바르게 알아야 할 것이 있습니다. 유형교회를 세우려고 교회에 다닌다고 한다면 잘못 이해한 것입니다. 유형교회를 출석하는 것은 먼저 자신 안에 있는 성전을 가꾸기 위해서 출석하는 것입니다. 마음안의 교회를 가꾸기 위하여 유형교회의 예배에 빠짐없이 출석해야 합니다. 크리스천은 유형교회를 통하여 자신안의 성전을 가꿀 수가 있기 때문입니다. 유형교회에서 목사님의 설교를 들으면서 영을 깨우고 선배들의 신앙지도를 받으면서 영이 자라 심령교회가 가꾸어지기 때문입니다. 마음 성전을 가꾸기 위하여 유형교회를 건축해야 합니다. 마음 성전을 가꾸어야 전인적인 복을 받

습니다. 자신이 잘 되어야 전도도 할 수가 있는 것입니다.

하나님은 "너희가 하나님의 성전인 것과 하나님의 성령이 너희 안에 거하시는 것을 알지 못하느뇨"(고전 3:16). 성경은 '하나님의 성전,' 즉 '하나님이 거하시는 성전'이 사람의 마음속에 있다고 말씀합니다. 우리는 달력 등에 실린 삽화에서 예수님이 문밖에서 노크하고 계신 그림을 본적이 있습니다(계 3:20). 우리의 마음 문밖에 서 계신 예수님을 우리의 마음 안에 모셔 들입시다. 무너져 내린 마음속의 성전을 다시 건축해야 합니다. 하나님께서 모세에게 "내가 그들 중에 거할 성소를 그들을 시켜 나를 위하여 지으라"(출 25:8). 명하신 것처럼, 하나님께서 오늘 우리에게 다시 명하십니다. '내가 거할 성소를 너희 마음 안에 지으라.' 수천 년 전 이 땅에 세워졌던 성전은 우리 마음 안에 건축되어야 할 성전의 표상입니다. 하나님의 지도하심을 따라서 마음의 성전이 완성되고 예수 그리스도의 거룩한 피가 우리의 마음의 성전에 뿌려져야 합니다. 예수님께서 십자가에서 흘리신 보혈을 통해서 우리 마음 안에 건축된 성전에 하나님께서 거룩하신 성령으로 임하십니다. 거룩하신 성령께서 마음의 성전을 정결케 하실 것입니다. 그리고 영원히 마음 안에 거룩하신 성령으로 거하실 것입니다.

첫째, 성령으로 마음을 청소하고 정리하다. 집안을 다스리려면 마음 안에 계신 성령하나님께서 주인으로 좌정하고 계셔야 합니다. 세상에서도 집안을 다스리려면 집안을 청소하고 정리해야 되는 것처럼 마음을 성령으로 청소하고 하나님께서 다스려야 되는 것입니다. 말씀과 성령으로 정신적으로 미움, 분노, 시기, 질투, 교만, 탐욕 같은 쓰레기더미의 원인을 찾아내고 양심의 고통스런 죄책을 다 회개하고 성령의 역사로 씻어야 마음을 다스릴 수가 있는 것입니다. 마음에 세상과 스트레스로 들어온 쓰레기가 잔뜩 쌓여있고 마음이 안정되지 못하고 불완전하게 흩어져서 정신을 차릴 수 없는데 다스려집니까?

마가복음 7장 21절로 23절에 "속에서 곧 사람의 마음에서 나오는 것은 악한 생각 곧 음란과 도둑질과 살인과 간음과 탐욕과 악독과 속임과 음탕과 질투와 비방과 교만과 우매함이니 이 모든 악한 것이 다 속에서 나와서 사람을 더럽게 하느니라" 우리 속에는 세상을 살아오면서 들어온 쓰레기더미가 있습니다. 너나 할 것 없이 우리 가슴을 활짝 펴고 성령으로 충만한 가운데 자신 안을 들여다보면 쓰레기더미가 다 있어요. 남에게만 쓰레기더미가 있다고 손가락질하지 말 것은 내 속에 쓰레기더미가 있는 것입니다. 그러므로 이것을 찾아서 청산해야 돼요. 쓰레기더미를 어떻게 청산합니까? 우리가 성령께서 인도하시는 회개를 통해서 청산할 수 있는 것입니다. 그리고 그때 들어온 귀신들을 성령으로 예수이름으로 몰아내야 합니다.

마음 안에 있는 성전에 하나님을 주인으로 모시고, 성령으로 마음을 정리정돈 하고 여유가 생겨서 마음속이 행복하면 환경이 행복한 환경으로 변화되는 것입니다. 먼저 버려야 할 사소한 생각으로는, 불행하다는 마음과 마음의 고통, 슬픔, 상처 등 주로 부정적인 것들을 다 밀어내야 합니다. 화, 불안, 분노, 비난 등 부정적인 감정들도 지금 당장 버리고 망설이고, 걱정하고, 불신하고, 갈등하고, 조급증, 적대감 등의 행동을 과감하게 성령의 역사를 통하여 정화해야 합니다. 성령으로 충만하면 마음속의 쓰레기가 밀려서 나가는 것입니다. 마음이 세상 것으로부터 해방되면 행복하게 된다는 것입니다. 우리가 영혼의 만족을 누리면서 성공적이고 행복한 삶을 살기 위해서는 무엇보다 먼저 우리의 생각과 감정과 행동 가운데 부정적이고 소극적인 쓰레기더미를 예수님의 보혈과 성령의 역사로 씻어내고 우리 마음을 십자가 구속의 은혜로 채워야 하는 것입니다.

둘째, 하나님을 주인으로 모시고 살아라. 하나님께서 마음 성전의 주인으로 계시니 우리는 천국의 삶을 사는 것입니다. 우리는 모두 다 영원한 천국의 꿈을 갖고 사는 것입니다. 꿈이 없는 백성은 망한다고 말한 것입니다. 작은 꿈, 큰 꿈, 살아있는 사람은 다 마음에 꿈을 갖고 있는 것입니다. 그런데 희망찬 꿈을 갖고 살아야지 꿈이 언제나 비관적이고 절망적이면 절대 행복하지 않습니다. 비관적인 꿈을 가진 사람들이 요사이 자살을 많이 하지 않습니까? 대학생들도 대학교수도 자살을 하거든요. 그러면 희망찬 꿈을 어디에서 얻을 수 있느냐. 우리는 갈보리 십자가를 바라보고 희망찬 꿈을 얻을 수 있는 것입니다. 예수님이 우리의 모든 절망을 십자가에서 청산해 주었기 때문에 십자가를 바라보아야 희망찬 꿈을 얻을 수가 있는 것입니다. 세상 꿈은 왔다갔다, 왔다갔다, 변화무쌍 합니다. 큰돈을 벌겠다고 애를 써서 돈을 벌고 난 다음 대개 건강을 잃어버리고 환경이 어려워지면 순식간에 돈은 다 날아가 버리고 빈손 들게 되는 것입니다. 그러나 절대로 우리가 실망하지 않는 것은 갈보리 십자가에서 몸 찢고 피흘려 돌아가신 예수 그리스도를 바라보면 그 예수 그리스도 안에서 얻는 꿈은 희망차고 없어지지 않습니다.

마음 안에 주인으로 계시는 예수님을 쳐다보고 용서와 의의 꿈을 언제나 꿀 수 있고 거룩하고 성령 충만한 꿈을 꿀 수 있고 치료받고 건강한 꿈을 꿀 수가 있고 아브라함의 복과 형통을 얻을 꿈을 꿀 수 있고 부활 영생 천국의 꿈을 꿀 수가 있습니다. 꿈은 꿈이니까요. 그래서 내 영혼이 잘됨같이 범사에 잘되며 강건하고 생명을 얻되 넘치게 얻는 꿈을 꾸고 나아가면 그 꿈이 우리들을 그 세계로 이끌어 가는 것입니다. 자신이 꿈을 이루는 것이 아닙니다. 절대로 그것은 오해하지 마십시오. 꿈을 가슴에 품고 있으면 성령께서 꿈을 이끌어 가는 것입니다. 그렇기 때문에 꿈을 갖는다는 것은 그렇게 중요한 것입니다. 믿음의 주요 또 온전케 하시는 예수를 바라보라고 성경에 말한 것입니다. 예수를 바라보고 나아가면 그 꿈이 우리를 예수께로 이끌어 주는 것입니다.

그래서 "누구든지 그리스도 안에 있으면 새로운 피조물이라 이전 것은 지나갔으니 보라 새것이 되었도다." 이전의 죄악된 삶,

부패한 삶, 병든 삶, 패배와 실패, 낭패, 가난, 저주의 삶. 죽음의 고통의 삶이 다 사라지고 새로운 삶, 영혼이 잘됨같이 범사에 잘되며 강건하고 생명을 얻되 넘치게 얻는 삶으로 변화되는 것입니다. 그것은 내가 노력하고 힘쓰고 애써서 되는 것이 아니라, 꿈이 그 세계로 이끌어 가는 것입니다. 마음 안에 예수님을 주인으로 모시면 성령이 오셔서 그 꿈대로 변화시켜 주는 것입니다.

셋째, 성령으로 난 믿음을 활용해야 한다. 마음 안에 계신 성령 하나님의 권능으로 마음을 다스리기 위해서는 하나님을 주인으로 믿어야 되는 것입니다. 성경에는 하나님을 믿으라고 말했는데 세상 사람들은 믿을 데가 없잖아요. 지위, 명예, 권세, 돈 이런 것을 믿지, 하나님을 못 믿는 것은 하나님을 모르니까. 하나님이 보이지 않으니까! 그러나 극히 어려운 일을 당하면 하나님을 모르는 사람은 믿을 데가 없기 때문에 망하고 마는 것입니다. 이스라엘 백성이 애굽에서 나올 때 바로와 온 군대가 그들을 다 잡으러 나왔는데 홍해수가에 와서 올 데 갈 데가 없었습니다. 군대도 없고 무장도 안 되고 바로왕의 군대를 대항할 수도 없었습니다. 다 잡혀 죽을 수밖에 없었습니다.

그럴 때 이스라엘 백성은 무엇을 했습니까? 모세를 따라서 하나님을 바라보았습니다. "너희는 오늘날 낙심하지 말고 하나님을 믿으라. 오늘 네가 본 애굽 군대를 다시는 보지 못하리라" 했는데 하나님께서 그들을 위해서 싸워서 홍해수가 갈라졌습니다.

상상할 수 없는 기적이 생겨난 것입니다. 우리가 하나님을 믿는다는 것은 하나님께서 동행하고 계시니 상상할 수 없는 기적이 일어날 것을 기대하고 믿는 것입니다. 하나님을 믿는 것은 일반적인 상식적인 일이 일어날 것이면 하나님 믿을 필요가 없어요. 우리가 감각적으로나 경험 등으로나 이성적으로나 지적으로 가능한 것을 믿으면 그것은 믿음이 아니지요. 불가능한 것을 믿는 것입니다. 할 수 없는 것을 믿는 것입니다.

그렇기 때문에 내가 믿는다고 기도할 때는 반드시 기적이 일어날 것을 기대해야 되는 것입니다. 기적이 없는 믿음은 믿음이 아닙니다. 믿음은 기적이 일어나야 돼요. 내가 영적으로 믿으면 영적인 변화의 기적이 일어나야 되고, 육신적으로 믿으면 육신적인 치료가 기적적으로 일어나야 되고, 생활적으로 믿으면 생활에 사람이 상상할 수 없는 은총이 나타나야 되는 것입니다. 그러므로 하나님을 믿으라는 것은 기적이 일어날 것을 기대하는데 무엇을 믿을까요? 그렇게 말하는 사람 많습니다. "믿음은 들음에서 나며 들음은 그리스도의 말씀으로 말미암는다고" 성경에 보면 하나님이 주신 약속이 얼마나 많은지 모릅니다. 백화점처럼 많아요. 그러므로 말씀을 읽고 그 말씀이 우리들에게 레마가 되어서 감동을 주면 그 자리에 무릎을 꿇고 기도해요. 역사가 이루어지는 것입니다.

잠언 4장 20절로 22절에 "내 아들아 내 말에 주의하며 내가 말하는 것에 네 귀를 기울이라 그것을 네 눈에서 떠나게 하지 말며 네 마음속에 지키라 그것은 얻는 자에게 생명이 되며 그의 온 육체의 건강이 됨이니라." 말씀이 마음속에 들어오면 그것이 생명이 되고 온 몸에 건강이 되는 것입니다. "네가 내 안에 내 말이 너희 안에 있으면 무엇이든지 원하는 대로 구하라 이루리라." 우리는 정말로 튼튼한 빽을 가지고 있습니다.

이런 하나님이 어디에 계십니까? 그러므로 우리가 예수 이름으로 말씀이 우리 마음속에 믿어지고 기도하면 하나님이 이루어 주시는 것입니다. 그렇기 때문에 믿음이라는 것은 기적을 기대하고 없는 것을 있는 것같이 생각하고 바라보는 것입니다. 없는 것을 있는 것같이 눈에는 아무 증거 안보이고 귀에는 아무 소리 안들리고 손에는 잡히는 것 없어도 내가 믿는다는 것은 없는 것을 있는 것같이 보고 생각하고 기대하는 것입니다. 그러므로 강하고 담대할 수가 있습니다.

창세기 13장 14절로 15절에 "롯이 아브람을 떠난 후에 여호와께서 아브람에게 이르시되 너는 눈을 들어 너 있는 곳에서 북쪽과 남쪽 그리고 동쪽과 서쪽을 바라보라 보이는 땅을 내가 너와 네 자손에게 주리니 영원히 이르리라" 지금 내 땅이 아닌데 바라보라는 것입니다. 바라봄의 법칙입니다. 바라보고 마음에 내 것이라고 믿고 선언하면 너에게 주겠다. 그런데 가나안 땅 동서남북 땅을 아브라함과 그 자손에게 다 하나님이 다 주신 것입니다. 바라보라. 책을 읽는 당신은 지금 뭘 바라봅니까? 건강을 바라봅니까? 행복을 바라봅니까? 마음속에 좌정하신 하나님을 계속 바라보십시오. 그리고 믿으십시오. 기적이 일어날 것을 기대하십시오. 바라보고 믿고 기적이 일어날 것을 기대하고 입으로 하나님이 은혜를 주셨다고 시인하면 능력이 나타나게 되는 것입니다.

로마서 4장 18절에 "아브라함이 바랄 수 없는 중에 바라고 믿었으니 이는 네 후손이 이같으리라, 하신 말씀대로 많은 민족의 조상이 되게 하려 하심이라" 바랄 수 없는 중에 바라본다. 인간적으로 바랄 수 없는데 우리들은 바라고 믿어요. 하나님이 계시기 때문에…. 그러므로 내일은 오늘보다, 다음 달은 이번 달보다, 명년은 금년보다 나아질 수 있는 것은 마음속에 바라보는 법칙을 따라 바라보고 믿을 수 있기 때문인 것입니다. 마음에 바라보고 믿으면 운명과 환경이 믿음을 따라 변화되는 것입니다. 자꾸 '내 팔자가 나쁘다. 내 환경이 나쁘다. 시대가 나쁘다.' 그렇게 말하지 마십시오. 그 모든 것은 마음을 다스리면 자동적으로 다스릴 수 있습니다. 마음을 다스리고 난 다음에 다스린 마음으로 예수 이름으로 기도하고 명령하면 큰 변화의 역사가 환경에 다가오게 되는 것입니다.

마태복음 9장 20절로 22절에 "열두 해 동안이나 혈루증으로 앓는 여자가 예수의 뒤로 와서 그 겉옷 가를 만지니 이는 제 마음에 그 겉옷만 만져도 구원을 받겠다 함이라" 마음으로 바라봄의 법칙입니다. 아직 안 나았습니다. 혈루병으로 피를 철철 흘리며 고통스러웠습니다. 그런데 마음에 예수님의 옷 가에 손 만대면 낫는다고 바라보고 믿었는데 손을 대자마자 나아버렸습니다.

"예수께서 딸아 안심하라. 네 믿음이 너를 구원하였다" 보십시오. 먼저 믿음이 있고 그 다음에 구원이 따라오는 것입니다. 그러므로 우리는 낙심하지 말아야 되는 것입니다. 용기를 내어서 담대하게 행하십시오. 용기를 잃어버리면 안 되는 것입니다. 행함이 없는 믿음은 죽은 믿음이기 때문에 바라보고 믿고 행하면 기적이 일어나게 되는 것입니다.

예수님께서 "볼지어다. 내가 세상 끝날까지 너와 항상 함께 있겠다"고 말한 것입니다. 주님께서 내가 하늘과 땅의 모든 권세를 다 가지고 있다고 말하셨습니다. 그분이 우리들과 같이 계시므로 마음속에 예수님을 바라보고 강하고 담대하고 두려워하지 말고 놀라지 말아야 되는 것입니다. 제일 나쁜 것이 두려움인 것입니다. 두려워하고 무서워하고 놀라면 주님은 도와줄 수 없고 사탄이 들어오는 것입니다. 왜냐하면 두려움과 놀라움은 사탄을 청하는 분위기를 만드는 것입니다.

욥이 패가망신하고 온 전신이 동양성 문둥병에 걸려서 기왓장으로 긁으면서 뭐라고 했습니까? 내 무서워하는 것이 내 몸에 왔고 내 두려워하는 것이 내 몸에 미쳤구나. 욥이 잘 나갈 때 마음속에 잘못된 것을 바라보았다는 말입니다. 마음속에 자기가 패가망신하고 문둥병이 걸릴 것을 꿈꾸었다는 말입니다. 그것이 두려움과 공포가 되어 있었는데 그대로 이루어졌어요. 긍정적으로 바라보면 긍정적인 일이 생기고, 부정적으로 바라보면 부정적인 것이 생기기 때문에 부정적인 것은 당장 회개하고 쫓아내 버리고, 긍정적인 것은 예수님의 말씀을 통해서 마음에 꿈꾸고 믿고 시인하십시오. 그러면 그것이 이루어지는 것입니다. 히브리서 10장 35절에 "너희 담대함을 버리지 말라 이것이 큰 상을 얻게 하느니라"

넷째, 천국 언어로 마음을 다스려야 한다. 말이 제일 중요한 것은 말을 통해서 생각하고 말을 통해서 바라보고 말을 통해서 믿고 말을 통해서 행동하게 되는 것입니다. 사람은 말에 대해서 깊이 생각 안하는데 말이 자신을 붙잡고서 좌우하는 것입니다. 믿었다고 해도 말하지 않으면 믿음이 아니지 않습니까? 하나님께 하실 줄 믿습니다. 말로 하면 믿음이 나타나는 것입니다. 꿈도 마음속에 가만히 혼자서 어떻게 꿉니까? 나는 꿈을 꾸고 있습니다. 무슨 꿈을 꾸느냐. 영혼이 잘됨같이 범사에 잘되며 강건한 꿈을 꾸고 있습니다.

말을 하면 그 꿈이 선명해진다는 말입니다. 마음에서 올라오는 말을 해보십시오. 그 꿈이 마음에 아주 확실하게 되잖아요. 그렇기 때문에 자꾸 말로써 '나는 행복합니다. 나는 기쁘고 즐겁습니다.' 하면 마음속에 행복한 꿈과 즐거운 꿈이 마음속에 그려져요. 그런데 말을 안 하면 안 됩니다. 말을 할 때 영혼 속에 하나님의 권능이 나타나는 것입니다. 영혼의 권능은 말을 통해서 나타나는 것입니다.

잠언서 18장 21절에 "죽고 사는 것이 혀의 힘에 달렸나니" 힘이 있지요. 혀가 힘이 있습니다. "죽고 사는 것이 혀의 힘에 달렸나니 혀를 쓰기 좋아하는 자는 혀의 열매를 먹으리라" 영혼 속에서 입을 통하여 선포한 말이 공중분해 되는 것이 아니고, 말한 그대로 열매를 맺어서 먹도록 만들어 주는 것입니다.

야고보서 3장 2절에 "우리가 다 실수가 많으니 만일 말에 실수가 없는 자라면 곧 온전한 사람이라 능히 온 몸도 굴레 씌우리라" 말이 온 몸을 굴레 씌우는 것입니다. 그러므로 말이라는 자체가 얼마나 힘이 있는지 모릅니다. 말을 통해서 믿음의 분위기를 만들어야 됩니다.

왜냐하면 마음속에 긍정적인 생각과 긍정적인 꿈과 긍정적인 믿음과 긍정적인 말을 해서 긍정적인 분위기를 만들어 놓으면 성령이 임재하십니다. 분위기가 얼마나 중요한지 몰라요. 집안에 음식 쓰레기가 있으면 쥐가 옵니다. 오지 말라고 해도 음식 쓰레기가 있으면 쥐가 오고 벌레들이 오는 것입니다. 그러나 꽃을 갖다 놓으면 나비와 벌들이 옵니다. 마음 안에 있는 영혼에 어떠한 분위기를 만드느냐에 따라서 환경이 달라지는 것입니다. 그러므로 마음 안에 성령과 생명의 말씀으로 영혼이 잘되고 범사에 잘되며 강건한 분위기를 만들어 놓으면 좋은 일이 한없이 생겨나는 것입니다. 이 마음의 분위기를 잘 만드는데 가장 공로를 세우는 것이 말입니다. 로마서 10장 8절로 10절에 "말씀이 네게 가까워 네 입에 있으며 네 마음에 있다 하였으니 곧 우리가 전파하는 믿음의 말씀이라 네가 만일 네 입으로 예수를 주로 시인하며 또 하나님께서 그를 죽은 자 가운데서 살리신 것을 네 마음에 믿으면 구원을 받으리라 사람이 마음으로 믿어 의에 이르고 입으로 시인하여 구원에 이르느니라." 아무리 마음에 믿어도 말을 하지 않으면 구원에 이르지 않습니다. 처음 믿는 사람이 일어나서 기도를 따라하는 이유가 거기에 있는 것입니다. 믿음으로 일어났지요. 그러나 내가 말을 따라 해야 구원을 받는 것입니다. 말이 그렇게 중요해요. 마음이 긍정적인 분위기 속에 하나님께 집중적으로 성령으로 기도하면 기도가 응답이 되는 것입니다.

마음이 긍정적인 분위기가 되어서 "예수 안에서 할 수 있다. 하면 된다. 해 보자. 주님이 살아계신다. 하나님께서 나와 함께 하신다." 레마의 말씀을 선포하면 주님이 이루어 주실 것을 믿고 말을 하면 믿음을 보시고 기적을 일으켜주십니다. 성령으로 충만한 마음에 분위기가 만들어졌으니까. 환경이 만들어졌으니까, 기도가 마음 하늘에 능력 있게 상달되는 것입니다.

"아무 것도 염려하지 말고 다만 모든 일에 기도와 간구로, 너희 구할 것을 감사함으로 하나님께 아뢰라 그리하면 모든 지각에 뛰어난 하나님의 평강이 그리스도 예수 안에서 너희 마음과 생각을 지키시리라"(빌 4:6~7). 우리의 마음과 생각이 평강으로 꽉 들어차서 기도하면 모든 일이 다 이루어진다고 말씀해 주고 있는 것입니다. 마음 안에 있는 영혼에서 올라오는 기도는 하나님의 말씀이므로 말한 대로 이루어지는 것입니다.

다섯째, 말씀과 성령으로 마음 성전을 가꾸어야 한다. 마음 성전을 말씀과 성령으로 가꾸어야 영혼의 만족으로 행복합니다. 크리스천의 모든 권능은 마음 안에 있는 성전에서 흘러나오는 것입니다. 우리는 늘 깨어서 마음 안에 있는 성전에 세상 것들이 들어와 집을 짓지 못하도록 말씀을 묵상하고 성령으로 기도하면서 마음 성전을 정화시켜야 합니다. 아하스가 죽은 후, 그의 아들 히스기야가 왕이 되었습니다. 히스기야는 지난 세월 교만했던 이스라엘과 유다 왕들과는 달리 다윗이 한 모든 것을 그대로 본받아 행한 올바른 왕이었습니다.

그는 25세의 젊은 나이에 왕이 되었지만 하나님의 마음을 알았기 때문에 하나님이 보시기에 옳게 행함으로 닫혀있던 성전 문을 열고 수리했습니다. 그리고 제사장들과 레위 사람들을 모으고 자신을 성결케 하고 성전을 성결케 하여 더러운 것을 없애도록 지시했습니다. 이것이 바로 성전 정화 사건입니다.

필자도 하나님 앞에 무릎 꿇고 기도할 때마다 내 마음 성전에 예수님이 주인으로 들어 오셔서 순결한 자녀라고 여겨주시기를 생각하면서 성령으로 기도합니다. 분명하게 보이는 건물이 성전이 아닙니다. 예수 믿는 내가 성전입니다. 마음 안에 하나님께서 좌정하고 계시는 성전이 있기 때문입니다. 자신은 걸어 다니는 성전입니다. 성전은 하나님을 만나는 곳이고 하나님의 기쁨이 되는 곳이기 때문입니다. 그러니 내가 교회를 오면 교회가 성전입니다. 내가 가정에 가면 가정이 성전입니다. 우리가 일터에 나가면 그곳이 성전입니다. 자신 안에 성전이 있기 때문입니다. 거기서 주님과 동행하며 주님의 기쁨이 되어야 하기 때문입니다. 항상 주님과 동행의식을 가져야 합니다. 그런데 그 성전이 인간의 욕망으로, 돈 때문에 타락하고 말았습니다. 예수님은 그 성전에 들어가셔서 모든 것을 뒤집어 엎으셨습니다. 예수님이 성전이시기 때문입니다. 돈이 기준이고 인간의 욕망이 기준인 곳은 이미 성전이 아니기 때문입니다. 주일은 영과 진리로 예배를 드리며 우리의 마음 성전을 청소하는 날입니다. 우리의 마음의 성전, 주님이 우리 심령에 거하실만하실까? 우리의 마음은 깨끗할까? 그렇지 못하면 성령의 임재 가운데 주님의 보혈에 의지하여 고백하며 청소해야합니다, 그리고 말씀과 성령으로 충만하게 채워야 합니다. 그래야 다시 주님과 통할 수 있습니다.

우리 기도하십시다. "예수님, 부족하고 연약한 저희들의 마음 안에 하나님께서 주인으로 좌정하시어 성전삼아 주시니 감사합니다. 오늘도 성전 된 우리의 심령을 성령의 임재가운데 주님의 보혈과 생명의 말씀으로 정화하여 주옵소서, 그래서 걸어 다니는 성전으로 살게 하여 주옵소서. 우리가 가는 곳마다 성전이 되게 하옵소서, 가정이 일터가 운전하는 차안이, 우리의 입이, 우리의 눈과 귀가, 우리의 손과 발이, 주님의 성전이 되게 하옵소서, 주님의 기쁨이 되게 하옵소서, 때때로 흔들리고 넘어지지만 다시금 일으켜 세우시고 회복시켜주시니 감사합니다. 우리의 기도를 들어주시는 예수님의 이름으로 기도합니다. 아멘"

24장 성령으로 내면세계를 강하게 하라.

(잠4:23)"모든 지킬 만한 것 중에 더욱 네 마음을 지키
라 생명의 근원이 이에서 남이니라"

영을 강하게 하려면 마음 안에 좌정하고 계시는 하나님으로부
터 영적인 능력이 흘러 나와야 가능한 것입니다. 그래서 내면세
계가 생명의 말씀과 성령으로정화 되어야 합니다. 하나님은 예
수를 영접한 사람의 마음 안에 임재 하여 계십니다. 많은 성도들
이 성경에 나오는 교회가 유형 교회인 것으로 알고 있는 경우가
많습니다. 성경에 기록된 교회는 물론 유형교회를 말하고 있지
만, 성경에 기록된 교회는 대부분 마음의 교회를 말합니다. 사람
들은 하나님께서 유형 교회의 건물 안에나 성당 안에 혹은 기도
원에 혹은 가톨릭 교인들이 말하는 피정의 집에 계신다고 말합니
다. 실상은 인간이 지은 어떤 형태의 건물이든 그 건물 안에 하나
님은 계시지 않습니다. 하나님은 바로 인간의 마음속에 거하시는
것입니다. 마음에 하나님을 주인으로 모시지 않은 사람들이 아무
리 화려하게 지은 예배당에 모여도 그곳에서는 하나님은 계시지
않습니다. 하나님은 영과 진리로 예배드리는 사람을 찾고, 그런
성도의 마음속에 주인으로 계시는 것입니다.

사람들의 관심은 눈에 보이는 성전 건물입니다. 성전은 하나
님의 임재를 나타냈으나 더 이상 백성들은 성전을 통해 하나님의

영광을 보지 못했습니다. 이 시대도 성전이란 용어보다 교회 예배당이란 말이 합당합니다. "충만한 교회 예배당" 건물로서의 성전은 더 이상 없습니다. 성경은 이제 주님을 모신 우리의 몸이 성전이라 합니다. "너희가 하나님의 성전인 것과 하나님의 성령이 너희 안에 거하시는 것을 알지 못하느뇨(고전3:16)" 우리의 관심은 어디에 있습니까? 웅장하고 화려한 건물입니까? 참 성전이신 예수님을 마음에 주인으로 모시는 믿음의 일입니까? 우리의 관심과 열정은 많은 이들의 심령에 예수생명이 불길처럼 일어나게 하여 행복한 삶을 살아가는 복음 사역이어야 합니다.

첫째, 빼앗긴 우리의 마음. 창세기 1장 27절로 28절에 하나님이 자기 형상 곧 하나님의 형상대로 사람을 창조하시되 남자와 여자를 창조하시고 하나님이 그들에게 복을 주셨다고 말한 것입니다. 또 창세기 2장 7절에 "여호와 하나님이 땅의 흙으로 사람을 지으시고 생기를 그 코에 불어넣으시니 사람이 생령이 되니라"고 했습니다. 그런데 하나님은 성경에 보니 영이라고 말했지, 하나님이 육체라고 말하지 않았습니다. 그러므로 육체적인 아담과 하와가 하나님의 형상과 모양이 아니라, 아담과 하와의 마음이 하나님의 형상과 모양이요, 그 마음속에 하나님이 와서 거하시는 것인데, 아담과 하와의 마음이 불신앙과 불순종으로 하나님이 떠나 버리고 만 것입니다. 마귀의 말을 듣고 하나님을 반역하여 아담과 하와의 마음이 하나님이 떠나 버렸었습니다. 그러자 하나님도 아담과 하와의 마음속에 거하지 아니하시고 떠나시게 된 것입니다. 창세기 2장 17절에 "선악을 알게 하는 나무의 열매는 먹지 말라 네가 먹는 날에는 반드시 죽으리라" 하셨습니다. 그들이 선악과를 따먹고 그 마음이 죽어서 마귀가 그 마음에 들어오자 하나님은 아담과 하와의 마음을 떠나 버린 것입니다. 타락한 아담과 하와 이후의 인류들은 마음속에 하나님을 모시지 못하고 공중의 권세 잡은 악령이 마음속에 주인되어 사는 것입니다. 사람의 마음은 영을 담든 그릇이기 때문에 성령이든, 악령이든 거하는 것입니다. 중간지대인 마음은 없습니다.

그래서 악령이 시키는 대로 불신앙과 불순종과 세속을 따라서 살았고 하나님과 멀리멀리 떠나 버리고 만 것입니다. 그러므로 사람에게 가장 중요한 것은 마음인 것입니다. 사람의 마음이 하나님을 떠나고, 마귀가 점령하자 공허하고 혼돈하며 흑암이 깊이 점령한 마음이 되고 만 것 입니다. 사람의 마음이 죄와 허무와 죽음의 황야가 되고 만 것입니다. 죄가 마음을 부패시키고 마음에 하나님 없으니 허무하기 짝이 없게 된 것입니다. 하나님이 계셔야 마음에 소망이 있고 기쁨이 있고 가치가 있을 것인데 이것을 다 잃어버리고 마음이 허무하게 되고 죽음의 광야가 꽉 들어찬 것입니다. 어디에서 와서 왜 살며 어디로 가는지를 마음은 알지 못하고 오직 죄와 허무와 죽음의 황야가 되고 만 것 입니다. 마음이 길을 잃고 방황하게 된 것입니다. 하나님은 방황하는 인간을 예수님을 보내셔서 구원하십니다.

둘째, 예수님의 구원과 성전 회복. 하나님이 우리 마음을 변화시키기 위해서 보내신 분이 하나님의 아들 예수님인 것입니다. 우리 마음을 변화시킬 수 있는 유일한 분은 예수님 밖에 계시지 않습니다. 예수를 영접하면 성령께서 마음 안에 임재하시기 때문입니다. 예수님이 오셔서 십자가를 걸머지고 우리 옛사람을 십자가에 못 박아 버려 마음의 죄악을 청산하고 마음을 점령한 귀신과 상처를 성령으로 쫓아내고 청소하고 변화시켜 주셨습니다. 그렇기 때문에 십자가의 보혈을 통해서 우리는 새로 거듭날 수가 있는 것입니다. 성경은 "누구든지 그리스도 안에 있으면 새로운 피조물이라 이전 것은 지나갔으니 보라 새것이 되었다"고 말한 것입니다. 주님이 우리를 새 사람으로 만들기 위해서 이사야 53장 5절로 6절에 보면 "그가 찔림은 우리의 허물 때문이요 그가 상함은 우리의 죄악 때문이라 그가 징계를 받으므로 우리는 평화를 누리고 그가 채찍에 맞으므로 우리는 나음을 입었도다. 우리는 다 양 같아서 그릇 행하여 각기 제 길로 갔거늘 여호와께서는 우리 모두의 죄악을 그에게 담당 시키셨도다."라고 말한 것입니다.

예수님이 우리의 부패하고 부정하고 죽은 마음을 십자가에 걸머지시고 청산한 것입니다. 우리의 육체를 청산한 것이 아니라, 우리 죄악으로 물든 영혼을 청산한 것입니다. 그리고 변화시켜서 하나님의 형상과 모양대로 다시 새롭게 지음을 주신 것입니다. 십자가를 통해서만이 우리는 하나님의 형상과 모양으로 복구되고 새로운 피조물이 되는 것입니다. 십자가 없이 인간의 수양과 도덕으로 마음이 변화되지 않습니다. 아무리 자기 피부를 비눗물로 닦아도 황인종이 백인종이 되지 못하고, 흑인종이 황인종이 되지 못하는 것입니다. 마음이 그리스도의 보혈로 말미암아 변화되어야 참으로 새롭게 변화될 수가 있는 것입니다. 예수님은 보혈과 성령을 통하여 우리 마음(내면세계)을 점령하였던 마귀를 쫓아내고, 하나님과 화목케 하시고 보혈과 성령의 능력으로 우리를 새롭게 하신 것입니다. 주의 십자가의 보혈의 능력과 성령의 역사가 없이는 마귀는 쫓겨 나가지도 않습니다. 보혈과 성령의 역사가 일어나면 마귀는 마음(내면세계/잠재의식)에서 철수하는 것입니다. 보혈과 성령의 역사 없이 하나님과 우리 사이를 화목 시킬 수도 없습니다. 예수님의 보혈과 성령이 마귀를 청산해 버리고 쫓아내고 죄악을 씻어내고 우리 마음을 하나님과 화목 시키고 하나님이 또다시 우리 마음속에 와서 거하게 만들어 주시는 것입니다. 심령성전을 가꾸는 분은 성령입니다. 성령으로 기도할 때 성령께서 마음 성전을 정화하시는 것입니다.

셋째, 말씀과 성령으로 마음을 다스리는 자가 삶을 다스린다.
어떻게 하면 마음을 다스릴 수가 있을까요? 하나님의 마음은 우리 마음속에 성령을 통해서 오시는 것입니다. 성령으로 세례를 받고 성령으로 충만 받아 마음을 성전으로 만들어야 합니다. 성전 된 마음에 하나님 말씀을 성령으로 받아 드려서 마음을 다스려야 되는 것입니다. 그러므로 말씀을 우리가 듣고 말씀을 읽고 말씀을 묵상하는 것은 굉장히 좋습니다. 성령으로 마음을 다스리지 아니하면 말씀으로 다스리지 아니하면 마음은 절대로 다스려지지 않습니다. 말씀과 성령을 마음(내면세계/잠재의식)속에 항상 채워 놓아야 세상과 마귀가 마음에 들어오지 못합니다. 말씀과 성령의 충만을 등한히 하면 곧장 세상과 마귀가 들어와서 세상과 마귀의 생각을 집어넣어서 마음을 흔들어 놓는 것입니다. 그러므로 하나님의 말씀이 마음을 변화시키는 것입니다. 그러므로 마음으로 늘 하나님을 찾아야 합니다.

성령의 역사가 일어나지 않으면 심령 성전을 가꿀 수가 없습니다. 심령에 마귀와 귀신이 거할 수가 있기 때문입니다. 마귀는 사람의 힘으로 어찌할 수 없는 강하자입니다. 반드시 성령의 역사가 일어나야 마귀와 귀신이 떠나가는 것입니다. 심령에서 성령이 사로잡아야 심령성전이 정화되고 거룩하게 되어 하나님께서 마음대로 역사하실 수가 있습니다. 마음은 성령으로 충만한 믿음으로 다스려야 되는 것입니다. 믿음은 들음에서 나며 들음은 그리스도의 말씀으로 말미암는 것입니다. 하나님의 말씀을 믿는 것입니다. 눈에는 아무 증거 안보이고 귀에는 아무 소리 안 들리고 손에는 잡히는 것 없더라도 하나님의 말씀을 믿고 흔들리지 말아야 마음을 다스릴 수 있는 것입니다. 하나님의 은혜로 주신 약속을 우리는 믿어야 되는 것입니다. 믿으면 그 믿음을 통해서 마음을 다스리고 그 마음이 하나님의 역사를 나타낼 수가 있는 것입니다.

열두 해를 혈루병을 앓은 여인을 보십시오. 그녀가 하나님을 알지 못할 때는 마음을 다스릴 수가 없었습니다. 마음이 불안하고 초조하고 절망이었습니다. "나는 못산다. 나는 할 수 없다. 나는 죽는다"고 생각한 것입니다. 열 두해 동안 피를 흘리는 고통을 당했으니 빈혈증에 걸리고 가족들이 다 떠난 후로 산비탈 아래 초막을 치고 살고 있으니 외롭기 그지없었습니다. 마음을 잡을 수가 없었습니다. 그녀는 이미 절망하고 죽음이 그 마음을 점령했습니다. 그런데 어느 날 예수 그리스도의 소식을 들었습니다. 하나님의 아들 예수 그리스도께서 갈릴리와 유다를 다니면서 죽은 자를 살리시고, 문둥이를 깨끗이 하고, 앉은뱅이를 일으키고, 천국복음을 전한다는 말씀을 듣고, 이 예수 그리스도를 마음속에 믿자 그 마음이 변화되기 시작한 것입니다.

마음이 변화되어 흑암이 떠나가고 좌절과 절망이 떠나가고 마음에 희망과 꿈과 소망이 넘쳐나자 예수님이 그를 찾아오게 된 것입니다. 마음이 변화된 사람을 예수님이 찾아오시는 것입니다. 마음이 세속으로 꽉 들어찬 사람에게 예수님이 찾아오시지 않습니다. 예수님은 마음이 예수 그리스도를 사랑하고 사모하는 자를 찾아오는 것입니다. 혈루병을 앓는 여인이 마음속에 예수님을 믿고 예수님을 사모하고 마음이 안정되어 주의 은혜를 받기를 사모하자 예수님이 그 집 앞을 지나가게 되고 예수님을 만나서 그 옷자락에 손을 대니 혈루병이 낫게 된 것입니다. 이 혈루병을 앓는 여인이 소망을 갖고 치유를 받은 것은 먼저 마음속에 예수님을 모시고 믿음이 굳세게 섰기 때문에 그렇게 된 것입니다.

그러므로 환경이 변화되기를 기다리지 마십시오. 마음이 변화되면 환경이 따라서 변화되는 것입니다. 자신의 마음 안에서 성령의 역사가 일어나야 환경을 변화시키는 것입니다. 마음에 절망이 있는데 환경이 소망으로 찾아올 수 없습니다. 마음에 슬픔이 있는데 환경이 갑자기 기쁨으로 변화될 수 없습니다. 마음에 공포가 있는데 환경에 평화가 다가올 수 없는 것입니다. 마음이 성령으로 충만한 믿음이 있으면 성령의 역사로 공포가 사라지고 평안한 환경이 되는 것입니다. 마음에 평화가 있으면 환경이 평화롭게 되는 것입니다. 마음에 축복이 있으면 환경이 축복으로 변화되는 것입니다. 마음에 치료가 있고 건강이 있으면 환경에 치료와 건강이 다가오게 되는 것입니다.

무엇이든지 마음이 먼저 변화되어야 환경이 변화되는 것입니다. 마음은 생명의 말씀과 성령의 역사로 변화되는 것입니다. 마음이 믿음으로 굳세게 서야 운명과 환경이 변화될 수가 있는 것입니다. 그렇기 때문에 마음을 지키는 것은 성령으로 충만한 믿음인 것입니다. 하나님은 마음을 하나님의 나라를 만드시기 위하여 마음 안에 성령으로 임재하신 것입니다. 마음을 변화시켜야 모든 것을 변화시킬 수가 있기 때문입니다.

또한 마음은 마음속을 꿈으로 다스려야 되는 것입니다. 85세 된 아브라함의 마음이 흔들리고 마음이 캄캄했습니다. 왜냐하면 얼마 안 있으면 죽을 것인데 나이가 85세요, 아내가 75세인데 아들이 없습니다. 재산은 많습니다. 금과 은도 많고 짐승 떼들도 많은데 이 많은 재산을 상속할 자가 없어서 자기의 종에게 상속하고 갈 수밖에 없습니다. 그러므로 마음이 답답했습니다. 기도하고 부르짖었습니다. 그런데 하루는 밤에 하나님이 아브라함을 천막에서 불러내어 하늘을 쳐다보고 하늘에 있는 별들을 헤아리라고 말했습니다. 그리고 말하기를 "네 자손이 저 별들처럼 많을 것이다."라고 말씀한 것입니다. 거기에서 아브라함은 마음속에 꿈을 얻었습니다. 몸은 85세입니다. 아내는 75세입니다. 몸이 젊어진 것도 아닙니다. 아내가 젊어진 것도 아닌 것입니다.

그러나 마음(내면세계/잠재의식)이 절망과 흑암과 두려움에서 믿음으로 변화된 것입니다. 왜냐하면 꿈을 가질 수 있게 된 것입니다. 꿈이 마음을 다스린 것입니다. 눈에는 아무 증거가 없습니다. 귀에는 들리는 소리도 없습니다. 손에는 잡히는 것 없습니다. 몸은 여전히 85살의 늙은 몸입니다. 그러나 마음이 달라진 것입니다. 마음에 꿈을 얻게 된 것입니다. 그들은 하늘의 별과 같이 많은 자녀들을 거느린 사람이 된다는 꿈을 얻게 된 것입니다. 꿈이 마음을 변화시킨 것입니다.

십자가를 바라보면 변화될 수 있는 것입니다. 몸이 변화된 것이 아닙니다. 가정이 변화된 것도 아니고 환경이 변화된 것도 아니지만, 십자가를 바라보고 마음이 변화되면 몸도 변화되고 가정도 변화되고 환경도 변화될 수 있는 것입니다. 먼저 마음이 변화되어야 되는 것입니다. 마음이 무엇으로 변화되는 것입니까? 꿈을 바라볼 때 마음이 변화되는 것입니다. 어디에서 꿈을 얻을 수 있습니까? 십자가를 바라보면 꿈을 얻을 수가 있는 것입니다. 예수님은 십자가를 통하여 죄를 짓고 불의하고 추악하고 버림받아야 마땅한 나를 의롭다하고 용서해 주신 것입니다. 십자가를 통하여 용서받은 의인이 된 꿈을 얻을 수가 있는 것입니다. 소망을 얻을 수가 있는 것입니다. 예수님이 나를 대신해서 마귀와 세상과 싸워서 이기고 우리에게 거룩함과 성령 충만을 주셨으니 십자가를 통하여 거룩함과 성령 충만의 꿈을 얻을 수가 있었던 것입니다. 예수님이 나를 위해서 병들고 고통을 당하여 치료의 은혜를 베풀어 주셨으니 십자가를 통하여 치료의 꿈을 얻을 수가 있는 것입니다. 내가 가난하고 헐벗고 굶주리고 실패했을지라도 예수님이 십자가에서 나를 위하여 저주를 담당하시고 청산하셨기 때문에 십자가를 통하여 아브라함의 복과 형통이 임하는 것을 꿈꿀 수가 있는 것입니다. 내 마음속에 꿈을 받아 들일수가 있는 것입니다. 내가 비록 죽을지라도 십자가를 바라보고 영생을 꿈 꿀 수가 있는 것입니다.

십자가를 가슴에 끌어안고 십자가를 통하여 예수께서 나를 위해서 역사해 주신 그 은혜를 품으면 그 꿈이 이루어져 나오는 것입니다. 영혼이 잘됨같이 범사에 잘되며 강건하고 생명을 얻되 풍성하게 얻는 놀라운 병아리가 깨어 나오는 것입니다. 꿈을 품어야 마음을 지킬 수가 있는 것입니다. 마음은 꿈을 통해서 좌지우지 될 수가 있는 것입니다. 아브라함은 결국 85세에 꿈을 품었더니 100세에 그 꿈이 이루어져서 사랑하는 아들이삭을 선물로 받게 된 것입니다.

그 다음 마음은 입술의 고백을 통해서 지켜질 수가 있는 것입니다. 입술로 시인하므로 기적이 일어나는 것입니다. 로마서 10장 10절에 "사람이 마음으로 믿어 의에 이르고 입으로 시인하여 구원에 이르느니라" 예수 믿는 것도 마음에 그냥 믿어서 구원받는 것이 아닙니다. 입으로 고백해야 구원을 받게 되는 것입니다. 우리가 입술로 말한다는 것은 하나님의 역사를 풀어놓게 되는 것입니다.

잠언 16장 32절에 "자기의 마음을 다스리는 자는 성을 **빼앗는** 자보다 낫다"고 했는데 마음은 입술의 고백을 통해서 다스릴 수 있는 것입니다. 잠언서 4장 23절에 "모든 지킬 만한 것 중에 더욱 네 마음을 지키라 생명의 근원이 이에서 남이니라" 마음은 입술의 고백을 통해서 지킬 수가 있는 것입니다. 마음에 아무리 긍정적인 마음을 가지려고 해도 입술로 "나는 못한다. 나는 안 된다. 나는 할 수 없다. 나는 죽는다. 나는 병들었다"고 고백을 하면 그 마음은 사망의 세력으로 묶이게 되는 것입니다. 마음이 아무리 답답하고 고통스러울지라도 입술로 고백을 긍정적으로 합니다. 예수 그리스도의 십자가의 보혈로 말미암아 "나는 용서받은 사람이다. 나는 의로운 사람이다. 나는 성령이 같이 계신다. 나는 건강한 사람이다. 나는 복 받은 사람이다. 나는 영생복락을 얻은 사람이다. 나는 승리한다. 나는 영혼이 잘되고 범사에 잘되며 강건하며 생명을 얻되 넘치게 얻는 사람이다." 고백하면 그 마음이 기적을 가져오는 것입니다. 성경에 하나님을 믿으라. 누구든지 이 산들에 명하여 저 바다에 던지라 하고 그 말하는 것이 이룰 줄 마음에 믿고 의심하지 아니하면 그대로 되리라. 말씀으로 믿음을 꽉 잡아 놓으면 그대로 이루어진다고 말한 것입니다. 우리 입술의 말이 씨가 되는 것입니다. 그러므로 아무리 의로운 긍정적인 마음을 가졌다고 할지라도 입으로 부인하면 다 파괴되어 버리고 마는 것입니다. 입술의 열매를 가지고 마음을 지킬 수가 있는 것입니다. 내면세계를 성령으로 정화해야 합니다. 주님이 주인으로 계서야 날마다 주님과 동행하며 기적을 일으킬 수가 있습니다.

넷째, 영혼을 강화시키는 훈련을 하라. 마음 성전을 거룩하게 가꾸려면 성령으로 기도하면서 영을 강하게 해야 합니다. 영을 강하게 하는 영적인 방법은 ① 영과 진리로 예배를 드리고, ②성령으로 영의기도를 하며, ③ 말씀을 배우고, 묵상하고 ④ 말씀을 삶에 적용하고 ⑤ 전인격으로 살아계신 하나님의 역사를 체험하여 믿음을 갖게 하는 것이 영을 강하게 하는 단계이며 절차입니다.

이 다섯 가지가 어느 한쪽으로 일방적으로 치우치지 않고 균형을 유지해야 하며, 어느 한 가지라도 결여 되었다면 그 것은 온전하지 못한 것입니다. 우리는 하나님이 완전한 것처럼 완전해야 합니다. 완전하다는 말의 헬라어는 '텔레이오스'인데 '전체로 가득 하다'라는 뜻을 지닙니다. 이 세 가지 구성 요소 중 어느 것도 빠짐없이 다 들어있는 상태를 말하는 것입니다. 우리의 영이 강해지는 것은 이 세 요소를 다 갖추고 있다는 것을 말합니다. 하나님은 우리가 이런 상태로 살아가기를 원하시는 것입니다.

영을 강화시키는 훈련은 첫째로 말씀을 묵상하는 훈련입니다. 성령의 임재가운데 마음으로 말씀의 묵상을 지속적으로 하면 영이 강화됩니다. 예를 든다면 하나님은 영이십니다. 하나님은 반석이십니다. 그렇지 않으면 시편1편을 묵상하는 것입니다. 둘째로 마음으로 기도하는 것입니다. 숨을 들이쉬고 내쉬면서 하나님을 찾는 것입니다. 마음으로 하나님! 사랑합니다. 하나님! 도와주세요. 하나님! 어떻게 해야 합니까? 하면서 하나님을 찾으며 집중하는 것입니다. 길을 걸어가면서도 쉬지 않고 하나님께 집중하는 것입니다. 셋째로 마음으로 찬양을 부르는 것입니다. 호흡을 들이쉬고 내쉬면서 마음으로 찬양을 하는 것입니다. 찬양은 자신이 제일 잘 부를 수 있는 찬양을 1절만 지속적으로 하는 것입니다. 이렇게 영을 강화시키는 훈련을 지속적으로 하면 자신의 혼과 육이 영의 지배를 받아 육체가 강건하여 집니다. 내면세계가 정화되어 영-혼-육이 성령의 지배를 받는 것입니다.

우리가 바르게 알고 믿음 생활을 해야 하는 중요한 한 가지 개념이 있습니다. 바로 "성전 개념"입니다. 우리는 예배당을 가리켜서 성전이라고 말하는 크리스천이 많습니다. 그러나 그 성전의 의미는 예수 그리스도에 와서 그 옛날 눈에 보이는 성전의 개념에서 눈에 보이지 않는 성령으로 마음 안의 성전의 개념으로 옮겨갔습니다. 예수님이 먼저 그 성전의 개념을 자신의 육체에다 적용시키셨습니다. 그리고 그리스도를 주님으로 영접한 우리를 성령이 거하시는 성전으로 말씀하셨습니다. 그래서 성전을 더럽히는 자를 하나님이 멸하실 것이라고 말씀하셨습니다. "너희는 너희가 하나님의 성전인 것과 하나님의 성령이 너희 안에 계시는 것을 알지 못하느냐(고전 3:16)" 성령의 전이므로 이 몸으로 하나님께 영광을 돌리라고 말씀하십니다. "너희 몸은 너희가 하나님께로부터 받은바 너희 가운데 계신 성령의 전인 줄을 알지 못하느냐 너희는 너희 자신의 것이 아니라. 값으로 산 것이 되었으니 그런즉 너희 몸으로 하나님께 영광을 돌리라(고전 6:19-20)"

그리스도인들이 진짜 빛이 되는 것은 이 성전 의식이 자신에게 있을 때 확실히 이루어집니다. 자신 안에 성령을 모시고 살아가는 사람, 그래서 그 성령의 음성을 들으면서 살아가는 사람, 이런 사람은 걸어 다니는 성전으로서의 삶을 감당할 수 있습니다. 성전이면 어디를 가나 성전입니다. 죄를 짓는 자리에 가도 성전입니다. 이것이 바로 신앙과 행함으로 연결됩니다. 예수를 믿음으로 새로운 피조물이 되고 새로운 피조물 된 사람은 성전이 되고 성전이 된 사람은 자신의 삶을 통해서 하나님께 영광을 돌려야 한다는 것. 이것이 바로 하나님이 기뻐하시는 성전의 모습입니다. 하나님의 관심은 "우리의 삶에서 주님의 사랑과 겸손을 보이며 하나님의 말씀을 증거 하는 주님의 온전한 성전이 되어야 한다." 시며, 우리 모두가 걸어 다니는 성전의식을 가지고 살아가기를 원하십니다.

25장 전인격이 성령의 지배를 받아라.

(고전 2:10-13)"오직 하나님이 성령으로 이것을 우리에게 보이셨으니 성령은 모든 것 곧 하나님의 깊은 것까지도 통달하시느니라. 사람의 일을 사람의 속에 있는 영외에 누가 알리요 이와 같이 하나님의 일도 하나님의 영외에는 아무도 알지 못하느니라. 우리가 세상의 영을 받지 아니하고 오직 하나님으로부터 온 영을 받았으니 이는 우리로 하여금 하나님께서 우리에게 은혜로 주신 것들을 알게 하려 하심이라. 우리가 이것을 말하거니와 사람의 지혜가 가르친 말로 아니하고 오직 성령께서 가르치신 것으로 하니 영적인 일은 영적인 것으로 분별하느니라."

하나님은 기적을 체험하면서 하나님께 쓰임을 받을 분들의 전인격이 성령의 지배를 받는 사람이 되기를 원하십니다. 하나님은 모든 성도들이 성령의 지배를 받기를 소원하십니다. 특별하게 영혼의 만족은 성령의 지배를 받아야 가능합니다. 왜 예수를 믿으면서 영혼의 만족을 누리지 못하는가? 자신의 전인격이 성령의 지배를 받지 못하기 때문입니다. 한마디로 세상 것이 섞여있기 때문입니다. 세상 것이 섞여서 방해함으로 영혼의 만족을 누릴 수가 없는 것입니다. 이것은 아주 심각하게 받아드려야 합니다. 그래야 성령의 역사에 관심을 가져서 성령의 지배를 받는 성도가 될 수 있기 때문입니다. 전인격이 성령의 지배를 받지 않고는 영혼이 만족을 누릴 수가 없기 때문입니다. 우리 예수 믿는 사람들의, 삶의 특징이 있다면, 그것이 무엇이라고 생각하십니까? 입으로만 예수를 믿는다고 시인하는 그런 보통의 신앙의 삶이 아니라, 예수를 믿고 난 다음에 변화된 삶을 살아가는 성도들의 특징을 말하는 것입니다. 이러한 성도들의 삶의 특징이 무엇이겠습니까? 그것은, "영-혼-육 전인격이 성령의 지배를 받는 삶"이라, 그렇게 말 할 수 있습니다.

그러면, 성령의 지배를 받는 삶이란, 또 무엇을 말하는 것입니까? 전인격이 성령께 사로잡혀 사는 것을 말하는 것입니다. 성령을 주인으로 모시고 세상을 살아가는 것입니다. 마음 안에 성전이 있는 성도입니다. 매사를 성령님과 의논하고 성령의 뜻을 따라 사는 것을 성령의 지배를 받는 삶이라고 말할 수 있습니다. 성령의 인도함을 받아, 성령의 능력에 의해서 살아가는 삶을 말하는 것인 줄로 믿습니다. 성령님이 나를 지배하고 다스리는 삶, 이전에 우리의 삶이, 육체의 본능이 지배하는 삶이었고, 죄가 지배하는 삶이었다면, 이제 예수를 믿고, 변화를 받고 난 다음에 나타나는 삶은, 성령에 의해서 지배를 받는 삶이 되어야 합니다.

에베소서 5장 14절 말씀을 보게 되면, "그러므로 이르시기를, 잠자는 자여 깨어서 죽은 자들 가운데서 일어나라. 그리스도께서 네게 비취시리라 하셨느니라." 말씀하고 있습니다. 지금 우리의 신분은 어떤 신분입니까? 이제 예수 안에서, 새로운 생명을 소유하고 태어난, 하나님의 자녀들입니다. 그러므로 이제는, 과거의 세상 적이고, 육신적인 삶의 방식은 벗어버리고, 하나님의 자녀로서 살아가야 하는 삶의 방식을 따라야 한다는 것입니다. 그 하나님의 방식을 따르는 삶, 걸어 다니는 성전의식을 가지고 살아가는 삶, 이것이 바로 성령의 지배를 받는 삶이라는 것입니다.

그러나 오늘 우리 성도들의 삶은 어떻습니까? 아직도 우리의 많은 부분이 주님의 방식을 따르지를 못하고 있습니다. 아직도 내 자아가, 내 속에 살아 쉼 쉬고 있고, 아직도 내 뜻이 내 인생의 대부분을 결정하고 있습니다. 어둠의 권세에 속해 있는 죽음의 자리에서 이제는 벗어나, 나의 삶을 주장하시고, 온전히 이끌어 주시기를 원하시는, 빛 되신 예수 그리스도를 향해, 걸어가야 하는데도 불구하고, 우리는 여전히 그 빛을 외면하고, 고개를 어둠의 세상을 향해, 돌리고 있다는 것입니다. 우리의 삶에 빛이 크게 비취면, 어두움은 작아지게 되고, 결국에는 그 어둠이 흔적 없이 물러가게 됩니다. 그러나 반대로, 우리의 삶에 어두움이 크면 어떻습니까? 빛이 작게 느껴지게 됩니다. 그리고 이 상태로 계속 있게 되면, 나중에는 그 어두움이, 빛을 완전히 삼켜 버리게 된다는 것입니다.

그래서 예수를 믿어도, 예전과 비교해 별로 변화된 것이 없는 여전히 세상의 흑암 속에서 헤매며, 오히려 더 무능력한 가운데, 오히려 더 고통스런 가운데, 삶을 살아가게 된다는 것입니다. 왜냐하면 성령의 역사가 일어나지 않으니 마귀와 귀신들이 자꾸 장악하기 때문입니다. 그래서 오만가지 문제가 발생하는 것입니다. 빨리 알아차리고 잠재의식을 정화하여 성령의 지배를 받아야 합니다. 그래야 기적을 체험하기도 하고, 예수님의 이름으로 기적을 행하면서 살아갈 수가 있습니다.

가슴에 손을 얹고 생각해 보세요. 주님이 우리에게 요구하시는 삶의 모습이, 과연 이러한 것이겠습니까? 주님이 우리에게 요구하시는 삶은, 결코 이러한 모습의 삶은 아닐 것입니다. 주님은 우리에게, 변화된 삶을 요구하십니다. 그것도 어정쩡한 변화가 아니라, 확실히 변화된 삶을 요구하십니다. "아니 저 사람 예수 믿고 나더니, 완전히 달라졌네!" 이런 평가와 칭찬을 듣는 그러한 삶을 원하신다는 것입니다. 그런데 이렇게 변화되기 위해서는 반드시 성령의 역사가 있어야 가능한 것입니다. 성령의 지배를 받아야 변화되는 것입니다. 예수를 믿으면서도 변화되지 않는 것은 성령의 역사 없이 이론으로 지식으로 전통으로 믿음 생활을 하기 때문입니다.

그래서 이런 찬송이 있지요? "내 죄 사함 받고서 예수를 안 뒤, 나의 모든 것 다 변했네. 지금 나의 가는 길 천국 길이요, 주의 피로 내 죄 씻었네." 할렐루야! 예수를 믿고 나서, 자신의 모든 것이 변화되어 지는 것, 바로 이러한 놀라운 삶의 변화의 역사를, 하나님은 우리 모두에게 기대하고 계신다는 것입니다.

우리의 신앙의 출발은, 하나님의 권능을 믿는 믿음에서 출발하는 것입니다. "하나님은 나의 모든 것을 아시는 가운데, 나의 모든 것을 주의 권능으로 채워주시며, 온전케 하시는 하나님이십니다." 이것은 모두 성령으로 되는 것입니다. 우리가 이것을 믿어야, 하나님을 평생의 주인으로 모시며 따를 수 있는 것입니다. "내가 사망의 음침한 골짜기로 다닐지라도 해를 두려워하지 않을 것은, 주께서 나와 함께 하심이라." 다윗은 담대하게 신앙의 고백을 했습니다. 그리고는 선언하지요. "나의 평생에 선하심과 인자하심이 정녕 나를 따르리니 내가 여호와의 집에 영원히 거하리로다." 할렐루야!

세상 사람들이 우리를 향해, 너는 못한다고 말할지라도, 우리 예수 믿는 성도들은 예수 안에서 할 수 있다고, 얼마든지 가능하다고 말하며, 믿음으로 밀고 나가 행해야 기적을 체험하는 것입니다. 삶에 자신감과 담대함이 있어야 한다는 것입니다. 왜입니까? 하나님의 권능이 오늘도 나와 함께 하시기 때문에…. 성령의 역사가 오늘도 나의 삶에 나타나기 때문에…. "너 가는 길을 누가 비웃거든, 확실한 증거를 보여 주어라. 성령이 친히 감화하여 주사, 저들도 참 길을 얻으리" 지금 우리 모두가, 성령의 다스림 속에서, 성령의 인도함 속에서, 이런 확실히 변화된 인생을 살아갈 수 있기를, 주님의 이름으로 축원 드립니다.

그러면, 오늘 우리가 어떻게 하면 이런 성령의 지배함을 받는 능력 있는 삶을 살아갈 수 있겠는가? 여기에 대한 고민이 있어야 진정한 성도일 것입니다. 그래야 바른 길을 찾아서 성령의 인도를 받으며 성령의 지배를 받는 성도가 될 수 있기 때문입니다. 그런데 이에 대한 해답이 바로 에베소서 5장 18절에 나타나 있다는 것입니다. "술 취하지 말라. 이는 방탕한 것이니, 오직 성령의 충만을 받으라."했습니다. 우리가 성령의 지배를 받는 삶을 살아가는 방법, 뭐 다른 게 있겠습니까? 내 속에 성령의 크기를, 내 자아보다 더 크게 만들면 되는 것입니다. 성령이 자신을 지배하게 하면 됩니다. 성령님을 주인으로 모시고 살면 되는 것입니다. 성령이 내 속에 끊임없이 임하게 만들어서, 그 성령이 나의 삶을 온전히 주장할 수 있도록, 자신의 신앙을 가꾸어 나가면 되는 것입니다. 그렇잖아요? 그 외에 무슨 방법이 있겠습니까? 성령의 지배를 받으며 살아가는 것 알고 보면 너무나 쉽습니다. 습관이 되지 않기 때문에 어려운 것입니다.

그러면, 우리가 생각해 볼 것은 무엇입니까? 이 성령의 세례가 언제 어느 때에, 우리에게 임하고 장악하게 되는가? 하는 것입니다. 직장에서 일할 때 성령이 임합니까? 가정에서 설거지 하고, 청소할 때 성령이 임합니까? 학교에서 공부할 때 성령이 임합니까? 언제 우리에게 성령이 임하게 되어 집니까? 성전에서, 성령이 역사하는 교회에서 우리가 말씀 듣고, 기도하고, 찬송할 때, 성령이 임하고 성령으로 세례받고 성령으로 충만하니 성령으로 장악이 되는 것입니다. 그래서 성도들에게 유형교회는 아주 중요합니다. 성령은 반드시 성령의 역사가 일어나는 장소에서 체험할 수가 있기 때문입니다. 성령의 역사가 강하게 일어나는 교회에서 성령으로 장악이 되어 삶의 현장에서 기도할 때 성령의 지배를 받을 수 있습니다. 마음 안에 성전이 있다고 믿어야 성령의 지배를 받습니다.

성경을 보세요. 초대 교회의 성도들이 언제 성령을 체험하고 받았습니까? 각 가정마다 모여 예배하고 말씀 들을 때, 또 마가의 다락방 같은 곳에 모여, 그들이 기도하고, 찬송할 때, 하늘로부터 급하고 강한 바람 같은 성령이, 홀연히 그들 가운데 임하게 되어졌다는 것입니다. 그렇다고 가정에서만 성경보고, 기도하라는 얘기는 아닙니다. 그때는 그 가정이 곧 교회였습니다. 초대 교회는 곧 가정 교회였습니다. 하나님은 언제나 교회 가운데, 좌정하여 계시는 줄 믿습니다. 교회는 유형교회와 무형교회를 모두 망라하는 것입니다. 그래서 지금도, 언제나 성령의 역사가 일어나는 교회에 모여 성경보고, 말씀 듣고, 기도하고, 찬양할 때, 성령이 임하게 된다는 것입니다. 그런데 홀연히 라는 말이 무슨 말입니까? 갑자기라는 말이지요. 오로지 하나님만을 생각하며 몰입 집중하여 기도할 때 홀연히 성령이 장악하시는 것입니다.

성령이 임하시는 것은 전적으로 성령님의 뜻이지만 분명한 것은 적당히 말씀보고, 적당히 기도하고, 적당히 찬송할 때 임하는 것이 아니라, 성령님을 주인으로 모시고, 마음 중심으로 예배하고, 말씀을 깊이 묵상하고, 전심으로 기도하고, 뜨겁게 찬송할 때, 성령은 우리 가운데 분명 임하게 된다는 사실입니다. 그러므로 내 삶 속에 말씀 보는 시간을 늘리고, 기도하는 시간을 늘리고, 찬송하는 시간을 늘리면, 그 때에 우리도 성령이 충만하게 될 가능성이 더 많아진다는 것입니다.

에베소서 5장 15절-16절 말씀에, "그런즉 너희가 어떻게 행할 것을 자세히 주의하여 지혜 없는 자같이 말고, 오직 지혜 있는 자같이 하여 세월을 아끼라. 때가 악하니라."했습니다. 무슨 뜻입니까? 세상에 취하여, 하나님이 주신 시간들을 자기 임의로 사용하여, 허송세월을 보내지 말고, 우리의 시간들을 영적인 부분들에 할애해서, 말씀과 기도와 찬양의 시간들을 통하여, 하나님의 뜻을 온전히 분변한 가운데, 그 뜻대로 살아가는 신앙의 모습이, 필요하다는 것입니다. 항상 하나님을 생각하고 집중하는 자세가 중요합니다. 그래서 결과적으로 우리의 삶이, 성령이 원하시는 대로, 성령이 이끄시는 대로, 성령의 지배함을 받아, 살아가게 된다는 것입니다.

우리가 이렇게 성령의 지배를 받게 되면, 우리의 삶에 어떤 역사가 나타나겠습니까? 먼저 우리는 하늘의 신령한 지혜와 강력한 능력을 이끌어낼 수가 있습니다. 날마다 기적을 체험하게 됩니다. 예수님의 이름으로 기적을 일으킬 수가 있습니다. 그리고 세상에 능력을 행사하게 됩니다. 그래서 세상을 살아가도 힘 있게, 당당하게 살아가게 된다는 것입니다. 사단의 권세가 지배하는 이 세상에서, 사단의 올무에 걸려 허우적거리는 인생을 살아가는 것이 아니라, 하나님의 자녀답게 하나님의 권능을 힘입어, 사단의 권세를 깨뜨리며, 주의 이름으로 날마다 승리하며 살아가는 삶, 이런 역사들이 우리의 삶에 나타나게 된다는 것입니다.

더 나아가 마음에 천국을 이루어 항상 하나님과 교통하면서 살아갈 수가 있는 것입니다. 성도는 무엇보다도 하나님과 관계를 열어 친밀하게 지내야 합니다. 하나님과 친밀하게 지내려고 성령의 지배를 받는 것입니다. 성령의 지배를 받게 되니 마귀와 귀신이 감히 넘보지 못하는 성도가 되는 것입니다. 그래서 무시로 하나님을 찾는 것입니다. 항상 성령으로 충만하여 성령의 지배를 받는 삶을 살기위해서 하나님을 찾는 것입니다. 많은 성도들이 성령이 충만 하면 교회에 나가서 기도할 때 손을 흔들고 벌벌 떨면서 기도하면 성령으로 충만한 줄로 착각합니다.

그러나 성령으로 충만하다는 것은 항상 하나님을 생각하면서 하나님을 찾는 상태가 성령으로 충만한 상태인 것입니다. 걸어 다니는 성전의식을 가지고 성령님을 찾는 상태입니다. 이렇게 될 때 전인격이 성령의 지배를 받게 되는 것입니다. 성도들은 성령의 권능으로 살아가야 합니다. 성도들에게서 성령의 능력이 빠진 인간의 힘이나, 경험으로는 하나님을 기쁘시게 하지 못합니다. 성령의 도우심이 빠진 인간의 재주나 재능으로 세상을 이길 수가 없습니다. 성령의 지배를 받지 않는 성도는 잎만 무성한 무화과나무로 자라게 만들 뿐이라는 겁니다. 열매가 없이 잎만 무성한 무화과나무, 그 나무는 인간의 눈으로 볼 때는 멋있게 자란 나무이고, 가지도 무성하고, 잎도 너무나도 푸른 나무이지만, 결국 어떻게 되었습니까? 주님의 저주로 인해 말라 죽고 말았다는 것입니다. 이러한 사실을 우리는 유념해야 할 줄로 압니다. 전인격이 성령의 지배를 받아야 합니다.

성령의 지배를 받으면 무슨 일을 해도 포기하지를 않습니다. 쉽게 절망하지 않습니다. 끝까지 될 때까지 밀어붙이는 끈기 있고, 집중력이 있는 인생을 살아가게 된다는 것입니다. 그래서 기도를 해도, 남들과 다릅니다. 언제까지 기도합니까? 응답될 때까지 기도 한다는 것입니다. 하나님은 신실하신 하나님이십니다. 신실이 뭡니까? 믿을 신자, 열매 실자가 아닙니까? 말 그대로 우리가 믿는 대로 열매를 맺게 해 주시는 하나님이시라는 겁니다. 그것을 의심 없이 믿는다는 것이지요. 그래서 시간이 문제지, 응답은 반드시 된다는 믿음을 가지고 기도하게 된다는 것입니다. 하나님이 귀찮아서라도 응답해 주실 줄 믿습니다. 불의한 재판관의 마음을 움직여, 자신의 억울한 사정을 풀게 한 것은 한 여인의 끈질긴 기도 때문이었습니다. 집중력 있는 기도 때문이었다는 겁니다.

오늘 인생을 살아감에 있어, 직장 생활을 함에 있어, 또는 교회에서 맡은 사역을 감당함에 있어, 자꾸만 힘이 들고, 자꾸만 내가 피곤하게 느껴지는 때가 있습니까? 인생의 사역에 나타나는 열매는 없고, 자신의 힘만 고갈되는 그런 경험을 하신 적이 있습니까? 그래서 모든 것 그냥 포기하고 싶은 그런 생각이 드십니까? 혹 이런 가운데 지내는 분들은 없으십니까? 곰곰이 생각 해 보시기 바랍니다. 일이 많아 힘든 것이 아닙니다. 환경이 어려워 힘든 것이 아닙니다. 무엇 때문입니까? 내가 성령에 충만하지 못하기 때문에 힘이 든 것입니다. 내가 성령의 지배를 받지 않고, 내 힘과 내 뜻으로 살아가려고, 그 일을 감당하려고 했기 때문에 힘이 든 것입니다. 자신의 힘으로 하나님의 일을 하려고 하기 때문에 힘이 드는 것입니다. 우리가 바르게 알아야 할 것은 성도가 하는 모든 일은 하나님의 일입니다. 그렇기 때문에 성도는 성령이 지배하여 성령의 힘으로 인생을 살아가고, 직장 생활을 해야 됩니다. 사람의 힘으로 하나님의 일을 하려니 얼마나 힘이 들겠습니까? 상상에 맡깁니다.

19세기의 사역자, D.L 무디가 이런 말을 했습니다. "사역자들을 망가뜨리는 것은 과도한 사역이 아니라 성령 없이 일하는 것이다" 참 멋진 얘기 아닙니까? 우리가 과도한 사역을 해서 무너지는 게 아니라는 겁니다. 성령 없이 일하기 때문에 무너지는 것입니다. 기계가 망가지는 게 기계를 많이 돌려서 망가지는 것입니까? 아닙니다. 윤활유 없이 돌리기 때문에 망가지는 것입니다. 오늘 우리가 하나님 앞에 성령의 충만을 위해 기도해야 하는 이유가 여기 있는 것입니다. 하나님 앞에서 기도하는 가운데 성령의 은혜를 받고, 성령의 능력으로 사명을 감당하는 하나님의 거룩한 자녀들이 다 되시기를 바랍니다. 우리는 사명을 꼭 교회에서 사역하는 것으로 한정하면 안 됩니다. 성도들이 하는 모든 일은 하나님께서 주신 사명입니다. 직장 생활도 사명입니다.

사업을 하는 것도 사명입니다. 예수를 믿고 성령으로 거듭난 성도가 하는 모든 일은 사명입니다. 사명을 거창하게 생각하지 마시기를 바랍니다. 다 같이 한 번 따라합시다. "주여! 성령 없이는, 아무 일도 하지 않게 하옵소서." "주여! 성령 없이는, 능력전도하지 않게 하옵소서." "주여! 성령에 사로잡힌 인생이 되게 하옵소서." 성령의 지배함을 받아, 예수님과 동행하면서 예수님의 이름으로 기적을 행하면서 하나님께 쓰임을 받으시기를 바랍니다.

26장 하나님이 하신다는 믿음을 가져라.

(행3:6-10)"베드로가 이르되 은과 금은 내게 없거니와 내게 있는 이것을 네게 주노니 나사렛 예수 그리스도의 이름으로 일어나 걸으라 하고, 오른손을 잡아 일으키니 발과 발목이 곧 힘을 얻고 뛰어 서서 걸으며 그들과 함께 성전으로 들어가면서 걷기도 하고 뛰기도 하며 하나님을 찬송하니 모든 백성이 그 걷는 것과 하나님을 찬송함을 보고 그가 본래 성전 미문에 앉아 구걸하던 사람인 줄 알고 그에게 일어난 일로 인하여 심히 놀랍게 여기며 놀라니라"

하나님께서 동행하시면서 기적을 일으키십니다. 기적을 체험하고, 예수님의 이름으로 기적을 행하실 분들이 바르게 알아야 할 것이 있습니다. 자신 앞에 있는 문제를 자신이 해결한다고 생각하지 말라는 것입니다. 하나님께 문의하여 지시하시는 대로 순종하면 믿음을 보시고 하나님께서 행하신다는 것입니다. 주인으로 동행하시는 예수님께서 기적을 일으키시는 것입니다. 예를 들어 설명하면 개척교회에 조현병 환자가 찾아왔습니다. 이때 목회자는 내가 어떻게 조현병 환자를 돌볼 수 있는가 하면서 두려워하지 말라는 것입니다. 이때는 하나님께서 자신을 통하여 조현병 환자를 치유하시려고 보냈구나 하면서 성령님의 인도를 받으면 기적을 체험할 수가 있는 것입니다. 자신이 해야 한다는 생각을 가지고 있으니까, 기적을 체험하지도 일으키지도 못하는 것입니다.

첫째, 기적은 성령으로 기도할 때 나타난다. 왜 하나님이 하신다는 믿음이 있어야 할까요? 우리 성도들은 예수를 믿는 순간 죽었습니다. 동시에 예수님으로 다시 태어났습니다. "내가 그리스도와 함께 십자가에 못 박혔나니 그런즉 이제는 내가 사는 것이 아니요, 오직 내 안에 그리스도께서 사시는 것이라. 이제 내가 육체 가운데 사는 것은 나를 사랑하사 나를 위하여 자기 자신을 버리신 하나님의 아들을 믿는 믿음 안에서 사는 것이라(갈 2:20)" 자신이 죽었다는 것을 믿지 못하는 크리스천은 여전하게 옛사람입니다. 하나님과 관계가 없는 사람입니다. 자신이 예수를 믿을 때 죽고 예수로 태어났기 때문에 내가 하는 것이 아니고 예수님이 하시는 것입니다. 어떤 사모님은 목사님보고 당신이 능력자도 아니면서 암환자를 치유하려고 한다고 질책을 한다는 이야기를 들었습니다. 이는 사모님이 뭘 잘못아신 것 같습니다. 목사님이 능력자가 아니고 목사님의 주인이신 예수님이 권능있는자 입니다. 암환자는 목사님의 믿음을 보시고 예수님이 치유하시는 것입니다. 앞에 골리앗이 나타나도 하나님께서 처리하십니다. 단지 우리가 해야 할 일은 두려워하지 않고 하나님의 지혜를 구하기 위하여 기도하는 것입니다. 기도하여 하나님께서 지시하시는 대로 순종하면 믿음을 보시고 기적을 일으키시는 것입니다.

그래서 예수 믿는 다는 것은 행복을 의미합니다. 천국의 삶이기 때문입니다. 예수 믿으면 하루의 삶이 달라집니다. 예수 믿는 다는 것은 평안을 의미합니다. 예수를 믿으면 인생이 달라지게 되어있습니다. 예수 믿는 다는 것은 기적을 의미합니다. 예수를 믿으면 아브라함의 축복을 받습니다. 예수를 믿으면 운명이 달라집니다. 오늘날 많은 사람들이 주저앉은 인생을 살고 있습니다. "사랑이 주저앉았다. 믿음이 주저앉았다. 가정이 주저앉았다. 사업이 주저앉았다." 도무지 헤어날 수 없는 좌절의 바닥에서 몸부림치고 있는 사람들이 있습니다. 도대체 누구를 잡아야 살 수 있을까, 누구의 도움을 받아야 일어설 수 있을까, 고민하고 있습니다. 하지만 세상을 아무리 바라보아도 우리의 도움은 오직 예수님 밖에 없습니다. 예수 그리스만이 우리 운명을 바꾸는 능력이십니다. 이 능력을 자신이 직접 사용해야 기적을 행하는 자가 될 수가 있습니다. 사람들은 돈이 있어야 운명을 바꿀 수 있다고 생각하지만 성경은 우리에게 이렇게 가르쳐줍니다.

베드로가 "은과 금은 내게 없으나 내게 있는 것을 당신에게 주겠소. 나사렛 예수 그리스도의 이름으로 일어나 걸으라"고 말하고 있습니다(행:3-6). 예수 이름의 능력이 인생의 운명을 바꿉니다. 인생의 희망은 오직 예수 그리스도의 이름에 있습니다. 누구든지 예수 그리스도의 이름을 붙들어야 구원을 얻고 영원한 생명을 얻는 것입니다. 저는 모든 성도들이 자신의 운명을 바꾸는 예수 이름의 권능을 사용하기를 소망합니다. 하나님은 예수 그리스도를 통해 우리의 인생이 평안하기를 원하십니다. 하나님은 예수 그리스도를 통해 주저앉은 삶이 일어나기를 원하십니다.

예수 이름에 치유가 있습니다. 예수 이름에 축복이 있습니다.

예수 이름에 행복이 있습니다. 예수 이름에 회복이 있습니다. 예수 이름에 능력이 있습니다. 예수 이름에 기적이 있습니다. 권능 있는 예수 이름을 적절하게 사용하십시오. 그러면 당신의 운명은 주저앉은 인생에서 일어서는 인생으로 바뀌게 될 것입니다. 남에게 도움 받는 인생에서 남을 도와주는 인생으로 바뀌게 될 것입니다. 오직 예수 그리스도의 이름만이 우리의 운명을 변화시키는 기적을 가져옵니다. 예수의 이름에는 능력이 있습니다. 이 예수님이 우리에게 위임한 권능을 사용해야 기적을 행할 수가 있는 것입니다. 자신이 능력자라고 한다면 이단입니다.

예수님의 능력은 항상 성령으로 기도하는 사람을 통해 나타납니다. 전인격이 성령의 지배를 받아야 하기 때문입니다. 기도가 능력이고, 기도가 성령 충만이기 때문입니다. 유대인들은 바벨론 포로에서 돌아온 후 하루에 세 번 기도하는 습관을 가지고 있었습니다. 본문에는 베드로와 요한이 유대인의 습관을 따라 제 구시에 성전으로 기도하러 올라가는 모습이 소개되고 있습니다. 성령 충만을 경험했던 베드로와 요한이 유대인의 전통적인 기도 시간에 기도하러 성전에 올라갔다는 말은 초대 교회가 유대교의 전통을 완전히 버리지 않고 준행했음을 시사하고 있습니다. 초대 교회 성도들이 복음을 유대교의 연장선상에서 이해하고 있었기 때문입니다. 그래서 베드로가 이방인 고넬료에게 복음을 전하는 것을 꺼려했고, 예루살렘 교회 성도들이 문제를 삼았습니다(행 11:2-3). 그래서 하나님께서 환상으로 보여주신 것입니다. "그

안에는 땅에 있는 각종 네 발 가진 짐승과 기는 것과 공중에 나는 것들이 있더라. 또 소리가 있으되 베드로야 일어나 잡아먹어라. 하거늘, 베드로가 이르되 주여 그럴 수 없나이다. 속되고 깨끗하지 아니한 것을 내가 결코 먹지 아니하였나이다. 한 대, 또 두 번째 소리가 있으되 하나님께서 깨끗하게 하신 것을 네가 속되다 하지 말라 하더라. 이런 일이 세 번 있은 후 그 그릇이 곧 하늘로 올려져 가니라(행 10:12-16)" 하나님께서는 영이시라 보이지 않지만 베드로와 함께 하시고 있다는 것을 친히 믿게 하십니다. 보이지 않지만 하나님께서 주인으로 역사하시는 것입니다.

그러나 유대교의 전통이 모두 다 그릇된 것은 아닙니다. 그리스도인이 시간을 정해 놓고 기도하는 습관을 갖는 것은 유익한 것입니다. 우리는 항상 기도해야 합니다. 베드로와 요한은 자기 형제가 있었지만 그들은 자기 형제 이상으로 친밀한 관계를 유지하고 있었습니다. 그것은 베드로가 회개하고, 하나님이 그를 용납하셨다는 좋은 증거가 되며, 그리스도 안에 있는 교제가 혈연관계보다 더 친밀할 수 있다는 사실을 보여 주는 것입니다.

앉은뱅이가 일어나는 기적은 기도하는 시간에 베드로와 요한을 통해 일어났습니다. 성령으로 기도하는 사람은 하나님이 함께 하시는 특별한 존재입니다. 그들을 통해 하나님은 기사와 표적을 나타내십니다. 기도는 영적 호흡이며, 하나님과의 교제이고, 자신을 치유하는 시간이고, 심신의 피로를 회복하는 시간이며, 하늘나라의 보물 창고를 열 수 있는 열쇠가 되기 때문입니다. 우리 주님은 구하고 찾는 자에게 가장 좋은 것으로(마7:11), 가장 빠른 시간 안에(눅18:8), 우리가 필요한 것만큼(눅11:8) 주시는 분입니다. 하나님께서 우리에게 주신 최고의 능력 가운데 하나가 기도입니다. 하나님께 쓰임 받았던 사람들의 공통점은 기도의 사람이었습니다. 기도의 능력은 제한이 없습니다.

성도는 얼마든지 성령으로 하는 기도를 통해서 세상을 변화시킬 수 있습니다. 우리는 사도들과 같이 하루에 세 번씩 시간을 정해 놓고 기도할 수는 없어도 하루를 시작하는 새벽 시간을 온전하게 하나님께 드릴 수는 있습니다. 시간을 정해 놓고 하나님을 만나는 사람은 믿음의 사람입니다. 더 믿음 있는 크리스천은 걸어 다니는 성전의식을 가지고 마음 안에 계신 하나님께 무시로 기도하는 사람입니다. 성령으로 세례를 받고 성령으로 기도할 때 기적을 행하는 자가 될 수가 있습니다.

둘째, 성도들은 그보다 큰 것도 하는 능력을 가진자. 성도들의 믿음의 성장, 영적 성장의 과정을 보면 크게 나누어 3단계로 변화를 체험합니다. 예수님을 영접하고 처음 교회에 들어와 새 신자 교육이나, 성경 공부 등을 통하여서 예수님을 우리의 죄를 사하기 위하셔 십자가에 달리신 분이라고 인식하게 됩니다. 즉 "구원자의 예수님"으로 "아~ 나는 구원을 받았구나"이렇게 인식하게 됩니다. 그 이후 차츰 시간이 흐르고 목사님들의 설교를 통하여서 혹은 다른 성도들의 간증을 통하여서, 또 성경 말씀을 통하여서 예수님에 대한 인식이 한 단계 변화하게 됩니다.

그 두 번째 단계는 바로 "권능의 예수님"입니다. 성경말씀 속 예수님께서 제자들과 함께 돌아다니시면서 병을 고치시고 귀신을 내보내고 오병이어와 같은 각종 이적과 기사를 행하시는 것을 보면서 "아 예수님은 권능이 있으시구나" "권능의 예수님이시구나"알게 됩니다. 그런데 문제는 많은 크리스천들이 이 2번째 단계에서 멈춘다는 것입니다. 그 이후에 있는 3번째 단계에 도달하지 못한다는 것입니다.

그렇다면 3번째 단계는 무엇이기에 많은 크리스천들이 이 단계에 도달하지 못하는 것일까요? 바로 3단계는 2단계에서 인식한 능력의 예수님께서 우리에게 실제적으로 역사하는 것을 체험하는 것입니다. 그런데 왜 3단계로 변화되지 못할까요? 그것은 살아있는 성령의 역사를 체험하지 못하기 때문입니다. 성령으로 세례를 받고 잠재의식의 상처를 치유 받으면서 자신에게 역사하는 악한 영을 알고 몰아내는 체험을 하기가 어렵다는 것입니다. 보수적인 교회에서 성령을 체험하기는 상당히 어렵습니다.

왜냐하면 성도들을 양육하는 목회자 중에 예배나 집회를 통하여 성령으로 세례를 베풀 수 있는 목회자가 많지 않기 때문입니다. 그래서 실제 말씀대로 성령의 역사를 일으키지 못합니다. 성도들이 살아있는 성령의 역사를 체험하지 못하니까, 예수님께서 행하신 기적들은 당시 예수님 시대에서만 행하여지는 것이고, 우리가 사는 현대 시대에는 있을 수 없는 일이라고 생각한다는 것입니다. 성도들은 목사님이 알려주는 것만 알고 행하기 때문입니다. 그러므로 담임 목사님들의 영성이 중요합니다. 영적인 진리를 많이 알고 전하고 체험하게 해야 한다는 책임감이 있어야 합니다. 성도들은 목회자가 알려주는 것만 알고 있다는 것을 알아야 합니다. 또 우리는 그런 기적을 행할 수 없다고 생각하는 것입니다. 이는 우리가 믿는 기독교가 생명의 종교요, 기적의 종교요, 체험의 종교라는 것을 알지 못하고 믿지 않은 연고입니다. 하지만 우리 안에 성령이 계시고, 지금도 살아서 역사하고 계시는 성령이라는 것을 알고 믿으며, 성경을 하나님의 말씀으로 믿고 있다면 이런 생각은 잘못된 것임을 알아야 합니다.

하나님은 지금도 살아서 역사하시는 하나님이십니다. 하나님은 말씀하신 것을 실제로 이루시는 분입니다. 그러므로 성령의 임재 하에 말씀을 선포한 그대로 이루어진다는 믿음을 가져야 합니다. 요한복음 14장 12절을 보면 "내가 진실로 진실로 너희에게 이르노니 나를 믿는 자는 나의 하는 일을 저도 할 것이요 또한 이보다 큰 것도 하리니 이는 내가 아버지께로 감이니라"

이처럼 예수님께서는 친히 우리에게 우리가 예수님을 믿는다면 예수님께서 하신 일을 할 수 있으며 또 그보다 큰 것도 한다고 말씀하셨습니다. 이는 예수를 믿으면서 자신은 죽고 예수로 다시 태어났기 때문에 자신을 통해서 예수님이 친히 하시기 때문입니다. 예수님께서 행하시니 눈먼 사람도 고칠 수 있으며, 앉은뱅이도 일어서게 할 수 있으며, 혈루병, 귀신들린 자, 벙어리 된 자,

우울증, 공황장애, 죽은 자, 오병이어의 기적뿐만이 아니라, 그보다 더 큰 기적을 행할 수 있다고 말하고 계시는 것입니다.

그렇다면 2단계에서 3단계로 성장하기 위해서는 어떻게 해야 할까요? 예수님께서 행하신 기적들을 우리가 행하려면 어떤 것이 필요할까요? 그 비밀의 열쇠는 바로 "예수라는 이름의 능력의 사용"입니다. 예수님의 권능을 사용하려면 먼저 성령을 바르게 알고 성령으로 세례를 받아야 합니다. 예배나 집회에서 실제로 살아서 역사하시는 성령을 체험해야 영적인 수준이 향상되는 것입니다. 예수님은 이렇게 말씀을 하십니다. "너희가 내 이름으로 무엇을 구하든지 내가 시행하리니 이는 아버지로 하여금 아들을 인하여 영광을 얻으시게 하려함이라 내 이름으로 무엇이든지 내게 구하면 내가 시행하리라(요 14:13~14)"

위 말씀은 예수님께서 직접 하신 말씀으로 13절에 "너희가 내 이름으로 무엇을 구하든지 내가 시행하리니…" 그리고 또 14절 "내 이름으로 무엇이든지 내게 구하면 내가 시행하리라"에 두 차례나 걸쳐서 예수님께서 예수님 자신의 이름으로 "무엇이든지" 구하면 시행하리라 라고 말씀하고 계십니다. 왜냐하면 성령의 감동을 받아 행하니까, 믿음을 보시고 하나님께서 역사하시기 때문입니다. 기적을 일으키는 장본인이 자신이 아니고 하나님이십니다. 자신은 성령께서 강동하심을 받아 하나님께서 하실 것을 믿고 선포하는 것입니다. 이처럼 예수이름! 으로 구하면 시행하신다는 것입니다. 절대로 자신이 기적을 일으키는 것이 아니고 하나님께서 하시는 것입니다. 마가복음 16장 17~18절을 보면 "믿는 자들에게는 이런 표적이 따르리니 곧 저희가 내 이름으로 귀신을 좇아내며 새 방언을 말하며 뱀을 집으며 무슨 독을 마실지라도 해를 받지 아니하며 병든 사람에게 손을 얹은즉 나으리라 하시더라" 그렇습니다. 예수라는 이름으로는 불가능한 것이 없습니다. 우리가 예수님의 이름을 부르면 귀신이 떠나가는 역사가 일어납니다. 우리가 예수님의 이름을 부르면 병이 씻은 듯이 낫습니다. 또 우리가 예수님의 이름을 부르면 불가능한 것도 가능해지는 것입니다. 우리가 예수님의 이름을 부르면 기적을 행하여 불가능한 것도 가능해지는 것입니다. 이처럼 예수라는 이름에는 그 이름 속에는 능력과 권세가 있기 때문에 "내가 나사렛 예수의 이름으로 명령하노니 귀신아 떠나가라!" 이렇게 담대히 선포할 수 있는 것입니다.

예수님은 어떠한 제한도 두지 않으시고 '무엇이든지'라고 하셨습니다. 무엇이든지(성령께서 감동하시는 대로) 예수님의 영광을 위해서 예수님 이름으로 구하면 예수님께서 시행해주신다고 해결해 주신다고 하셨습니다. 예수님께서 말씀하신 '무엇이든지'라는 것을 우리는 마음속 깊숙이 새겨야 합니다. 예수님의 이름의 능력에는 어떠한 조건도 제한도 두어서는 안 됩니다. 하나님께서 하시기 때문입니다. 제한을 둔다면 자신 할 수 있는 일에 한정할 수가 있기 때문에 기적을 체험하지 못하는 것입니다.

지금 저는 성령치유 사역에서 이 예수님의 이름의 권세와 능력을 몸소 체험하고 있습니다. 어디를 갈 때든지 어느 곳에 있든지 속으로나 혹은 입으로 '예수 이름으로 명하노니…!'라고 계속 선포를 합니다. 저는 앞의 말씀처럼 무엇이든지 구하라 하신 예수님의 말씀을 그대로 믿고 작은 것 하나부터 실천했습니다. 내가 믿음으로 선포할 때 예수님이 하신다는 믿음이 중요합니다. 그래서 그냥 지나칠 수 있는 사소한 일이라도 예수님께 구합니다. 믿음가지고 예수님 이름으로 구합니다. 필자가 서울로 교회를 이전할 때에 하나님께서 모두 하셨습니다. 임대보증금, 내부시설비, 이사 비용까지 하나님이 성도들을 감동시켜서 하셨습니다. 저는 그때 목회는 하나님께서 하시는 것이로구나, 나는 하나님이 하라는 대로 순종하면 되는 구나. 그렇게 믿게 되었습니다. 그래서 담대하게 내가 하는 것이 아니요, 하나님께서 하신다고 말할 수 있습니다. 교회의 모든 일은 하나님이 하십니다. 그렇기 때문에 자신이 한다고 생각하지 말고 하나님께서 하신다는 믿음을 가지고 성령께서 감동하시는 대로 모든 불가능한 것들을 향하여 명령하시기를 바랍니다. 그러면 믿음을 보시고 하나님이 기적을 일으키십니다. 예수라는 이름에는 이미 그 권세와 능력이 들어있습니다. 그 이름의 능력을 믿고 작은 것부터 예수이름으로 구하여 보십시오. '이런 것쯤이야'라는 나태한 마음을 버리시고 하나하나 작은 것부터 예수이름을 외치십시오. 그런다면 우리도 예수님처럼 귀신을 쫓고 기적을 행하는 진정한 예수님의 제자다운 크리스천이 될 것입니다. 예수님의 권능을 사용할 줄 알아야 진정한 성도가 되어 주님이 동행하면서 기적을 행하시는 것입니다.

셋째, 물질보다 더 뛰어난 능력. 예수의 이름에는 은, 금보다 더 뛰어난 능력이 있습니다. 베드로와 요한이 앉은뱅이를 만난 곳은 미문이었습니다. 그 문은 높이가 75피이트에 폭이 60피이트나 되는 거대한 문이었습니다. 사람들은 그 문을 "니카노르 문"(Nicanor Gate)이라고 불렀습니다. 그러나 그 문이 너무나 아름답고 웅장하기 때문에 "아름다운 문"이라고 부르기를 더 좋아했습니다.

그렇게 아름답고 어마어마한 문과는 대조적으로 그 문 앞에 날마다 쭈그리고 앉아 때 묻은 손을 내밀며 구걸하는 불쌍한 사람이 있었습니다. 하나님이 사랑하는 당신이여! 가장 아름다운 공간 안에 가장 초라한 인생이 앉아 있는 모습을 상상해 보시기 바랍니다. 그것은 참으로 아이러니입니다. 사도행전 4장 22절에 "이 표적으로 병 나은 사람은 40여세나 되었더라"고 기록된 것을 보면, 그는 40년간이나 앉은뱅이 인생을 살아 온 것입니다. 어릴 때는 그런대로 부모의 보호를 받으며 자랄 수 있었을 것입니다. 그러나 세월이 지남에 따라 부모도 늙어서 그를 도와 줄 수 없게 되었고, 형제들은 저마다 출가나 분가를 했을지도 모릅니다. 그래서 그는 혼자 남게 되었을 것입니다.

건강하지 못한 이 앉은뱅이는 아무것도 할 수 없었습니다. 그때에 친척과 이웃이 그에게 여러 가지로 권면했을 것입니다. "아무

렴 산 사람 입에 거미줄을 쳐서야 되겠느냐?”고 말입니다. 그래서 그는 이웃의 도움을 받으며 미문 앞에서 구걸을 하기 시작했습니다. 살기 위해서 그가 할 수 있는 일은 그것 밖에 없었습니다. 성전 문 앞에는 항상 거지들이 줄지어 있었습니다. 그것은 하나님의 전으로 올라가는 사람들에게 동정이나 자비를 구하는 것이 비교적 쉬웠고 또 자선에도 비교적 관대했었기 때문이었습니다.

그렇게 구걸하며 지내던 어느 날 그는 평소와 같이 때 묻은 손을 내밀며 동정을 구하고 있었는데 그 길을 베드로와 요한이 지나 가다가 그를 보게 되었습니다. 가난한 베드로와 요한은 그에게 줄 돈이 없었습니다. 그러나 그냥 지나쳐 갈 수가 없었습니다. 성령님이 앉은뱅이를 일으키신다고 감동을 하셨기 때문입니다. 그래서 그에게 우리를 보라고 요청했습니다. 앉은뱅이는 인간적인 기대 이상을 바라지 않았습니다. 내가 무엇을 해야 구원을 받을 수 있느냐고 묻지도 않았습니다.

앉은뱅이가 그들을 바라보자 베드로가 외쳤습니다. “은과 금은 내게 없거니와 내게 있는 것으로 네게 주노니 곧 나사렛 예수 그리스도의 이름으로 걸으라” 베드로는 앉은뱅이가 구하는 돈이 아니라 예수의 이름을 주었습니다. 앉은뱅이가 일어난 것은 영이 알아듣고 혼에게 명령하니, 혼이 알아듣고 육에게 명령하니 육이 순종하여 앉은뱅이가 뛰어서 걸으며 간증한 것입니다. 우리도 예수 이름의 권능을 전해야 합니다. 희망을 잃은 사람들에게 예수의 이름을 나누어 주는 일은 교회가 할 일입니다. 성도가 할 일입니다. 세상은 은과 금의 이야기로 가득 채워 있습니다. 돈 이야기를 **빼면** 할 말이 없는 세상입니다. 한마디로 보이는 면만을 보고 추구한다는 것입니다. 그래서 영적인 능력이 나타나지를 않는 것입니다.

사람들은 돈이면 무엇이든 할 수 있다고 생각하지만 우리 인생에서 정말 중요한 것은 결코 돈으로 살 수 없습니다. 오늘날 돈에는 부요하지만 영혼은 가난한 사람이 많습니다. 돈은 많지만 참된 평안을 잃어버리고 불안에 떠는 사람이 많습니다. 조현병이 돈으로 해결이 됩니까? 돈으로 해결될 수가 있다면 묻지마 살인이 일어나겠습니까? 오늘날 사람들은 은과 금에 인생의 희망을 겁니다. 하지만 인생의 희망은 오직 예수 그리스도의 이름에 있습니다. 누구든지 예수 그리스도의 이름을 붙들어야 구원을 얻고 영원한 생명을 얻는 것입니다. 저는 모든 성도들이 자신의 운명을 바꾸는 예수 이름의 능력을 소유하기를 소망합니다.

넷째, 구하는 것을 주시는 능력. 예수의 이름에는 우리가 구하는 것을 주시는 능력이 있습니다. 또한 우리의 필요를 채워주시는 능력이 있습니다. 베드로는 앉은뱅이의 오른손을 잡아 일으켰습니다. 이 대목에서 베드로의 위대성을 보게 됩니다. 치료의 확신이 없었다면 손을 잡고 일으킬 수가 없었을 것입니다. 진정한 구제는 행동이 수반되어야 합니다. 사도행전 3장 8절은 이 명령이 환자에게 준 영향에 대하여 설명해 주고 있습니다. 그는 말씀에 복종하여 뛰어 일어나 걸었습니다. 그는 잠을 자고 난 후 몸이 회복된 사람처럼, 자기에게 힘이 있는지 의심하지 않고 걷기 시작했습니다. 그것은 수천수만 개의 은과 금이 주지 못하는 놀라운 기적이었습니다. 존재의 변화입니다. 그리고 그가 고침 받은 자신의 모습을 사람들에게 보여 주며 하나님을 찬미한 것은 간증이었습니다. 하나님의 은총을 경험한 사람은 그들이 경험한 것을 증명해야 합니다.

누가 앉은뱅이였던 사람에게 "벌어먹고 살기도 힘들 텐데 다시 앉은뱅이로 돌아가는 것이 어떻겠느냐"고 묻는 다면 그는 단호히 거절할 것입니다. 일어서 보기 전에는 앉아 있는 것이 그런대로 안전하고 편하다고 생각할지도 모릅니다. 그러나 서는 기쁨, 걷는 기쁨, 달리는 기쁨을 경험한 그는 절대로 앉은뱅이 상태로 돌아가려고 하지 않을 것입니다. 넘어지는 것을 겁내는 어린이는 절대로 서서 걸으려고 하지 않습니다. 신앙생활도 마찬가지입니다. 은혜를 경험하고, 주를 위해 봉사하며 말씀대로 살아 본 사람은 절대로 과거로 돌아가려고 하지 않습니다. 그것이 설사 육신적으로 피곤하고 물질적으로 희생이 되어도 그는 그가 경험한 은혜의 자리에서 앞으로 전진 할 뿐입니다.

우리는 담력과 용기가 없어서 기적을 기대를 하지 못하는 것입니다. 우리가 주 안에서 더 많은 담력을 가지고 이 산더러 명하여 저 바다에 던지라는 선언을 할 수 있는 믿음으로 가지면 기적이 일어나게 될 것입니다.

이 책을 통해 예수님이 땅끝까지 전파 되기를 소원합니다.
(출판으로 인한 이익금은 문서선교와 개척교회 선교에 사용합니다.)

기적의 하나님과 동행하는 법

발 행 일 | 2016. 06.21초판 1쇄 발행

지 은 이 | 강요셉

펴 낸 이 | 강무신

편집담당 | 강무신

디 자 인 | 강요셉

교정담당 | 강무신

펴 낸 곳 | 도서출판 성령

신고번호 | 제22-3134호(2007.5.25)

등록번호 | 114-90-70539

주   소 | 서울 서초구 방배천로 4안길 20(방배동)

전   화 | 02)3474-0675/ 3472-0191

E-mail | kangms113@hanmail.net

유   통 | 하늘유통. 031)947-7777

ISBN | 978-89-97999-45-3 부가기호 | 03230

가   격 | 16,000원

이 책의 내용은 저자의 저작물로 복제,복사가 불가합니다.
복제와 복사시 관련법에 의해 처벌을 받게 됩니다.